GAOZHILIANG FAZHAN
LINIAN XIA DE
XIAOXUE KETANG JIAOXUE SHEJI

高质量发展理念下的
小学课堂教学设计

朱丽华——著

大连出版社
DALIAN PUBLISHING HOUSE

图书在版编目(CIP)数据

高质量发展理念下的小学课堂教学设计 / 朱丽华著. —大连：大连出版社,2023.4

ISBN 978-7-5505-1899-5

Ⅰ. ①高… Ⅱ. ①朱… Ⅲ. ①课堂教学-教学研究-小学 Ⅳ. ①G622.421

中国国家版本馆 CIP 数据核字(2023)第 031098 号

策划编辑:尚 杰
责任编辑:尚 杰 张海玲
责任校对:金 琦
封面设计:林 洋
责任印制:刘正兴

出版发行者:大连出版社
地址:大连市高新园区亿阳路 6 号三丰大厦 A 座 18 层
邮编:116023
电话:(0411)83620573/83620245
传真:(0411)83610391
网址:http://www.dlmpm.com
电子信箱:dlcbs@dlmpm.com
印 刷 者:辽宁新华印务有限公司

幅面尺寸:170mm×240mm
印 张:13.75
字 数:259 千字
出版时间:2023 年 4 月第 1 版
印刷时间:2023 年 4 月第 1 次印刷
书 号:ISBN 978-7-5505-1899-5
定 价:58.00 元

序

崔成林

了解一位校长,最好是去了解他所在的学校;理解一所学校的课堂,最好是陪伴其一起成长。

记得2017年7月,我应约来到了重庆市璧山区凤凰小学。当时这所学校校舍施工还没有完成,只能在校外借了一个场所对教师进行培训。面对来自不同学校的57名教师和刚刚毕业的大学生,我暗自称赞这所学校的领导:一所新建学校,还没有一名学生进校,学校首先想到的是培训教师,这才是真正的“懂行”。当时的培训进行了3天,课程内容包括“深度学习的基本理念和课堂建构”“基于评价的三位一体设计实操——学习目标、学习问题、学习活动、学习评价设计”,等等。这是我第一次进行连续3天的课程培训,自己都颇感吃力,但令我惊奇的是,这所学校的教师能够始终如一、孜孜不倦地学习,并废寝忘食地完成培训作业。当时我就感慨万分,这所学校有如此心有远方的谋划,有如此好学上进的青年教师,学校未来的能量和发展可期。果不其然,最初只有一二百名学生的学校,如今已经发展成为几千人的大校,一批又一批青年教师成长起来,为璧山区创造了诸多课堂教学的“第一”。2019年,凤凰小学被《中国教师报》推选为“年度十大课改样板学校”。

我每年都要来这所学校几次,有时是参加年度凤凰大讲堂活动,有时是进行课例研究。短短几年,凤凰小学形成了“童创教育”办学理念,从“儿童立场”出发去认识儿童、发现儿童、引领儿童,从“生活立场”出发去实施教育,以立德树人为根本,把培养“会学习、会生活、会实践”全面发展的创新型儿童作为学校课程建设的价值坐标。无论是创新型儿童培养目标的三个维度,还是实现儿童自主发展的“童创课程”体系,抑或是“1+X+反馈”课堂教学模式,都让学校的教学实践释放出独特、持久而有生机的“创新力”。

用创新性方法培养创新型人才，是“童创课堂”的基本特征和价值追求。布鲁姆教学目标分类法中把“创造”界定为“将不同的要素整合到一起，形成一致的或有功能的整体，它要求学生通过思维将某些要素，尤其是不同来源的要素，重新组织，形成以前没有呈现过的模型或结构，从而产生一个新的结果”。“童创课堂”提倡“产出导向”，以学生的思维成果、学习产品（精彩观念、问题解决方案、创作作品……）为固着点组织教学，让学生在收集、探究、展示、反馈的过程中夯实基础、发展能力、孕育素养、启迪思维、提升智慧，通过学习成果激发学生学习的内在动机，让学习者体验到收获知识的成就感和完成任务的自信；强调知识建构，引导学生在特定学习环境中互相协作、共同参与有目的的学习活动，最终获得新知识，形成新的思维成果；采用大单元设计、“教—学—评”一体化设计，追求高质量深度学习。

这种追求，对校长和教师都是挑战。大单元设计要求设计者站在课程的高度，遵循育人的需要，以大主题为统领，以目标为指向，以标准为依据，系统分析、整体设计，旨在取得最佳的教学效果。“系统分析”要求整个单元规划和课时设计的“再建构”必须建立在对课程标准、核心内容、基本学情的深度分析基础上，通过大问题、大任务、大观念或大项目来完成；“整体设计”要求在课前系统分析的基础上组建单元、确定主题、明确目标（含学业质量标准），完成结构化任务和递进性活动，确定课型、课时、作业，最终围绕单元主题，按照“主题（大概念）—主问题/任务（核心概念）—分问题/任务（重要概念）—子问题/任务（基础概念）”的逻辑，将本单元知识转化为学习问题/任务，将子任务活动化，组成一个课程学习的意义整体，这是课程单元与教材单元区分的主要标志。

大单元整体教学对设计者提出了较高要求：首先，设计者应该是一个教学研究者，能对课标、学情、教材深度解析，并转化为单元主题、目标、评价等课程产品；其次，设计者应该是一个课程开发者，能把教材内容抽丝剥茧，变成结构化的学习问题、学习任务，并赋予情境，引导学生通过学习活动解决问题；再次，设计者应该是一个顶层设计者，能够整体构思、科学统筹课型、课时，从单元规划到课时教学，进行完整的系统化设计。

美国著名教育学者安德森在《学习、教学和评估的分类学——布鲁姆教育目标分类学(修订版)》中指出,好的教学应该是"教—学—评"一致的教学。"教—学—评"一体化的实质就是"目标、教学、评价一致性原则",这是新课标的要求,也是现代教学设计的突出特征。这要求设计者基于深度学习理论和"教—学—评"一体化原则,思考"为什么学"——学习目标如何体现思维进阶、"学什么"——要达到学习目标需要学习什么课程内容、"怎么学"——通过什么策略和方法学习并达成目标、"学得怎么样"——如何进行教学评价。"教—学—评"一体化要求全程实施"促进学生学习"的学习性评价,学习目标不仅有明确的预期学习成果,也有相应的质量评价标准,学习活动与教学评价围绕学习目标融为一体,"定标、导标、验标"是课堂教学的基本线。"童创课堂"坚持"教—学—评"一体化的教学原则,同时弘扬"博学之,审问之,慎思之,明辨之,笃行之"的传统教学理念,遵循思维型教学原理,由动机激发、认知冲突、社会建构到应用迁移,引导学生实现知识结构化、核心素养课程化。

从本书所呈现的理论思考和实践案例看,朱丽华校长和凤凰小学的教师不断接受挑战,持续进行探索,一直努力成为与时俱进的现代教学的设计者。成功路上并不拥挤,因为坚持的人不多。希望这些丰硕的教研果实,能给教研路上更多与朱校长和教师们一样志同道合、始终如一的探索者们以借鉴、启示和促进。

(崔成林:山东省特级教师,正高级教师。长期致力于课堂实践研究,在学习设计、教学评价、现代课堂建构方面有独到见解和实践经验,已在国家和省市教育期刊发表论文上百篇。近几年,致力于深度学习理论转化,推进深度教学改革,取得了丰硕的成果,荣获国家级教学成果奖二等奖、第四届"全国教育改革创新先锋奖"、山东省教学成果奖一等奖,以及山东省"十大创新人物"、泰安市"功勋教师"等称号。)

目　录

创建践行教育高质量发展的特色课程 ………………………………………… 1

着眼终身发展:营造提升课程创新力的环境 ………………………………… 3

“童创课堂”:打造指向核心素养的课程体系 ………………………………… 7

提质增效:作业优化设计的原则与策略 …………………………………… 17

“评”伴全程:基于核心素养的评价实践 …………………………………… 22

探寻高质量教学设计的理论基础 …………………………………………… 29

教学目标设计:为课堂规划方向 …………………………………………… 31

教学策略设计:为任务给出方案 …………………………………………… 50

高效提问设计:为对话打通路径 …………………………………………… 65

实施高质量教学设计的校本化路径 ………………………………………… 75

基于学科素养和课标要求的课程单元设计与评价研究 …………………… 77

确定“大概念”　实现从内容单元到学习单元的进化 ……………………… 89

全景化教育视野下的“大意义整体”教学例谈 …………………………… 98

“教—学—评”一致性的教学设计与课堂实施 …………………………… 104

产出、交互与开放:思维进阶成就深度学习的课堂 ………………………… 111

深度学习理念下的课堂反馈策略 ………………………………………… 123

基于高质量发展的课堂教学设计案例 …… 133

学会过有创意的生活
——统编版《道德与法治》二年级下册第二单元
第 7 课“我们有新玩法”教学设计 …… 135

点燃星星之火　实现复兴之梦
——统编版《道德与法治》五年级下册第三单元
第 9 课“中国有了共产党”第二课时教学设计及反思 …… 148

整体设计单元任务　感受童年真善美
——以统编版《语文》三年级下册第六单元为例 …… 155

“教—学—评”一致　写出人物的特点
——统编版《语文》三年级下册第六单元习作
“身边那些有特点的人”教学设计 …… 160

发挥想象　感受神奇
——统编版《语文》四年级上册第 15 课“女娲补天”教学设计 …… 163

基于“提问”策略　确定单元“大概念”
——以统编版《语文》四年级上册第二单元为例 …… 168

学会快速阅读　成为有效率的阅读者
——以统编版《语文》五年级上册第二单元为例 …… 173

用“长度”的眼光看防疫
——西师版《数学》二年级单元设计 …… 178

观赏家乡美景　初识小数知识
——西师版《数学》三年级下册“小数的初步认识”教学设计 …… 183

在声势律动中感受民族音乐的美
——人教版《音乐》三年级上册第五单元“阿细跳月”教学设计 …… 188

运用情景式教学　探索造型表现方法
——人教版《美术》二年级上册第 14 课“做一道拿手‘菜’”教学设计 …… 193

发展协调性　提高行进间运球与控球能力
——人教版《体育与健康》3 至 4 年级全一册
第六章第一节“小篮球——篮球行进间运球与游戏”教学设计…… 197
穿针引线　感受劳动的乐趣与美好
——重庆版《综合实践活动》三年级上册“走进纽扣世界”教学设计 … 202

参考文献 ………………………………………………………………………… 207

后　记 …………………………………………………………………………… 209

创建践行教育高质量发展的特色课程

党的十九届五中全会明确提出“建设高质量教育体系”，这意味着，我国“十四五”时期的教育改革已进入高质量发展阶段，只有把握新特征、落实新要求，做到“德育为魂，能力为重，基础为先，创新为上”，才能完成立德树人根本任务，提高学生综合素质，培养德智体美劳全面发展的社会主义建设者和接班人。基础教育高质量发展的目标，一是打好高质量的“基础”，即培养中国学生发展核心素养，其内涵主要包括文化基础、自主发展和社会参与三个方面；二是转变育人方式，要从注重教什么到关注为什么教。实现这两个目标，都离不开学校课程的创建。“童创课堂”的建设者将培养全面发展的创新型儿童作为课程的价值坐标，构建了“童创课程”体系和“1+X+反馈”课堂教学样态。“童创课堂”从“儿童立场”出发去认识儿童、发现儿童、引领儿童，从“生活立场”出发去搭建教育与生活的桥梁；站在“全景立场”去激发儿童探究的兴趣；站在“思维立场”去培养儿童的创新能力和综合素养。学校着眼学生的终身发展，营造提升课程创新力的环境，打造指向核心素养的课程体系，实施作业优化设计的原则与策略，基于核心素养进行评价实践，增强教师专业自信，激活课程创新力，多措并举，保证学校教育的高质量，使学生核心素养扎实落地。

着眼终身发展:营造提升课程创新力的环境

小学教育作为基础教育无疑需要“基础为先”。那么,在教育高质量发展的背景下,基础教育“高质量发展”的重点应在什么地方?教育部教材局一级巡视员申继亮认为,打好基础,就是基础教育的“高质量”。基础教育高质量发展首先需厘清什么是高质量的“基础”。中国学生发展核心素养指向的就是高质量的基础,它着眼于学生终身发展,能够让人适应不断变化的社会,其内涵主要包括文化基础、自主发展和社会参与三个方面。文化基础重在强调学生能习得人文、科学等各领域的知识与技能,掌握和运用人类优秀智慧成果,涵养内在精神,追求真善美的统一,发展成为有宽厚文化基础、有更高精神追求的人,具体包括人文底蕴和科学精神两个方面;自主发展重在强调学生能有效管理自己的学习和生活,认识和发现自我价值,发掘自身潜力,有效应对复杂多变的环境,成就出彩人生,发展成为有明确人生方向、有生活品质的人;社会参与重在强调学生能处理好自我与社会的关系,养成现代公民所必须遵守和履行的道德准则和行为规范,增强社会责任感,提升创新精神和实践能力,促进个人价值实现,推动社会发展进步,成为有理想信念、敢于担当的人。只有我们的教育培育了学生应有的核心素养,这样的基础才是可靠的、牢固的,才是高质量的。此外,要转变育人方式,要从注重“教什么”到关注“为什么教”,从注重共同基础到关注个性需求,从注重学科逻辑到关注生活逻辑,并延展学习的空间和时间,从而推动我国义务教育的高质量发展。

重庆市凤凰小学就是在高质量发展理念引领下,确立了“创新型现代化小学”这一办学定位。作为璧山区民生领域重点建设项目,凤凰小学从建校的那天起,就承载着千万个家庭对教育的殷切期待,饱含着政府对办好人民满意教育的决心,释放着在家门口就能读上好学校的信息。学校通过特色课程建设,积极发展创新教育,为培养全面发展的创新型人才成长助力,赢得了家长的认同,获得了良好的社会评价以及教育专家的赞誉,智慧校园建设全国领先,高质量的教育开启了凤凰小学成长的新篇章、新气象。

一、以特色活动彰显培养创新型儿童的办学理念

“校园探秘”是凤凰小学举办的新生入学活动,学生通过探秘的形式,在校内

各式各样的卡通展板中寻找教室、图书馆、食堂等自己想去的地方。这种趣味性的活动能激发学生好奇心，引导学生主动探索未知，积极与同学、老师交流，在探秘的过程中加深对学校的了解。当家长看着学生完成“校园探秘”后，对学校就有了不一样的情感和信任。

从“校园探秘”活动中不难发现凤凰小学的创新力。类似的活动还有很多，基于对未来创新型人才的培养，学校把活动的着力点与课程创新结合起来，第一步就是理念创新，找准课程建设的价值坐标，即以立德树人为根本，着力培养“会学习、会生活、会实践”的创新型儿童。为此，学校提出创新型儿童培养的“三个侧重”：一是侧重创新型儿童的全面发展，将课程划分为品德与社会、科学与技术、语言与文学、健康与心理、艺术与生活五大领域；二是侧重创新型儿童的可持续发展，让学生学会做人、学会学习、学会生活、学会实践；三是侧重创新型儿童的个性发展，培养他们的创新意识、创新精神和创新能力。学校通过丰富的课程资源增长学生的见识，拓宽学生的视野，在培养学生适应未来发展和社会需要的必备品格及关键能力等核心素养的过程中，使学生形成创新精神，增强实践能力，具备社会责任感，为后续学习和终身幸福奠基。

二、以多元课程涵盖创新型儿童的多方面素养

富有创造力的教育需要建立宽广的课程体系，在基础教育当中，内涵丰富、视野开阔的课程体系，其价值的深刻性远超课程本身的价值。只有在学科门类齐全、文化元素丰厚的情况下，儿童才可能找到自己较好的发展方向。我们说要给学生提供发展自己天赋和兴趣的土壤，这个土壤必须是肥沃的，有养分的。在这样富有养分的土壤中，学生才能在不断滋养中逐渐找到自己擅长的领域，以此成就最好的自己。在凤凰小学，丰富而多元的课程是一张特色名片。例如，“凤小 32 礼”课程引导学生养成良好的品德修养和行为习惯，“中华武术”课程使学生掌握了一门传统运动技能，“计算机编程”课程培养学生信息技术的能力……这些课程充实着儿童成长的每一天，涵盖了他们成为创新型儿童的多方面要素。

凤凰小学积极创新课程架构，从“实”处生发，从碎片化课程走向结构化课程。首先，上好国家课程，并对国家课程进行系统、深入的校本化、创新性落实；其次，实施创意开发课程，依据育人目标，在已有课程基础上，拓展针对性课程，发展学生有创新倾向的兴趣和特长，提升综合素养；再次，研发主题课程，即以主题探索为主要形式，进行学科融合，学生线下和线上同步学习，实现自主发展。面向人人的必修基础课，突出育人目标中的“知”；面向社会的实践课程，突出育人目标中的“行”；

面向个体的自主选择课程,突出育人目标中的"乐"。

具体而言,创新实施课程全面奠定文化基础,创意开发课程助推学生参与社会实践,创生主题课程实现学生自主发展。创新实施课程在每个学科都进行了拓展,如科学与技术学科拓展了"生活中的数学"和"动手做科学"两门课程,语文学科拓展出了"课前三分钟"和"小小朗读家"等课程;创意开发课程根据学生的个性化发展需要而开发,包括"国旗下展示""主题班队会""创客""趣味英语""快乐阅读"等近 50 门课程;创生主题课程是一系列跨学科、跨区域的课程,不仅连接每一个学科,更提倡校内外贯穿联动,包括"探课程""季课程""创课程""节课程"。在这样的课程下,学生既可以去海洋公园、动植物园游学,也能在开学季、风采季、艺术季中展示自我,还能在多种科技活动中培养出科学思维和实践能力,在每一个节庆日中感受传统文化的魅力。

三、以"一二三四"课堂路径落实创新思维训练

课程实施的主阵地是课堂,课堂赋予课程以生命力,为创建高质量的课堂,凤凰小学探索出"一二三四"课堂路径,让"童创课堂"落到实处。

所谓"一"和"二"指在一个总目标下,开发"乐学单"和小组合作学习两种形式。"乐学单"中包括学习目标、思维导引、思维碰撞、思维迁移、思维导图等内容,小组合作不仅要求学生在一起学习交流,还要求建立小组文化,这是小组合作学习的亮点所在。所谓"三"指课堂教学的三大落点,包括以学习目标为切入点,以优质问题为主线,以交互反馈为保障,促进学生会学、会思、会做。所谓"四"是要求教师进入课堂需做到"四个带进":把微笑带进课堂,把思维带进课堂,把评价带进课堂,把技术带进课堂,以保证课堂教学的质量。

四、以教师专业自信激活课程创新力

凤凰小学积极为教师营造研究氛围,不断增强教师的专业自信,以此激活和提升课程创新力,形成"有为"的价值文化。在学校,教师的自信来自专业,教师的实力来自专业,教师的精彩也来自专业。学校鼓励教师通过各种学习获得专业成长,增强专业能力。很多教师不仅争着参加学校、区里的培训,还主动去听骨干教师的课,或者邀请骨干教师点评自己的课。教师们常常边听边录音,还把录音整理成文稿,分享给不能到现场的同事。

学校按教师的需求满足其发展的愿望。新教师积极性高,但缺乏经验,成长是他们的渴望,学校就经常提供学习的机会,加速其成长;成熟的教师有经验,"获得

感”是他们的渴望,但又不知道自己的“天花板和能量”,学校尽力创造各种展示、交流、比赛的机会,使其在最好的年华里努力“绽放”;老教师是学校的“宝贝”,学校给他们任务,做好传帮带,指导青年教师更快成长。

上好每堂课是教师的专业“底色”,教师们课后经常利用常态录播系统,回看自己的课堂教学实况,教研组也会回看组里任何一位教师的课堂教学实录。每位教师每月确定一堂自己最满意的课,学校随机抽取一节课,由学校考核评定等级。教师们说:“看自己的课堂教学实录,发现好多问题,现在我知道怎么改进了。”

每位教师都有专业上的闪光点,各美其美,学校要求教师们根据自身专长制定个人岗位规划,激发它,利用它,通过校内外平台去展示,学校周四周五下午的30门创意课程都是教师们根据自己特长申报的。成长在每一位教师的眼里看得见。只要有教师、学生获奖,学校就会发喜报;只要教师外出参加课堂交流展示活动,就会受到表扬。

学校形成了固定的教师赛课月,积极举办“未来名师”“教坛新秀”“研讨周”等活动,力求提高教师的专业素养与能力,使他们在课堂上更好地实现课程价值,引导每个学生成长为创新型儿童,为学生的幸福未来打下坚实的基础。

“童创课堂”:打造指向核心素养的课程体系

党的十八大以来,在以习近平同志为核心的党中央坚强领导下,中国走出了一条从人才强、科技强,到产业强、经济强、国家强的发展道路。十年间,我国深入实施创新驱动发展战略,坚定不移走中国特色自主创新道路,大力建设创新型国家和科技强国,科技事业发生了历史性、整体性、格局性的重大变化,成功进入创新型国家行列。为此,需高度重视人才第一资源的作用,在创新实践中发现、培养、造就人才。作为基础教育的小学阶段,如何在新课改时代围绕国家发展战略培养学生的创造力?重庆市璧山区凤凰小学以立德树人为根本,以培养全面发展的创新型儿童为课程建设的价值坐标,坚守课堂“创新”,建构起指向核心素养三个方面——文化基础、自主发展和社会参与,既注重共同基础也关注个性需求,既注重学科逻辑也关注生活逻辑,延展学习的空间和时间的创新实施类、创意开发类、创生主题类三位一体的“童创课程”体系,并搭建课程与课堂之间的桥梁,让学校教育实践中的每一堂课都释放出“创新力”,综合提升学生的素养。

一、确定“创”的价值定位

新课程改革的特征是课程结构与功能的调整,其关键在于改变课程实施过程,实现学习方式的系统变革。那么,如何推进有效学习,在自由而非简单控制的条件下,让学生自己学会学习,使每一个学生都成为拥有自我认知、理性的创新型学习者呢?凤凰小学“以创新性目标为始,以创造性目标为终”,着力建构“童创课堂”,努力实现课程与课堂的有机衔接与系统建构。人的创新、创造需要以往的知识经验提供原材料,丰富的知识是创造的源泉,但需要通过创设情境、任务驱动去引发、激活。用创造性方法学习,让学生在创造中夯实基础、发展能力、形成素养,培育全面发展的创新型儿童,是“童创课堂”的价值追求。

全面发展的创新型儿童,可以从以下三个方面来解读:第一,要有生命的宽度,即德智体美劳五育并举、全面发展,基础扎实,立足现实,适应社会,对品德与社会、科学与技术、语言与文学、健康与心理、艺术与生活五大领域皆有所了解。第二,要有生命的长度,即能够可持续发展,知、情、意、行系统协调,关注长远。为此,要做到“四会”:学会学习(愿学、爱学、会学、善学)、学会生活(会自理、能自制、有自信、健身心）、学会实践（乐探究、能吃苦、爱创新、会做事）、学会做人（尊重、合作、关爱、宽容）。第三，要有生命的高度，即能够创新发展，具有创新意识、创新精神和创新能力，能够从好奇地问、出奇地想（质疑、设想、发散思维），到认真地听、自由地说，再到深入思考、大胆行动（思维、实践），这样的儿童才有了终身发展的基础。

“童创课程”中的“童”有两层含义：一是“儿童立场”，即从儿童立场出发去认识儿童、发现儿童、引领儿童。二是“生活立场”，只有在生活中儿童才是真实存在的，教育即生活；只有在生活中儿童才能展示自我，充分探索，生活即所得。“创”也有两层含义：一是“全景立场”，即努力在教育教学中为儿童提供完整的情境，激发学生主动探究的兴趣，以兴趣为动力，在不断解决问题中实现创新。二是“思维立场”，即以思维为主线，以丰富的课程内容为载体，以创新的学习工具撬动课堂，培养学生的创新能力和综合素养。创造是夯实基础、把学生引入学习的教学手段，也是学生发展的核心指标与教育取向。

学校围绕儿童创新能力的培养，在美国学者马杰（Robert Mager）ABCD 目标编写法（对象、行为、条件、标准）的基础上，突出行为结果。这个“果”可以是一段精彩的朗诵、一幅严谨的思维导图、一个独到的见解，直观、生动、自然地把儿童带入学习中，促进儿童的自我认知和自我评价。

二、构建“童创”课程体系

用什么样的课程来培养全面发展的创新型儿童？学校构建了“红绿蓝（RGB）童创课程”结构，由创新实施课程、创意开发课程和创生主题课程组成。

第一类创新实施课程为国家课程的校本化，其目标指向学科育人，设计原则为学科内纵向拓展。此类课程还可以细分为学科类和学科拓展类，其创新重点体现在实施上，在学科课堂上激发儿童的思维创新，在纵向上拓展创新。

课程领域	学科类	学科拓展类
品德与社会	道德与法治	自主管理、凤小 32 礼
科学与技术	数学、科学、综合实践	生活中的数学、动手做科学
语言与文学	语文、英语	诵读平台、课前三分钟
健康与心理	体育	零点体育、中华武术
艺术与生活	音乐、美术	创意画、书法

第二类创意开发课程是学校自主开发的校本课程，侧重培养学生应具备的、能

够适应社会发展和终身发展的必备品格和关键能力。目前有四大领域共 41 门校本课程来满足学生的个性化发展需求,其目标指向活动育人,课程设计原则为学科间横向融合。各领域的创新点还有所不同:“做中学”的科技类课程重在开发上创新,“说中学”的语言类课程重在生活的运用上创新,“玩中学”的健康类课程重在训练的方式方法、评价和自我突破上创新,“美中学”的艺术类课程重在素材和设计上创新。

课程领域	特点	课程
科学与技术	做中学	数学文化、创客、小小实验家、信息技术、中国象棋、围棋、五子棋、计算机编程、生活技能
语言与文学	说中学	诵读、创意童话、英语口语、趣味英语、快乐阅读、英语喜剧社、英语儿歌、儿童诗
健康与心理	玩中学	足球、羽毛球、篮球、乒乓球、田径、跳绳、武术、啦啦操
艺术与生活	美中学	创意美术、创意绘画、儿童画、趣味纸艺、民族舞、口风琴、葫芦丝、硬笔书法、笛子、超轻黏土、风之鼓、中国画、橡皮章、线描、钻石绣、软笔书法

第三类创生主题课程内容指向学生核心素养,校内外贯通联动,具有实践性和体验性,满足学生个性化需求,发展学生个性,发挥学生潜能,让学生在学习和实践的过程中提升自主能力,是发展学生核心素养的关键途径之一。其目标指向为自我教育,课程设计原则为跨学科建构课程。在这类课程的学习过程中,学生可通过研学旅行进行“植根探索”,深入海洋世界、动物世界、昆虫世界、科幻世界、梦想世界、探险世界,在与社会、自然的交互中,产生好奇心和探究欲。开学季、风采季、体育季、艺术季、科学季、淘宝季,每个课程季都持续一周。学生之间、学生与自我、学生与家长展开充分的交互活动,在各种交流的环境中,学生综合素养得到提升。

童创之“探课程”	植根探索——海洋世界
	植根探索——动物世界
	植根探索——昆虫世界
	植根探索——科幻世界
	植根探索——梦想世界
	植根探索——探险世界

童创之"季课程"	植根活动——开学季
	植根活动——风采季
	植根活动——体育季
	植根活动——艺术季
	植根活动——科学季
	植根活动——淘宝季

童创之"创课程"	植根创造——趣味 wedo
	植根创造——提升 EV3
	植根创造——创意构件
	植根创造——翱翔蓝天
	植根创造——竞赛最强
	植根创造——随心 3D

童创之"节课程"	植根传统——寄思清明
	植根传统——品味端午
	植根传统——浓情中秋
	植根传统——感恩重阳
	植根传统——喜迎春节
	植根传统——欢聚元宵

三类课程组合在一起,构成了"童创课程"体系,下图分别用光的三原色(红绿蓝)表示三个面,R 面(红色)代表全面发展,G 面(绿色)代表可持续发展,B 面(蓝色)代表创新发展。红绿蓝象征生命的三原色,三种颜色组合,几乎能生成所有颜色,寓意三种课程可使生命变得丰富多彩。

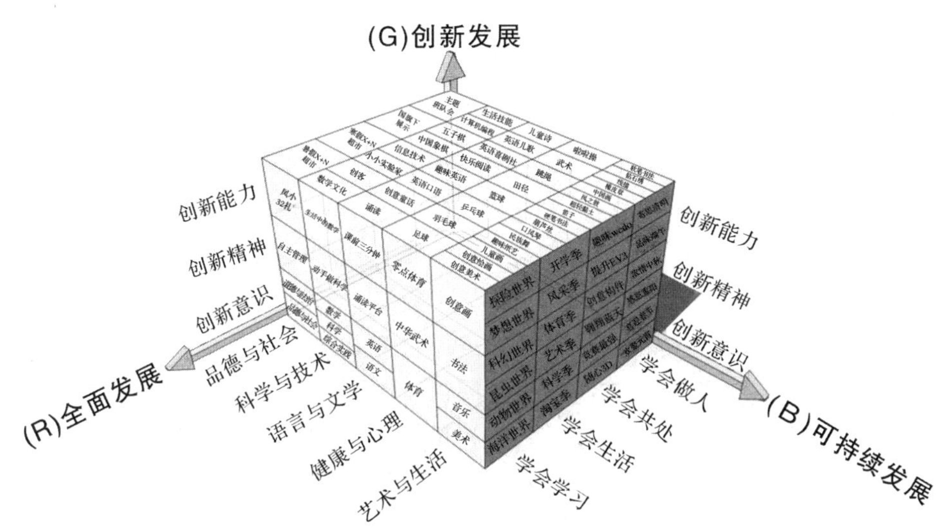

三、突出“活”的教学要素

如何实施“童创课程”？若仍然沿用传统的教学方式，再好的课程也不可能将学生由“信息接受者”改变成“思想创造者”。学校把目光放在学生身上，充分发挥课程改革是“为了让学生更自由地学习”的驱动力作用，关注课堂现场，并让学习真实发生。“童创课堂”的目标是培养全面发展的创新型儿童，创新型儿童要具备创新能力，而创新能力作为一种综合能力，其核心成分是创新性思维。为此，“童创课堂”确定了一个主目标——培养创新思维，促进儿童全面发展和“四大落点”——以学习目标为切入点（行为目的，指向学习结果）、以优质问题为主线（行为主线，指向课程内容处理）、以活动设计为支架（行为路径，指向学习步骤）、以交互反馈为保障（主要行动，指向及时性评价）。

落点一：学习目标。目标不具体，无以教学，无法评价。以学习目标为落点，一是凸显学生是学习主体。具体表述为“我（我们）做什么、怎么做……”。二是包含学习单元的核心知识。核心知识包括：事实性知识、策略性知识、概念性知识和元认知知识。素养导向下的学习目标，以大概念为统领，使目标与目标形成内在关联，关注儿童思维发展过程，体现从低阶目标（双基）到高阶目标（素养）的思维进阶。三是明确学习的过程路径。四是外显学习过程的任务类型。学习目标表述可以采用“主体+路径+内容+行为”句式格式，“通过……，能够形成……”“通过……，从……角度，能够分析……解释……”“通过……，从……角度，能够说明论证”，这样表述就包括了学生主体、学习路径、核心知识、学业水平表现等要素。

为此，学校开展学习目标设计比赛，进行学习目标答辩，利用课堂诊断系统对目标的达成度做专业评价，对目标反复思考的过程也是教师专业成长的过程。

落点二：优质问题。问题是走向理解、打开儿童思维的大门，可视为激发儿童思维的“刺激物”。布鲁纳认为，好的问题“是那些引发思维困惑的、颠覆显而易见或权威真理，或是引起不一致观点的问题。好的问题能够引出有趣和可选择的其他观点，要求我们在发现和维护答案的过程中聚焦于推理过程，而不只是关注答案的对与错”。“童创课堂”要求问题设计必须遵循以下三点：一是将激发儿童已学知识、已有生活体验与当前学习内容之间进行意义关联；二是提出或设计的问题能够激发儿童的思考和探索，倡导开放式主问题设计和主问题下的问题串设计；三是以问题架构学习内容，问题要与学习目标相呼应，促使教师从只会预设的教学走向创设生活情境的任务式建构。由此形成了“童创课堂”问题设计的基本路径：理解（是什么、为什么、怎么做）—运用（分析、整合、评价、近迁移）—创造（远迁移）。理想的课堂不是“消灭”问题，而是创造“安全”提问的课堂氛围，引发儿童多样化的思维方式。由此，学校自主开发了“童创课堂”学习单，帮助儿童学会学习，让儿童知道自己是如何学会的。在学习目标上要求可操作、可检测，表述清楚，让儿童知道目标是什么；在问题设计和活动设计上要求围绕主问题开展活动设计，让儿童知道如何学；在形成性评价上要求将评价嵌入活动中，让儿童知道学得怎样；在总结梳理时利用思维导图等工具进行提炼，引导儿童形成结构化思维。学校还引进了课堂观察系统，在校本教研时，利用课堂观察系统对提问层级、对话深度等进行针对性观察，上课教师和听课教师都能从中提升对课堂教学的认知。

落点三：活动设计。与优质问题相匹配的一定是精心设计的系列化活动。系列化学习活动其实就是新课标提出的学科实践。系列化的学习活动设计根据学习目标创设真实任务情境，把知识包裹其中，以内容为明线，以素养为暗线，以评价为保障，推动学习进程，有以下三个特点：

其一，实践性。以学生为系列化学习活动的主体，需要把知识转化为学生操作的材料，引发学生系列化的思考、实验、探讨等，把课堂真正还给学生。教师要精心设计这种能够让学习发生的支架，让学生能够拾级而上，实现知识学习的攀登与思维品质的提升。在学习层面，“教—学—评”一体化的本质内涵就是搭建学习支架，实现目标、学习、评价的一致性。没有学习支架的课堂学习，是随意的也是低效的。

其二，生成性。系列化学习活动要生成学习“产品”，包括思维产品和成果产品，让学习成果看得见。课堂学习（问题解决、任务完成）聚焦“思维成果（即学习产品)”的生成,以终为始,设计并组织结构化学习。搭建“学什么(问题与任务)、怎么学(活动与路径)、学得怎么样(规则与评价)”的学习支架,能促进深度学习的真实发生。

其三,进阶性。学习活动符合学习任务性质,活动步骤具有递进性,突出认知发展和思维进阶。一切为了迁移,即出发点指向迁移、落脚点用在迁移。迁移要紧扣目标中的核心知识,突出情境性、综合性和开放性。

当前,基础教育各学科教学模式可谓层出不穷,如果把各种模式放在一起比较就会发现,甲模式和乙模式、A 模式和 B 模式,固然有差异,但差异微小,几乎都是在教学要素或者结构设计上调整。学校引领教师进入新的教学模式,规范他们的操作流程很容易,但“入模”之后,教师还能跳出模式进行创新吗?一所创新型学校,希望培养出创新型儿童,就必然需要具有创新精神和创造能力的教师,建构出灵活多样的课堂操作模型。由此,“1+X+反馈”成为“童创课堂”的实施主线,这既不是生硬的课堂模式,也不是规定的课堂结构流程,而是内隐的课堂要素。学校把课堂的基本要素提炼出来,根据课堂教学的不同目标、不同内容,选择性地加以组合,演变成多种课型,课堂因此呈现出灵活、富有弹性和张力的特点。其中的“1”是创新型问题的设计与提出,“X”指为解决创新型问题而设计的系列创新活动。活动是帮助儿童走向理解的路径。课程目标是预期目标,是儿童学习之后所应达到的结果,而由各种学习活动构成的学习经历是儿童在一门课程学习中发生变化的过程,没有高参与、高体验的学习经历,就不会有思维的高流量、情感的高链接、素养的高提升,也谈不上儿童的成长与发展。

例如,我们将西师版《数学》二年级下册第二单元“千米的认识”和二年级上册第五单元“测量长度”进行内容整合,以疫情的真实情境为背景,以“用长度的眼光看疫情”为主问题,围绕这一主问题,利用间距线、隔板、口罩、吸管等生活实物和“距离”这一概念设计了 5 个活动的任务链,学生在参与“画一画间距线”“我是隔板设计师”“量一量口罩长宽”“比一比吸管长度”“走出千米之外”等活动中体验了“距离”,让学习真实发生,这样的设计就是从儿童立场和生活立场出发的教学设计。基于目标和儿童立场的活动设计,既要有儿童“认知冲突”的情境创设,又要有“聚焦成果”的合作任务,要面向全体共同建构。活动中,通过同伴互换讲解、小组相互评判、全班交互式教学、学生课堂演示、师生互动的手势、多媒体投影、电子白板等思维可视化策略,使思维充分聚焦、碰撞。

落点四:交互反馈。教学过程一定是人际互动、智慧碰撞的过程,正如钟启泉所说,教育需要两个过程:一个是认知发展和概念建构的过程,另一个是集体形成集团思维的过程。不同的学生有不同的看法，产生认知矛盾，推动集团思维不断递进。没有思维碰撞，教育就无法完成。“童创课堂”以多种交互式对话和探究性的问题作为思维的开关，让课堂的主角始终是学生，师生形成了新的交互模型，如下图所示。

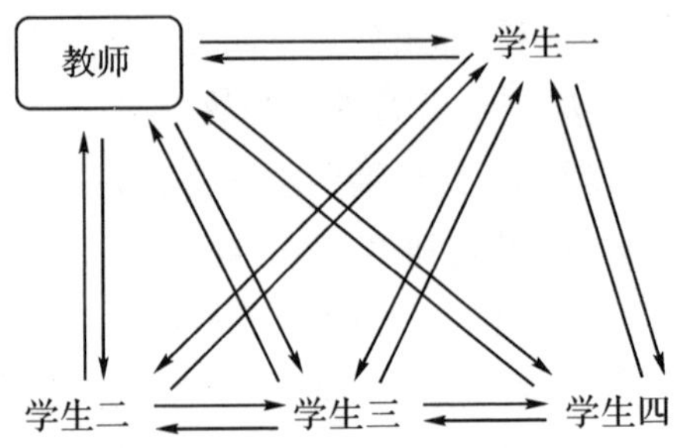

四、成就“真”的深度学习

深度学习是学生高品质学习的一种状态、一种方式，也是一种美好愿景。传统课堂中师生单项互动的对话模型很难导向真正的深度学习，而“童创课堂”建立起来的师生、生生交互对话模型，则让课堂学习促进学生从低阶思维走向高阶思维，抵达思维的深处，将愿景变为现实。

“1+X+反馈”中的“反馈”指一种论证式、商榷式的对话，是打开学生思维的钥匙。教师要教给学生一些提问的术语，让问题在思维中变得更加自然，让思考走向深入。在对话中，教师尝试用“谁有补充？谁有质疑？谁有不同意见？”等探究性问题获取更多信息，引发学生的创新意识。当学生有了自己的想法，教师再进一步用“你能通过具体理由来解释你的信息吗？你的证据是什么？你是怎么知道的？你是怎么算出来的？你能给出相关的例子吗？”等发散式提问引导学生进行深度思考。

儿童从较低水平的认知向较高水平的认知迈进会遇到无数的思维“沟壑”，这时就需要教师在活动设计中搭建不同的支架来帮助他们沿不同的方向发散思考，将多种信息整合生成新的“产品”。教师会根据儿童学习的实际需要提供工具和手段，如一个问题、一个情境、一张图表、一种案例、一些实践材料等，让方向明确化、思维可视化、路径清晰化；同时提供指导性支架，采用追问、交流、概括等方式，帮助儿童理解和反思。

“童创课堂”突出“创”、“活”和“真”，并非倡导教师“不讲”，而是更看重课堂“资源”的利用，在儿童充分经历的基础上，教师抓住儿童暴露的资源进行关键性点拨。经过儿童多元差异互动，课堂会呈现多元、多类资源。教师可借助儿童的错误性资源，促进儿童的认识从模糊到清晰；收集儿童的多样性资源，促进儿童的认识从具体到抽象;捕捉儿童的个性化资源,促进儿童的认识从仿照到创造。这种对动态“资源”的最大化利用,真正成就了“童创课堂”的丰富性和创造性。

五、探索“研”的校本路径

苏霍姆林斯基曾在《关于获取知识》一文中提到,获取知识就意味着发现、解答疑问,被动获得的只能是表面知识,而表面知识很难保持在记忆中。只有让学生成为学习主体,主动分析和思考,主动体验知识的形成过程,学生掌握的知识才会牢固、深入。“童创课堂”是激发学生更高参与度的课堂,其用创设情景、任务驱动引发学生主动思考和创造,这对教师个人的专业素养提出了较高的要求。凤凰小学通过加强校本研修,为教师的专业成长找到了路径。

一是重构学习方式。面对倡导对话教学、终身学习的教育趋势,很多教师由于很少阅读教材、教参以外的书籍而难以适应。学校意识到,要改变教师的教学方式,必须先改变教师的学习方式。怎么改变呢?华东师范大学崔允漷教授说:“教师的进步,不在报告厅里,而在实践的场域里。”如果教师的学习方式主要是坐在报告厅里听,那么他们收获的只能是笔记上的记录;而在校本研修的场域中学习,现场活动、现场作业,都能凸显教师的主体地位,迫不及待地介入、体验才能促使教师收获经验和智慧,进而改变思维方式和教学方式。

二是梳理研究路径。校本研修的水平从某种程度上决定了教师的教学水平。学校的师资水平不一,教师年龄结构不一,但一直以来校本研修活动整齐划一,缺乏针对性,没有与教师专业化成长进行一体建构。因此,校本研修需因校而定,层层落地。第一步要落实教学常规,让教师心中有规则。凤凰小学青年教师多,他们在备课、设计作业、与家长沟通、教学管理等方面还不够成熟。学校建立了试用期培养体系,帮助他们真正掌握教育教学的基本规范,包括如何编写以学习为中心的学习目标,如何备课、组织教学,如何设计并批改作业,明确常规管理的要求和底线。第二步是进行方法示范,教会青年教师操作相关教学工具,掌握学、教、练的范式,学会为小组合作学习搭建支架,熟悉不同学科有效提问的方式,之后基于教师最迫切的需求分主题进行研究。第三步是阅读分享,这是教师走向专业化的一个重要表现,阅读的重点是理论著作和文章。教师只有不断阅读,用理论来指导实践,才能真正走向成熟的专业化道路。

三是建立学生意识。新课改时代的教师应有进行课程研究的素养、对教学活动的把握能力即执教能力,还要能站在学生立场思考问题,即具备学生意识。以往人们对前两者研究得多,对学生研究较少。新时代的校本研修要聚焦到研究学生层面。具体包括:其一,基于学生立场的作业研究。课堂是教师组织学生学习,而作业是学生通过实践和自主活动自己在学习。把作业定位为自主学习活动,强化了学生以经验为基础的学习。为此,学校要求教师亲自体验作业,给学生的作业只有教师去做,才能真正站在学生的角度思考如何学的问题。其二,基于学生立场的评价研究。崔允漷教授说:“要提高老师评价的素养,评价不能只是管理的手段,更应该成为促进学习的工具和方法。”以往学校上课、布置作业、出考试题都不是同一位教师,教、考分离,教师跟学生一样,也是被评价者。研究评价,就是要让教师从被评价者成为理性的评价者。为此,教师除了要对评价的双向细目表进行研究,更要进行指向核心素养的评价研究。其三,基于学生立场的备课研究。校本教研要解决从备教师的“教”为主,转变成备学生的“学”为主,即站在学生立场进行教学设计,或者叫学习设计。学习活动设计先于教学设计,学习设计要成为教师的基本能力。

为促进教师专业发展,学校还在教学步骤上做了规定,要求教师做到备课、上课、教研、反思、作业“课堂五步走”,重视学习习惯的培养,所有学科共抓一个普适习惯,各学科主抓一个学科习惯。

在创建“童创课堂”的过程中,学校借用区内引进的“靠谱 COP”项目,将基于课堂教学行为的 63 个维度大数据分析与“童创课堂”结合起来,用科学的视角解读课堂,让课堂可视化。在与全国常模数据的对比数据上能明显看到,实施“童创课堂”以来,学校教师和学生的整体素养都有明显提升。每年的凤凰大讲堂、区内的课堂现场会、区外的学校学术交流会等,都让教师受益匪浅。骨干教师多次受邀到省内外开展课堂交流活动,分享“童创课堂”的理念和做法,获得一致好评。除了对外的活动展示,学校还鼓励教师参加各种教学竞赛,教师们的课堂展示和教研论文多次获得国家级、市级、区级一等奖。在促进学生深度学习、全面发展的同时,提升教师综合能力,培养更多具有先进教学理念、创新能力及较高教学和科研水平的优秀教师,探索更有价值的课堂实践策略及促进教师专业成长的路径。

总之,“童创课堂”以创造性学习为手段,在“认知冲突”中诱发学生学习的投入度,在“任务驱动”中浸透学习内容的认知度,在“交互反馈”中激活学习思维的活跃度,在“创造性目标”中聚焦学习应用的迁移度,让深度学习真正发生,让学生的创新能力从课堂中生发,让教师专业成长有了抓手,让核心素养真正落实。

提质增效:作业优化设计的原则与策略

2021 年 7 月,中共中央办公厅、国务院办公厅印发了《关于进一步减轻义务教育阶段学生作业负担和校外培训负担的意见》,“双减”政策要求减轻学生的作业负担以及课外培训负担,但同时也要求提高作业设计质量,发挥作业诊断、巩固、学情分析等功能,将作业设计纳入教研体系。系统设计符合年龄特点和学习规律、体现素质教育导向的基础性作业;鼓励布置分层、弹性和个性化作业;坚决克服机械、无效作业;杜绝重复性、惩罚性作业。在减轻学生作业量的同时,要保证学生作业的“质”,通过课堂增效、作业增质,确保在减少作业量的同时,不降低教学质量,甚至达到提升教学质量的目的。

高质量的作业应该是怎样的?清华大学附属中学校长王殿军认为,好的作业应该让学生动脑筋能解决问题,但又不是那么容易解决。这就要求学校要把作业设计作为教研工作重点,鼓励教师创新作业形式。在他看来,作业一定要贴近学生的生活,要使学生理解,能够感受到有意思的地方,要与生活实践相结合;要从以“教”为主转向以“学”为主;要进行学科整合,如果教师能通过项目式学习、研究型学习、STEM 综合性学习出一些题目,把不同学科给串起来,学生就会觉得特别好玩;还应该创新布置作业的形式,比如,通过大数据分析准确学情,有针对性地布置个性化的作业,类型可以多样化,小课题研究、艺术赏析、体育锻炼、社会实践、职业体验、创意制作等,特别是要科学设计探究性作业和实践性作业。

凤凰小学实施的“童创课程”综合提升了学生的创新能力,但课后作业环节存在一些问题,表现为作业的功能、形式单一,多是强化训练性质的纸笔作业;学生负担重,虽然作业量减少了,但难度加大了,学生无从下手,无法高质量地完成作业,作业发挥不了其应有的诊断、巩固、学情分析等功能;作业远离学生的生活实际,无法调动学生的积极性,无趣的作业让学生草草应付和敷衍;缺少针对性,作业并非教师针对学生实际精心设计的,而是来自各种教辅材料的现成题目,学生完成效果差。对此,学校健全作业管理机制,分类明确作业总量,加强教师作业研究、设计、布置、批改、反馈和指导能力,着重帮助教师厘清作业设计理念、原则和策略,优化作业设计,切实减轻学生过重的作业负担,保证教学质量。

一、作业优化设计的原则

（一）坚持育人导向

“培养德智体美劳全面发展的社会主义建设者和接班人”是党和国家的教育方针。凤凰小学不断深化课程育人、文化育人、活动育人、实践育人，着力培养认知能力，促进思维发展，激发创新意识，严格按照国家课程方案和课程标准实施教学，确保学生达到国家规定学业质量标准。在提升智育水平的同时，突出德育实效，强化体育锻炼，增强美育熏陶，加强劳动教育，做到“五育”并举，并体现在包括作业设计在内的每一个教学环节。“童创课堂”的作业设计综合了德育、智育、体育、美育和劳育等内容，实现了“五育”融合。如学生在紫陌农耕园参加种植劳动后，所体验的活动和需要完成的作业就融合了德育、智育、美育和劳育等方面的内容。我们通过合理的作业设置，让学生饶有兴趣地参与其中，从而得到全面发展。

（二）体现学科核心素养

学科核心素养是学生通过课程学习逐步形成的正确价值观、必备品格和关键能力，是课程育人价值的集中体现，具有导向性、稳定性、开放性、发展性和动态性的特点。不同学科因其特点不同，核心素养的要求也有所区别。比如，艺术课程要培养的核心素养主要包括审美感知、艺术表现、创意实践、文化理解等。凤凰小学“童创课堂”的作业设计立足美术学科特点和本质，力求学科课程核心素养落地。为此，开发了创意美术和创意童画两种课程。在作业设计时，两者有所不同：“创意美术”布置的作业表现形式丰富，不拘泥于材料的限制，用多样化的材料，使学生从感知到运用点、线、面进行构图造型，感受线、形、色的神奇美感，从而开拓学生思维，让学生的内心世界得到充分表达；“创意童画”的作业期望学生得到的不只是绘画技法，更要拥有一双会发现的眼睛和一颗勇于探索、大胆表达的心。借由美术，学生在潜移默化中自由地表达自己的思想和情感，积极地探索艺术、陶冶情操、完善人格、健康成长。这样的美术作业，让学生在真实的情景和实际生活体验中获得了感受美、欣赏美、创造美的能力，有效地落实了学科核心素养。

（三）把握课程标准

课程标准是国家针对基础教育课程制定的基本规范和质量要求，是课程计划中每门学科以纲要的形式编写的、有关学科教学内容的指导性文件，其对各门课程的性质、目标、内容框架做出规定，提出教学和评价建议。课程标准是教材编写、教学、评估和考试命题的依据，是国家管理和评价课程的基础，体现了国家对不同阶段的学生在知识与技能、过程与方法、情感态度与价值观等方面的基本要求。所以，作业设计必须以课程标准为依据，体现学科的特点，同时也要根据学生学习的实际情况及实际能力，确定作业设计的梯度、难度和数量，帮助学生达到国家标准，完成学业。2022 年版的《义务教育语文课程标准》将作业评价看作过程性评价的重要组成部分，强调作业设计是作业评价的关键。“童创课堂”以促进学生核心素养发展为出发点和落脚点，精心设计每一学科的作业，做到用词准确、表述规范、要求明确、难度适宜，合理安排不同类型作业的比例，增强作业的可选择性，体现作业设计的差异和个性，以满足不同学生的学习需求。

（四）要有思维含量

作业是否有思维含量取决于设计者是否在作业中留足了思考的空间，是否能够激发学生的思维能力。思维能力是指学生在学习过程中的联想想象、分析比较、归纳判断等认知表现，主要包括直觉思维、形象思维、逻辑思维、辩证思维和创造思维。思维具有一定的敏捷性、灵活性、深刻性、独创性和批判性。思维能力强的人往往都有好奇心、求知欲，崇尚真知，勇于探索创新，具有积极思考的习惯。作业设计只有思维含量足够，才能启迪学生去思考、去探索。“童创课堂”理念中的“创”本身就含有“思维立场”，所以我们的作业设计也以思维为主线，力求做到“少而精、精而深”，让学生能够举一反三。不管是知识性作业还是实践性作业，都基于学生现有的学情及学生的思维水平，通过作业，达到思维能力的提升。

（五）尊重个体差异

认同差异是学校教育教学的出发点。从学生个人发展的角度，每个学生都是不同的个体，个体差异是客观存在的，学生学习的需求和效果取决于学生的个性、思维及能力差异；从社会发展的角度，逐渐细化的社会分工对人才的需求也逐渐专业化和多样化，而差异化教学是满足社会对多样化人才需求的重要保障。小学阶段是学生个性特征、思维方式及学习能力形成的基础时期，在作业设计上，学校需依据学情，设计既面向全体学生又兼顾学生个性的作业，提供难度不同、种类不同的作业，让学生选择适合自己的作业，实现个性化发展。设计有差异，评价上也应该有差异。“童创课堂”通过搭建指向自主选择、多元融合的课程体系，通过建立基于多元能力发展的课程评价制度，建立了基于学生差异的评价制度，以便不同层面的学生都能独立或者合作完成作业。

二、作业优化设计的策略

（一）着眼大单元教学

大单元教学是在真实的情境下进行的综合性、统整性的学习活动，它以解决问题为指向,以发展学生综合素养为追求。华东师范大学崔允漷教授倡导大单元备课,在他看来,“一个单元就是一个完整的学习故事,就是一种课程,或者说微课程”,大单元教学可以提升教学设计的站位。传统的作业设计是以课时或以某一课为单位进行的,“童创课堂”的作业设计着眼于大单元教学,对整个单元内的作业进行统筹安排,根据单元教学的目标进行整合、重组,有层次地进行整个单元的作业设计,使作业成为一个具有结构性、系统性、关联性的任务群,在保证学生有效掌握知识的基础上,最大限度地减少机械、重复的训练。基于单元整体设计的作业,注意区分课堂目标与作业目标,控制了“量”,提高了“质”,丰富了“形”。

凤凰小学四年级语文教师团队基于大概念的大单元设计,站在儿童立场,通过方法建构、方法再建、迁移运用,引导学生运用多种方法,了解课文故事的起因、经过、结果,把握课文的主要内容,以大单元的整体思维设计作业,充分体现了单元整组教学理念。三年级语文教师团队基于人文主题从单元主题、单元分析、单元目标、整体设计四个方面对第六单元进行了作业设计,以“制作班级童年相册”为大情境,围绕“童年的真善美”的主题,在“创序言”“书内页”“写结语”三大任务中,设计了相关课内外学习活动,让学生在活动中落实本单元的语文要素,达成单元教学目标。

(二)践行“教—学—评”一体化的理念

作业作为学生独立完成的学习活动之一,也需要有“教—学—评”一体化的设计理念。“童创课堂”的作业设计根据学情,明确作业的目标、内容、类型、难度、预估时长,通过不断优化、加工情景素材,搭建支架,合理设计作业,同时思考作业的评价反馈方式,让作业成为课程的组成部分,而非游离于课程之外,在指导学生高质量地完成作业的同时,建构思想方法体系,实现思维的进阶。

凤凰小学语文教师团队一位教师在执教三年级下册《剃头大师》时充分体现了单元整组教学理念。他以绰号入手,站在儿童立场,从一开始引导学生理解给小沙取绰号,到探究“害人精”绰号的由来,找到相关语句,运用恰当的方法理解关键词句,从而推出小沙在剃头时的感受,最后迁移方法,在作业环节引导学生自主探究“剃头大师”绰号的缘由。从“扶”到“半扶半放”,再到自主学习,一步步推动“童创课堂”的教学目标落到实处。同样是教学《剃头大师》,另一位教师则围绕教材、学情、设计思路、教学流程、成效对比等五个要素,根据“理解为先”的“UBD 理论”进行了逆向设计,预习作业前测题与后测题的出现让评价嵌入课前与课后,充分发挥了评价的导向作用。在学习成效的对比分析中,“理解难懂句子的步骤”这一教学目标的达成效果明显。这种基于学习性评价的教学过程,从嵌入式评价、交流性评价再到课后作业的结果性评价，由教师扶着做、学生带着拐棍做到学生独立做，逐步提升学生学习能力的教学路径，践行了“教—学—评”一体化的理念。

（三）增加基于情境的作业

特级教师李吉林创造的情境教学法以知识学习为中心，以认识社会为手段，以学生发展为核心，把周围世界、现实生活与课堂教学联系起来，激发学生主动学习的意愿，培育学生的想象力和创造力，有效促进了学生审美、智慧、情感、道德的全面发展，使学生的“认知与情感”得到统一，与“童创课堂”的理念不谋而合。情境教学利用直观、生动的形象和道具，在激发学生兴趣、调动学生经验和情感的基础上诱发学生的自主学习能动性，让学生乐学、趣学，真正做到了李吉林所谓“境中学、境中做、境中思、境中冶”。情境创设的核心是真实，包括真实的问题、真实的情境、真实的过程、真实的成果。“童创课堂”的作业设计就要让学生通过真实的学习过程，解决一些实际问题。尽可能多布置跨学科综合性、项目化作业，增加基于情境、基于实际生活问题的作业，真正让学生学有所用，学有所得。

凤凰小学英语团队在注重低阶思维目标达成的同时也不放弃对高阶思维培养目标的追求，通过对教材进行整体把握，根据语言生成的场景需要，打破原有语言技能的分布局限，对单元内容按生活场景进行整合与语用拓展，促成会话的真实发生。教师以人教版《英语》四年级上册第四单元 *My home* 为教学主题，结合英语学科核心素养，以当侦探寻找猫为情境主线，搭载环环相扣的猜测活动，引导学生课内课外不断思考，同时进行目标语言的输入，为输出活动做好语言的建构，在游戏中培养学生的语用能力以及逻辑思维能力。

（四）提供给学生支架

作业设计不能仅仅停留在作业本身，还要关注学生能不能做、能不能做到、如何做得更好，如何内化为解决问题的能力等问题。“童创课堂”在作业设计方面通过学习单等形式，有意识地给学生提供路径、方法和提示，帮助学生一步一步去解决问题、获得能力。

“评”伴全程:基于核心素养的评价实践

凤凰小学实施综合素质评价改革已经4年,逐步形成了“以任务情景为依托,通过学生学业表现,评价学生核心素养的落实”的思路,努力探索“评什么”“怎么评”“评到什么程度”的问题。

一、评什么——盯准方向,聚焦素养

评什么?当然是评核心素养的落实情况。核心素养是学生在接受相应学段教育过程中逐步形成的适应个人终身发展和社会发展需求的必备品格与关键能力。它是关于学生知识、技能、情感、态度、价值观等多方面需求的综合体,它指向过程,关注学生在其培养过程中的体悟,而非结果导向。同时,核心素养兼备稳定性、开放性与发展性,是一个伴随终身、可持续发展、与时俱进的动态过程,是个体适应未来社会、促进终身学习、实现全面发展的基本保证。核心素养是全面贯彻党的教育方针,落实立德树人根本任务的迫切需要;是适应世界教育发展的趋势,提高我国教育国际竞争力的迫切需要;是全面推进素质教育,深化教育领域综合改革的迫切需要。

核心素养有三大板块、六大指标,落实到凤凰小学的课程设计、教学实践和教育评价三个方面,表现各有不同。从课程设计上看,凤凰小学以育人目标为核心,以国家课程校本化实施为基本思路构建了“童创课程”。童创课程以儿童发展为本,以创新性学习为核心,上好国家课程,并对国家课程进行校本化“整合”,将三级课程整合为五大领域,并依据育人目标,在已有课程基础上,总结和开发针对性课程,旨在发展学生兴趣和特长,提升综合素养,同时规划“创生”课程,以“主题探索、自主选择”为主要形式,转变教学方式,实现课程目标。

在“童创课堂”,每一堂课都要进行口语表达,以此进行创新思维的培养,所谓“2+N”关键能力的培养中的“2”指口语表达能力和批判性思维能力,“N”指各学科核心素养。“童创课堂”注重目标化,明确课堂目标,并将目标转化为学生能理解的学习目标;注重情境化,突出知识的形成过程,让学生成为积极主动的知识探究者;注重提取化,帮助学生联系已有知识和经验巩固新知识;注重问题化,以解决问题为课堂教学的主线。同时制定了“童创课堂”新授课的标准,制作了相关课堂观察量表,目的是让学生在课堂中有所得。

二、怎么评——多管齐下,百花齐放

评价方向定了,该如何实现?学校评价采用过程性评价与终结性评价相结合、线上线下相融合的方式进行。

过程性评价,重结果更重过程。学习目标既是课堂教学的开始,也是课堂教学的结果。确保学习目标达成的关键是让评价伴随学习全程,需要在思维障碍处、学习困难处搭建“问题解决”或“活动规则”的评价支架,引导学生高质量学习。学习评价以国家颁布的课程标准为依据,运用恰当有效的评价方式与途径,系统收集学生在学习过程中认知行为变化的信息与证据,并对学习进展与变化进行价值判断。“教—学—评”一体化设计最突出的特点,是全程实施“促进学生学习”的学习性评价,学习目标不仅有明确的预期学习成果,而且有相应的质量评价标准。学习活动与学习评价围绕学习目标进行,这种以“定标、导标、验标”为课堂教学基本线的方式,既利于教师及时、有效地掌握教学效果,又利于帮助学生自评、互评,提高学生的自主学习能力,提高课堂学习质量。

终结性评价,重形式更重意义。首先,创造大情境,把学生带入评价。基于小学生的心理特征,凤凰小学综合素质评价的主题有“学院对对碰,评价展风采”。体育艺术类,“组建”了表演学院、书法学院、美术学院、诵读学院和体育学院,学生可任选 3 个学院现场展示;语言科学类,由两个班互相出题考评,两天时间,每一个学生都会接受 15 个现场挑战,之后由班主任颁发升级证书,学生在激励中得到成长。其次,创设小情境,纵横交错评。学校以学科为依托创设情境。横向,以基础学科为主,包括语、数、外、音、体、美等,单路径输入;纵向,向生活延伸,体现学生各种素养的综合输出。在这个过程中,学生可以自己出题,指向知识创造;可围绕语、数、外学科,由教师提出具体要求,联系本学期的知识点,也要联系生活实际,还要有趣味性。在教师的指导下,学生出的题丰富多彩、趣味盎然。概括地说,就是在真实的情境下做事,让学生的素养外显,完成综合的评价。

比如,西师版《数学》一年级下册第三单元,针对认识图形这个知识点,活动组织者设计了“跳房子”游戏。学生根据抽到的题目,走或跳到地面贴的图形上。这个游戏既可让学生从整体上感知平面图形的特征,又可加强学生形象思维的能力,直指几何直观的数学核心素养。再比如,体育艺术类学科的展示活动,教师要求学生自己组织表演,自己创编、准备,每一个节目至少 5 人参加。在任务情境中,潜移默化地培养了学生的合作能力(自己组建团队,自己定排练的时间)、学习能力(自己查资料,挑选节目)、交流能力(不懂的会请教老师,提出化妆、租服装等需求,并尽可能自己解决)、创造能力(节目就是作品,作品就是他们的创造)及获取信息能力,学生获得了全面发展,学校也从之前关注形式的评价,到关注核心素养的形成,可谓综合素质评价的一次升级。

线上评价,从促进到引领。新冠疫情改变了以往的教学形式,居家线上教学在特定时期成了常态,评价显得更为重要。如何对线上教学进行评价,使其成为学年过程性评价的一部分?学校首先对班级进行了分组,以小组为整体,组长协助教师评价。比如,综合性部分,设计线上基础性考核评价表,项目有早上的读书、上课的考勤以及作业的上交情况。基础表每个星期一张,每周五组长拍照发到本组的群里,组员可以看到自己的得分,教师也可以在每个群里看到每个学生本周的基本情况。组长对组员有评价,组员也会对组长进行评价。我们利用 QQ 投票平台,组员每周进行一次"我是小小评论员"的匿名评价。这样的评价方式能锻炼学生的自主管理能力。再如,学科评价部分,我们提前给出学生竖式计算评价标准,在课堂教学进行的过程中,让组长评价组员,这样更客观、具体。我们还研发了对应知识内容的自我评价表,学生可利用其对自己当天的学习情况进行评价,以了解并改进自己的学习,教师也可以通过这种方式得到学生的反馈。表中的评价内容主要依据每堂课的教学目标来设计,学生完成的方式也比较简单,通过打星对自己进行评价,并发到小组群,便于教师和组长有针对性地指导。学生侧重自评,教师主要评价学生作业完成情况,返校后的每张评价表、每次作业记录都成了过程性评价的珍贵资料。

三、评到什么程度——逆向设计,"评"伴全程

有评价,就有标准。教师依据课程标准制定了评价的标准。这些标准,深入每一位教师、家长、学生的心中。大家了解、掌握评价标准的过程也是成长的过程。对学业表现的评价分为现场评价和作品评价。每个学生都会展现"四个一"(一幅画、一幅字、一张小报、一张思维导图),家长依据评价标准对班级作品进行评价,共同见证学生的成长。而现场展示类和班级对抗类的评价,都由学生完成,评价本身也成了凤凰小学最精彩的课程。

“童创课堂”的评价标准

<table>
<tr><th colspan="2" rowspan="2">指标及权重</th><th rowspan="2">评价标准</th><th colspan="4">评价等级</th></tr>
<tr><th>优秀</th><th>良好</th><th>合格</th><th>待努力</th></tr>
<tr><td colspan="2">童创目标
(20分)</td><td>1. 基于儿童主体确定课时学习指标(单元目标的分解)。
2. 突出儿童思维发展可视化,明确学习成果,重视迁移,可操作,可测评(学业标准明确)。
3. 关注儿童思维发展过程,目标中体现从低阶目标到高阶目标(素养目标)的思维进阶。</td><td></td><td></td><td></td><td></td></tr>
<tr><td rowspan="2">童创
结构
(60分)</td><td>学习
导引</td><td>1. 紧扣目标和成果创设情境任务,引发认知冲突,激发学生内在的学习动机。
2. 设置新旧知识链接点,为解决主问题(或主任务)做好铺垫。</td><td></td><td></td><td></td><td></td></tr>
<tr><td>新知
建构</td><td>1. 课堂学习(问题解决、任务完成)聚焦“思维成果”(即童创学习产品)的生成,以终为始,设计并组织结构化学习。
2. 贯彻“目标—教学—评价”一致性原则,基于童创目标和评价标准,搭建“学什么(问题与任务)、怎么学(活动与路径)、学得怎么样(规则与评价)”的学习支架,促进深度学习真实发生。
(1)学习问题(任务):根据目标设计问题——以挑战性问题(或主任务)为核心,将问题转化为学习活动,依托活动要素组织教学,避免问题和活动碎片化、浅显化;
(2)学习活动(路径):根据问题(任务)设计活动,学习活动符合学习任务性质,活动步骤具有递进性,突出认知发展和思维进阶;
(3)嵌入评价量规:为活动设计组织流程,依托活动要素嵌入评价量规即评价标准,在思维障碍处搭建评价支架,引导学生高质量完成学习任务。
3. 问题解决(或大任务完成)遵循“读(听)—做(练)—展(答)—评(反馈)”四步学习链,即采用“提出问题—组织学习—成果呈现—交互反馈”的思维型教学“问题解决流程”。</td><td></td><td></td><td></td><td></td></tr>
</table>

续表

<table>
<tr><th colspan="2" rowspan="2">指标及权重</th><th rowspan="2">评价标准</th><th colspan="4">评价等级</th></tr>
<tr><th>优秀</th><th>良好</th><th>合格</th><th>待努力</th></tr>
<tr><td rowspan="2">童创结构（60 分）</td><td>迁移运用</td><td>1. 一切为了迁移，即出发点指向迁移，落脚点用在迁移。迁移题既要紧扣目标中的核心知识与技能，又要突出情境性、综合性、开放性特征。
2. 突出“联结—生成—迁移”深度学习特征，遵循“长程两段（新知建构—迁移运用）”的课堂规程。</td><td></td><td></td><td></td><td></td></tr>
<tr><td>成果集成</td><td>1. 运用思维可视化工具，呈现结构化学习成果。
2. 组织学生思维反刍，总结得失（问题解决规律和注意事项），思维得以升华。</td><td></td><td></td><td></td><td></td></tr>
<tr><td colspan="2">童创作业（20 分）</td><td>1. 基于单元整体作业设计布置作业，能够区分课堂目标与作业目标，控制“量”，提高“质”，丰富“形”。
2. 关注学生作业“做不做、会不会做、能不能做好”问题，通过“教—学—评”一体化的方式为学生搭建学习支架，助力学生高质量完成作业目标。</td><td></td><td></td><td></td><td></td></tr>
<tr><td colspan="3">综合评定等级</td><td colspan="4"></td></tr>
<tr><td colspan="7">评价与反思</td></tr>
<tr><td colspan="7"></td></tr>
</table>

注：本表仅适用于“童创课堂”深化提升、回归本质阶段的教学观察，其他常规性、基础性内容请教师自我选择、酌情记录。

“评什么”“怎么评”“评到什么程度”三个问题绝不是孤立、单一存在的，它从以学生发展为本、以创新性学习为核心的课程设计，到以“童创课堂”为依托的教学实践，再到人人参与的教育评价，贯通整个课程体系。可见，“童创课程”是从核心素养出发，在综合素质评价中落地；从过去只关注分数，到现在关注个体身心发展，真正实现了为学生终身发展奠基的目标。

探寻高质量教学设计的理论基础

教育发展的高质量需要课堂教学的高质量，课堂教学的高质量不仅要立德为先，强化课程教学的育人功能，而且要转变观念，聚焦关键能力和必备品格培养，还要聚焦难点，促进义务教育深层次问题的解决。这里的深层次问题包括学段的贯通连接不畅、因材施教的理念体现不足、内容难度的梯度设计不够、个性化和选择性空间有限、学科课程间综合性和关联性较弱等。为解决这些长期存在的“老大难”问题，新修订的课程标准在课程设置和课程内容设计上做了一系列改革，要求体现学习目标的连续性和进阶性；推进综合学习，探索大单元教学，积极开展主题化、项目式学习等综合性教学活动，原则上各门课程用不少于10%的课时设计跨学科主题学习；强化学科实践，开展差异化教学，坚持素养导向，深化教学改革，转变育人方式，改进教育评价，等等。对于基层学校来说，让改革的理念落地，不仅需要在实践层面积极探索，还要在理论方面深入研究、夯实基础，尤其是课堂教学设计方面的理论，包括教学目标、教学策略、高效问题、教学评价设计的基本理论。只有将课堂教学的改革和创新建立在正确教育理论和教育规律的基础上，才能行稳致远，唤起教师形成广泛共识，攻坚克难，保证教学改革沿着核心素养导向正确、科学地前行。

教学目标设计:为课堂规划方向

教学目标是教师依据学科课程标准,参考学科教科书、教师教学用书和其他课程资源,按照所教学生的当前状况为学生设定的预期学习结果。教学设计又称教学系统设计,是指主要依据教学理论、学习理论和传播理论,运用系统科学的方法,对教学目标、教学内容、教学媒体、教学策略、教学评价等教学要素和教学环节进行分析、计划并做出具体安排的过程。

教学设计的第一步就是教学目标设计,在教学过程中,要不断回到教学目标,例如,教学策略设计就要包含直接指向教学目标实现的策略,教学策略就是达成教学目标的策略;教学评价设计更是要用教学目标来评价教学的结果,达成了教学目标的教学才是有效教学。可见,教学目标对于教师的教学来说具有举足轻重的意义。为保证所有教学活动符合课程标准和教材的要求,我们对包括教学目标在内的主要教学要素设计的理论进行了深入研究和广泛吸纳,以保证课堂教学设计有理论可支撑、有规律可遵循。

一、课堂教学目标的来源和结构——遵循课程标准

(一)课堂教学目标的来源

从教学目标的定义可发现,教学目标的确定要依据反映教学目标客观性要求的基本文件——课程标准,教师在遵循课程标准的基础上可充分发挥主观能动性对教学目标进行设计。实际上,各学科的课程标准确定了本学科教学的总目标乃至本学科各个单元性结构(单元、章节、模块等)的教学目标。可以说,课程标准提供的教学总目标及单元目标是学校和教师教育教学的标准和依据,是教学的客观性要求,本质上为教师的教学提供了国家的指定目标;同时也是学生学习的标准,是国家对学生学习最基本的指定性教学目标,还是学生学习质量监测以及学业水平评价的最基本依据。正如教育部印发的《基础教育课程改革纲要(试行)》(2001)中明确的:“国家课程标准是教材编写、教学、评估和考试命题的依据,是国家管理和评价课程的基础,应体现国家对不同阶段的学生在知识与技能、过程与方法、情感态度与价值观等方面的基本要求,规定各门课程的性质、目标、内容框架,提出教学和评价建议。”

基于课程标准对教学目标的决定性地位，我们在对“童创课堂”的教学目标进行设计前，会组织教师学习、研究课程标准，包括课标总方案和各学科课程标准，特别在《义务教育课程方案（2022 年版）》和各学科课程标准颁布后，将 2011 版课标与新课标进行对比，帮助教师了解新课标的变化，理解国家通过课程标准所释放出的改革信号，调整“童创课堂”的教学设计。比如，在课程方案上，新课标完善了培养目标，结合义务教育性质及课程定位，从有理想、有本领、有担当三个方面，明确义务教育阶段时代新人培养的具体要求；优化了课程设置，将小学原品德与生活、品德与社会整合为道德与法治进行一体化设计，将艺术课程确定为音乐、美术为主，融入舞蹈、戏剧、影视等内容，将劳动、信息科技从综合实践活动课程中独立出来，将科学、综合实践活动起始年级提前至一年级。在课程标准上，强化了课程育人导向，基于义务教育培养目标，将党的教育方针具体细化为本课程应着力培养的核心素养，体现正确价值观、必备品格和关键能力的培养要求；优化了课程内容结构，基于核心素养发展要求，遴选重要观念、主题内容和基础知识去设计课程，增强课程与育人目标的联系，优化内容组织形式，设立跨学科主题学习活动，加强学科间相互关联，带动课程的综合化实施，强化实践性要求；研制了学业质量标准，引导和帮助教师把握教学深度与广度，为教材编写、教学实施和考试评价等提供依据；增强了指导性，各课程标准针对“内容要求”提出“学业要求”“教学提示”，细化了评价与考试命题建议，注重实现“教—学—评”一致性，增加了教学、评价案例，不仅明确了“为什么教”“教什么”“教到什么程度”，而且强化了“怎么教”的具体指导。

《义务教育语文课程标准》两个版本对比

2022 年版	2011 年版
前言 一、课程性质 二、课程理念	第一部分　前言 一、课程性质 二、课程基本理念 三、课程设计思路
三、课程目标 （一）核心素养内涵（新增） （二）总目标 （三）学段要求	第二部分　课程目标与内容 一、总体目标与内容 二、学段目标与内容

续表

2022 年版	2011 年版
四、课程内容 (一)主题与载体形式(新增) (二)内容组织与呈现方式(新增) 五、学业质量(新增) (一)学业质量内涵 (二)学业质量描述	
六、课程实施 (一)教学建议 (二)评价建议 (三)教材编写建议 (四)课程资源开发与利用 (五)教学研究与教师培训(新增)	第三部分　实施建议 一、教学建议 二、评价建议 三、教材编写建议 四、课程资源开发与利用建议
附录 附录 1　优秀诗文背诵推荐篇目 附录 2　关于课内外读物的建议 附录 3　关于语法修辞知识的说明 附录 4　识字、写字教学基本字表 附录 5　义务教育语文课程常用字表	附录 附录 1　关于优秀诗文背诵推荐篇目的建议 附录 2　关于课外读物的建议 附录 3　语法修辞知识要点 附录 4　识字、写字教学基本字表 附录 5　义务教育语文课程常用字表

从对比中我们发现,《义务教育语文课程标准(2022 年版)》新增了很多内容,如在课程目标上新增了“核心素养内涵”,涉及文化自信、语言运用、思维能力、审美创造四个方面;“课程内容”全部更新,新增了 6 个语文学习任务群(见下图)和主题与载体形式,将中华传统文化、革命文化、社会主义先进文化融入课程,增强了课程的思想性;“评价建议”中新增学业水平考试相关要求;“学段要求”中,将每学段的“阅读”改为“阅读与鉴赏”,将“写作”与“口语交际”合并为“表达与交流”,将“综合性学习”改为“梳理与探究”,具体内容有整合、有增加;“附录 3”中的“语法修辞知识要点”新增了句号、问号、感叹号、逗号、顿号、分号、冒号、引号、括号、破折号、省略号、书名号等常用标点符号用法。

《义务教育语文课程标准(2022年版)》新增的6个任务群

<table>
<tr><td>基础型学习任务群</td><td>语言文字积累与梳理</td><td rowspan="6">每个任务群贯穿四个学段</td></tr>
<tr><td rowspan="3">发展型学习任务群</td><td>实用性阅读与交流</td></tr>
<tr><td>文学阅读与创意表达</td></tr>
<tr><td>思辨性阅读与表达</td></tr>
<tr><td rowspan="2">拓展型学习任务群</td><td>整本书阅读</td></tr>
<tr><td>跨学科学习</td></tr>
</table>

以上变化,与“童创课堂”教学目标的设计密切相关,我们带领教师对细则进行了认真研究,及时调整了课堂教学目标的设计思路和方向。

(二)课堂教学目标的特点

既然教学目标是依据课程标准制定出来的,课程标准是教学目标的根本性来源,那么,教学目标由此呈现出以下特点:

一是规范性。教学目标必须来源于课程标准,并不是学生随意、自由的学习结果;教学目标必须符合课程标准,即教学目标要全面指向课程标准提供的学科知识体系。这里包括教学目标的总和要对课程标准的知识体系“全覆盖”,不能有遗漏;要准确按课程标准的要求落实,不能有所超越。教学目标符合课程标准,指的就是教学目标要全面落实课程标准对知识的学习要求,这些要求有多种表现形式,例如,单元目标的形式、教学(学习)任务的形式、过程要求的形式,等等。

二是层次性。课程标准本身提供了不同层次的目标要求,包括“课程目标”——本学科课程的总体目标;“单元目标”——对课程总目标的具体化;“课堂教学目标”——把单元目标进一步具体化,见下图。其中,“课程目标”是规划课程的指定目标,“单元目标”是相对概括性的要求,而“课堂教学目标”是依据指定目标和具体情境确定的教师个人教学目标,留给教师一定的个性化实施的空间,我们所进行的教学目标设计也主要是在这个层面上的探索。

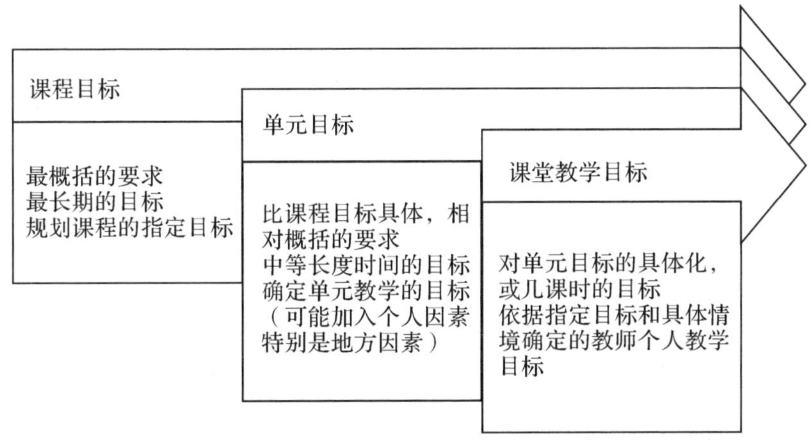

教学目标的三个层次

课堂教学目标是可操作、可测量的，易于在教学中达成。如果学生达成了一个教学单元所有的课堂教学目标，就达成了单元目标；而达成了所有单元目标的学生，就达成了整个课程的目标。对各学科教师而言，这三个层次的教学目标都需要把握，课程目标是方向，单元目标是前提，课堂教学目标是落脚点，三者既各有定位又互相联系。

教学目标的不同层次比较

比较项目	目标层次		
	课程目标	单元目标	课堂教学目标
范围	广泛	中等	狭窄
学习所需时间	一年或多年	数周或数月	一或几课时
目的或功能	提供愿景	设计课程	设计课堂教学
用例	规划年度课程	计划教学单元	计划每天的教学活动、经历或练习
对应	课程总目标	内容标准	具体的课堂教学目标
目标设置	指定目标	指定目标	个人目标

三是以学生为主体。目标是活动结果的观念形式，也就是人们期望自己的活动得到的结果。教学是师生的互动，是为了使学生获得自我成长的活动结果，因而教学目标的主体必须是学生。只有这样，这个目标才是可实现并可检验其实现程度的。课堂教学目标是教师由课程标准等指定目标转化而来的个人目标，教师的教学首先就在于把自己的教学目标（对于学生是指定目标）转化为学生的学习目

标(学生的个人目标)。而实际上,教学目标表述的不是教师要做的事情,而是教师要通过自己的教学活动应该得到的结果,这个结果就是学生的变化。这一点在教学目标的表述上也有非常清晰明确的要求,即具体的课堂教学目标应体现出学生经过学习而产生的变化。按照一般常用的四因素法即所谓行为目标的 ABCD 模式,教学目标的表述必须包括四个部分:行为主体、行为动词、行为条件和行为程度。实现目标的行为主体是学生,表述教学目标时就应该以学生为行为主体,可以采用"无主句"的句式,由"一个动词+一个名词"的形式构成,动词表示学习知识的思维操作,名词表示学习的知识。从另一个角度看,如果我们从学生的变化即经过教师的教学学生能知道什么、会做什么的角度来表述教学目标,那么从教学目标到学生学习目标的转化将会更为直接、更为迅速,因为教师已为学生设计好了学习目标,就是学生通过学习应该产生的行为变化。

四是发展性。课程标准的总目标和内容标准中极少出现表现性目标,因为实际上,教学是学校工作中由教师的教和学生的学共同完成的活动。学生在教师有目的、有计划、有组织的指导下,积极、主动地掌握系统的文化、科学、知识与技能,发展智力和体力,获得独立学习和创造的能力,陶冶性情和审美情趣,形成良好的思想品德。这一过程,并不是只展示自己聪明才智和能力的过程。我们需要注意的是,具体的教学目标不能采用表现性目标的形式,因为教师设置教学目标时不能只是促进学生展示自我,更要推动学生进步、发展。

(三)课堂教学目标设计的意义

首先,教学目标是教学活动的目标和要达到的结果。一方面,教学目标可以说是课程教学目的或者整个教育阶段教育目的的分解,所有教学目标的综合就构成了教学目的。这个情况下,教学目标与教学目的基本上是同义的。另一方面,对具体的课程来说,在具体教学的语境下,教学目的和教学目标也是同义的。一般在教学论的阐述中用"教学目的"一词,而在课程论的阐述中倾向于用"课程目标"一词。在教育部编订的课程标准中,对学生学习结果的要求或者预期都是用"课程目标"来表述的。这样看来,教学目标的重要意义就在于:它是我们教学活动的目标,是我们教学活动最后要达到的结果。离开了教学目标,我们的教学就会没有方向,不知所为何事了。

其次,课堂教学目标是教学设计的导向。教学设计是一个以目标为导向的过程,为了达成目标,就需要思考、想象或者创造出一些新的东西。设计的过程就是学习的过程,在设计的过程中人们理解并且解决问题,解决问题就是达成目标。所以设计就是指向达成目标的方向规划出来的行动,设计的出发点是想要达到的目标,设计的结果也指向这个目标。设计是否成功取决于设计实施的行动是否达成了想要达到的目标。按照《中小学教师教育技术能力标准》对教学设计的界定,"依据教学理论、学习理论和传播理论,运用系统科学的方法,对教学目标、教学内容、教学媒体、教学策略、教学评价等教学要素和教学环节进行分析、计划并做出具体安排的过程",教学设计的基本问题有这样三个:我们要到哪里去?我们怎样到那里去?我们是否到了那里?三个问题分别对应着"确立目标"、"导向目标"和"评价目标"的过程。考虑到教学设计的目标在于促进学习者的学习、发展,那么,以目标为导向的教学模式可以用下图表示。

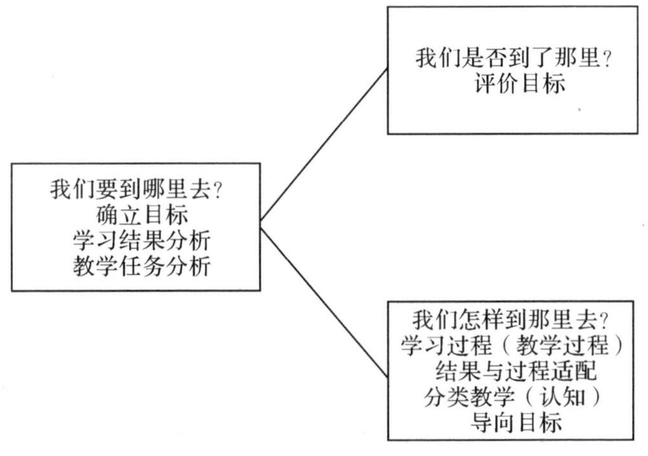

目标导向的教学设计模式

应该注意的是,教学目标是教师设计的教学活动的目标,因而应该是教师的个人目标,但是教学目标的设置并不是教师个人随意设置的,要依据学科课程标准、学科教科书和教师教学用书,还要依据学校的具体教学要求,例如,依据教学策略、教学模式等要求来设置。课程标准是国家颁行的学科指定的教学目标,教科书则是教科书编者对学科课程标准所制定的教学目标的理解,对使用教科书的学校来说,教科书也是一种指定教学目标,配套的教师教学用书也有同样的意义。学校往往根据本校办学特色,对教师采用的教学模式策略甚至方法做出某种限定,那也是一种指定的教学目标。教师要依据这些指定目标,将它们融会贯通,在此基础上设置自己的个人目标,也就是自己的课堂教学目标。所以,"确立目标"是一件复杂而细致的工作。

再次,课堂教学目标有利于学习目标的确立。一般来说,学生的学习有这样的特点:其一,学习在有组织有计划的条件下进行,因而学生的学习具有社会性的表现,通常由国家、地方和学校三级组织参与;其二,学生的学习以掌握间接经验为主,是从现成的经验、理论开始的,因而必须加强与生活的联系才有利于学生的学习;其三,学生的学习有必然的被动性和他主性,是为适应未来生活、社会而学习的,因而强化学生的自主动机非常必要。

可见,学生的学习目标以及学习内容都是外在确定的,即所谓“他主”的,教师指定的教学目标正是教师希望学生通过学习达成的目标,但是学习是学生自己的事情,按照现在所见的学习理论,学生不主动学习,教师是不可能达成教学目标的。这就是教师教学工作面对的最主要的难题:教师通过教学要学生达成教师设计的教学目标,但是学生的学习是学生自己的活动,按照人活动的规律,学生的活动也必然要有自己的目标。怎样使学生的学习目标符合教师的教学目标,也就是使教师的教学目标作为指定目标转化成学生的学习目标?这个问题提示了解决的方法:教师教学活动的目标之一就是使教师的教学目标转化为学生的学习目标。对学生来说就是指定目标向个人目标的转化,而学生在课堂教学中确立了自己的学习目标就能正式进入学习,可以说,此时教师的教学工作已经完成了一大半,所以教师的教学目标设计实际上就包括了使自己的教学目标转化为学生的学习目标的策略和方法的设计。教学目标设计的关键性意义就在于教师通过这个设计和设计的实施使学生确立自己的学习目标,从而进入学习,然后才能谈到教学目标的达成问题。从目标设置理论来看,这一转化过程实际上也就是学生建立目标承诺的过程。学生确立自己的学习目标就是产生了目标承诺,于是进入了学习,开始为达成目标而努力。

最后,教学目标对教学实施具有统领作用。教师的课堂教学目标设计具有双重作用:首先是把国家、地方和学校的(当然也是关于学生学习的)指定目标转化为教师教学的个人目标,由此才能把国家、地方和学校的教学目标引入课堂教学系统,这一点是非常重要的;其次,教师的教学目标是对学生的指定目标,要转化为学生的个人目标也就是学习目标才能使学生进入学习,教师完成教学任务,才能使学生得到发展。教师的教学目标设计要促进这样两个转化,因此才有教师设计教学目标时的两个分析:教学任务分析——对国家、地方和学校的指定教学目标的分析,具体就是对课程标准、教科书、教师教学用书和学校教学要求的分析;教学需求分析——对学生学习状况、学习要求、学习可能、学习起点的分析。只有在这样两个分析的基础上才能设置出合适的课堂教学目标。课堂教学目标是学生经过课堂教学要获得的结果,因此其教学意义就在于:教师要围绕教学目标组织教学活动。例如,设计教学策略,安排教学问题,组织学生活动,进行教学总结,进行教学测试,做出教学反馈,见下图。

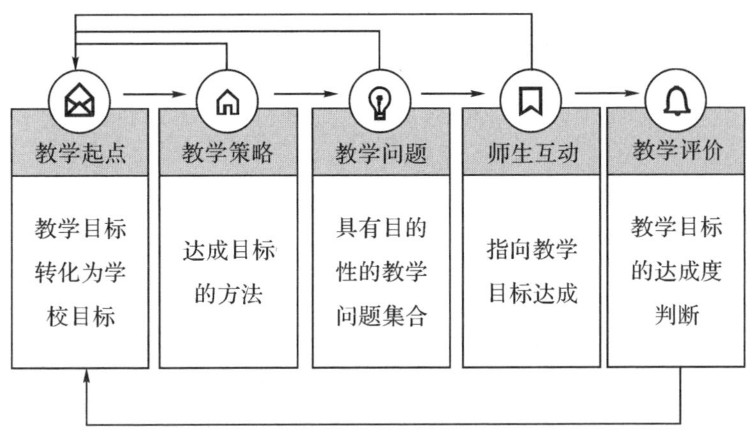

教学目标的教学实施意义

二、课堂教学目标设计的理论框架——提供日常教学实践的依据

了解了教学目标是什么，了解了教学目标的特点以及意义，结合教学需要，我们还需要了解师生在教学目标的引领下应该走多远，达成这个目标所需要的时间、所要求的学习内容，或者说在这个目标引领下的教学活动应该是何种时段何种学习内容的学习结果，这就涉及了教学目标的层次性。以下面三种理论为代表的教育目标分类学把教学目标的结构和层次结合起来，搭建了教学目标的理论框架，为我们分析和把握日常教学实践提供了依据。

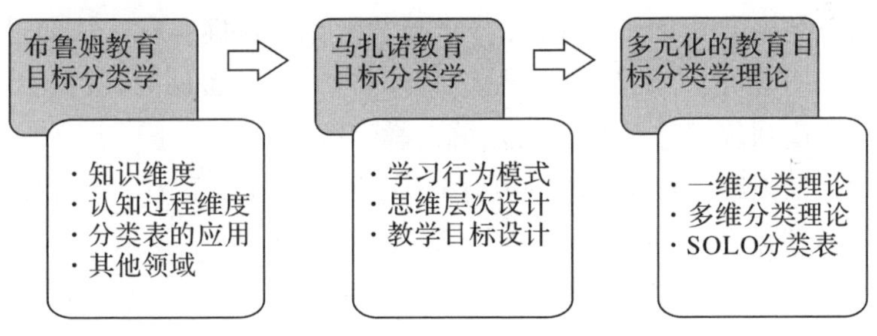

教育目标分类学的三种理论

（一）布鲁姆教育目标分类学

对教学目标和课程标准的深刻理解无疑需要一定的理论支持，布鲁姆教育目标分类学提供了一个成熟的理解教育目标的理论框架。布鲁姆（B. S. Bloom，1913—1999）是美国心理学家、教育家、教育目标分类学的开拓者。他的《教育目标分类学（第一分册）：认知领域》于 1956 年出版后，在世界上引起很大的反响，被许

多国家(包括中国)接受和运用。中国 2008 年出版了修订版的简缩本,2009 年出版了修订版的完整本。运用布鲁姆的理论对学科课程标准进行教育目标的认知分析,可促进教师掌握课程标准,帮助教师更好地进行课堂教学目标、教学活动和教学评价的设计。

布鲁姆指出,我们教学时,想要学生学有所得,想要学生习得的东西成为我们的教学结果,那就是我们的教学目标。前面提到的,一个教学目标的陈述包括动词和名词两部分,动词代表希望学生实现的认知过程,名词代表预期学生要学习或建构的知识,就是源自布鲁姆教育目标分类理论。布鲁姆教育目标分类就是按知识(名词)和认知过程(动词)两个维度展开,每个维度分成若干个类,见下表。其中知识维度和认知过程维度中的每一个类还可以细分。这个分类表也是布鲁姆教育目标分类学修订版提供的分析工具。

布鲁姆教育目标分类表

知识维度	认知过程维度					
	记忆/回忆	理解	应用	分析	评价	创造
事实性知识						
概念性知识						
程序性知识						
元认知知识						

布鲁姆分类表中的“行”是知识,“列”是学生作为目标实现的认知过程,“行”与“列”的交点处就是教学目标,当然也是学习的结果。备课时,我们会带领教师从表中知识维度和认知过程维度出发,确定教学目标。

我们通过知识维度对知识进行教育分类,在这个维度下的事实性知识是学生通晓一门学科或解决其中问题所必须了解的基本要素,主要是“符号”和“符号串”,大部分处于较低的抽象水平,是具体的知识,分为术语知识、具体细节和要素的知识。概念性知识是在一个更大的体系内共同产生作用的基本要素之间关系的知识,是关于分类和类别以及它们之间关系的知识,它包括图式、心理模型或者不同认知模型中的理论,涉及某一学科是如何组织和结构化的信息,以及这些信息怎样以系统的方式相联系,如何共同产生作用等。程序性知识是关于“过程”的知识(事实性知识和概念性知识是关于“结果”的知识),是具体学科中的技能、算法、技术和方法的知识。元认知知识是关于一般认知的知识以及关于自我认知的意识和知识,学生会随着学习的展开,更加意识到自己的思维并懂得更多的认知知识,有了这种意识,学生将学得更好。元认知知识是关于认知的知识,不同于对认知的监控、控制和调节,后者属于认知过程维度。在教学目标研究的过程中,教师可以把知识目标分类用于确定自己到底要教给学生什么。例如,在小学英语 26 个字母单元教学中,如果只要求学生记住 26 个字母,那么知识目标是事实性知识,学生记住这个事实就达成了目标;如果教师指导学生探讨怎样记得准确、快捷、方便,这就涉及学习策略,属于元认知知识;如果再进一步,教师还要求学生学会运用多种方法拼读和学习简单的单词,就包含了程序性知识的教学。

我们借认知过程维度了解到,教学目标的设计不仅需要知识——它提供了教学目标中的名词——还需要学习的过程,也就是思维过程,布鲁姆称为教学目标的认知过程维度。认知过程提供了教学目标中的动词,表明学习是一类思维动作。认知过程按表中分类为记忆/回忆、理解、应用、分析、评价和创造六大类。这六大类也就是认知过程维度的六个水平层次。“记忆/回忆”这一动作显然指的是知识的保持(学习的保持),其他五个动作类别都与个体对知识的转换能力有关,即通常说的理解和运用所学习的知识(学习的迁移)。

教学中,按以上两个维度分析和确定教学目标,实质上是强调学生积极参与认知过程的重要性,这符合建构主义学习理论,有助于达成学生的有意义学习。

(二)马扎诺教育目标分类学

除了布鲁姆的理论,我们还了解了强调学习者自我意识重要性的马扎诺的理论。马扎诺(Robert J. Marzano)是美国中部地区教学实验室的高级学者、课程专家。2007 年,源于对人类学习行为的分析,他提出了新的教育目标分类学,被各国教育研究者广泛接受。他提出的理论以下图的行为模式为基础。

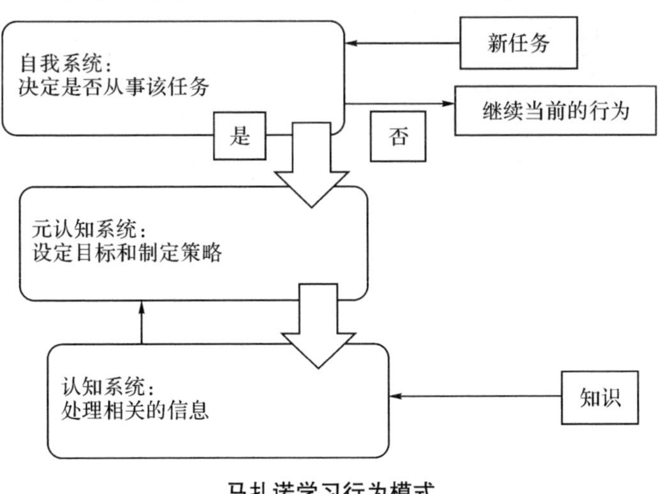

马扎诺学习行为模式

这个模式充分强调了学习者自我意识的重要性。当面临一个“新任务”时，教师必须充分调动学生的学习积极性,学生愿意学习才能进入学习。而进入学习的标志性行为是启动元认知系统,设定接受这项新任务(学习)的自我目标和达成自我目标的策略,然后就是元认知系统和认知系统的交互作用,最后学生在以前经验(知识)的基础上建构出自己的新经验。在此模式的基础上,马扎诺形成了新的教育目标分类表,见下表。

马扎诺教育目标分类表

思维层次(加工水平)维度	知识领域维度		
	信息	心智过程	心因性动作过程
自我系统			
元认知系统			
知识运用(认知系统)			
分析(认知系统)			
理解(认知系统)			
提取(认知系统)			

马扎诺的理论也有两个维度:思维层次维度和知识领域维度,与布鲁姆的理论有所不同。思维层次维度有三个系统:认知系统、元认知系统和自我系统。后一个系统都比前一个系统需要更多的有意思维或者更多的意识参与,也就是需要进行更多的“思”,更好地学思结合。按照这个学习模式,马扎诺建立了一个分为六个思维层次的教育目标体系,它们的关系见下图。

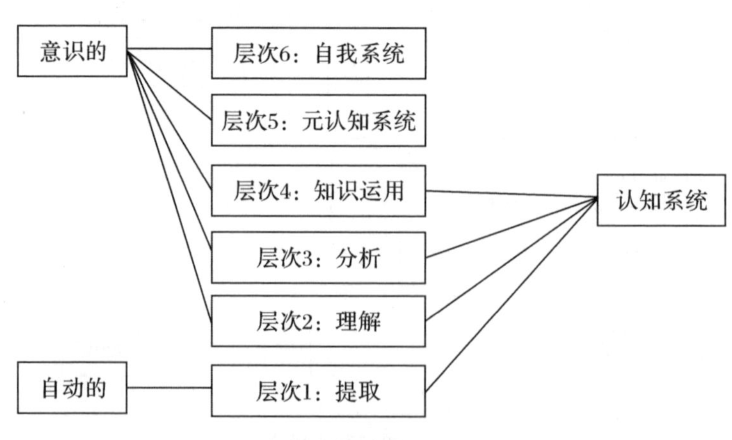

马扎诺教育目标分类的六个思维层次

而在知识领域维度，马扎诺认为知识领域有三种不同的类型：信息领域的知识、心智过程领域的知识和心因性动作过程领域的知识。信息领域的知识，也就是布鲁姆所说的事实性知识；心智过程领域的知识，类似于布鲁姆所说的程序性知识；心因性动作过程领域的知识具有包含身体动作技能的特点，不过其在记忆中的存储方式与程序性知识有相同的地方，因而马扎诺把它列入知识领域来探讨。

布鲁姆和马扎诺的教育目标分类学有基本的相似之处，但也存在差异。首先，两者都把教育目标的知识分成三大类，其中有两类非常一致，即布鲁姆的事实性知识对应马扎诺的信息领域的知识，布鲁姆的程序性知识对应马扎诺的心智过程领域的知识。但是第三类则不同，布鲁姆提出的是元认知知识，马扎诺提出的是心因性动作过程领域的知识。这是一个很重要的差异。其次，两者都把认知过程或者思维层次划分为六个层次，而且其中四个层次基本上是一致的，即提取—记忆/回忆、理解—理解、分析—分析、知识运用—应用。这种一致具有"完全对应"的性质。另外两个层次则不完全一致，一个是元认知系统和自我系统，一个是评价和创造。不过这种差异也包含相同的因素。再次，两者都是二维分类的教育目标：一个是知识维度，一个是思维或者认知维度。

两者在相似和共同之外，还有两个较大的不同点：一个是对自我意识目标的表述。布鲁姆通过元认知知识（包括策略知识、对自我的认知等），特别是对元认知知识的认知过程进行了关于自我意识目标的阐述，例如，评价、应用、分析和创造，例如，对自我认知的评价和生成，对"自我的认知特点、关于自我动机的信念，以及自己的知识基础和专长有准确的认识和判断"。马扎诺则把自我意识设为一个思维的层次，即自我系统，包括"能确定知识或任务对自己的重要程度，以及能解释强调这种看法的理由""可以确定自己的改善能力或理解吸纳知识的动机水平，以及能解释这种动机水平的原因"，等等。一个放到了知识中是学习的对象，一个放到了思维中是学习的动机。从这两者的表述来看，应该说还是具有殊途同归的可能——都是提高自我意识。

另一个是对动作技能的设计。布鲁姆教育目标分类学中没有设计动作技能的目标，而是另有专门阐述动作技能领域的教育目标分类学，动作技能领域是独立于认知领域设计的。马扎诺则把动作技能与认知结合起来，认为动作技能就是一个知识领域。这是一个重要的不同之处，非常契合新课标为落实培养目标而要求遵循的基本原则：变革育人方式，突出实践。所以马扎诺教育目标分类理论为我们培养全面发展的创新型儿童提供了重要的理论支撑和得力抓手。

（三）SOLO 分类理论

SOLO（Structure of the Observed Learning Outcome）分类理论是香港大学的教育

心理学教授比格斯和科利斯于1982年提出的分类理论，与布鲁姆、马扎诺的教育目标分类学同属二维分类理论。从教学目标的角度看，因为教学目标就是教师期望学生学习的结果，所以可以预期的、可观察的学习成果就可以作为教学目标。这样做易于达到教学目标和教学评价的一致性，因为教学评价是对学生已经取得的学习成果的评价，即判断学习成果与教学目标的符合程度。SOLO分类理论是把可观察到的学生获得的学习成果作为教学目标，对学习成果结构的分类也就是对教学目标的分类。应用这一理论，我们在实践中探索“教—学—评”一体化的途径，践行新课标要求的“教—学—评”一致性。

三、课堂教学目标设计中存在的问题——影响教学目标的确立

按照新课改和新课标要求，参考课堂教学目标的理论，对比日常教学，发现我们在教学目标设计上存在以下四个方面的问题。

（一）学生主体没有体现

教学目标的表述应该以学生为行为主体，可以采用“无主句”的句式。但实践中教师仍然习惯用“使学生”“让学生”“培养学生”这样以教师为主体目标的表达，可谓“主体错位”。教学目标中出现主体错位，说明设计者对教学目标的意义并不清楚甚至是理解有误。实际上，教学目标的设计应该陈述的是通过一定的教学过程后学生在行为上的变化，而不是陈述教师的教学过程，例如，教师应该怎样做、做什么。评价教学是否成功，其直接依据应该是学生收获了什么、学生在自己原有的基础上获得了什么具体的进步，而不是教师完成了什么任务。这一点是非常重要的，因为即使教师完成了自己的工作，学生是否切实有了能力方面的变化也是不能确知的。评价教学结果的依据只能是学生的变化而不能是教师的活动。如果设计者认为教学只是教师做的工作，那么这不仅是不成功的设计，甚至是不顾学生的不负责任的设计。因为按照这样的设计思路，就是把教学过程当作了教学目标，一旦教学过程完成了，教师就完成了教学任务，达成了教学目标，而这个目标与学生是否学到了什么没有太大的关系。这显然与现代教学理念和新课改的理念相悖。

（二）目标层次抽象错位

课堂教学目标要用可测、可观察的外显行为来确定，因此表述课堂教学目标的动词一定是可以测量、观察、评价的，是具体而明确的，以此将单元目标具体化。这样做一方面是便于教学，另一方面是便于评价，教师可以随时观测学生是否达成教学目标，从而不断改进自己的教学策略。教学中，教师常常用动词“掌握”“了解”“学会”“体会”“理解”“获得”“树立”等表述目标行为，不具备可观察、可测量的性

质。有的是将单元目标甚至是课程总目标所采用的抽象的动词用在具体课程的教学中,就出现了以课程总目标或者单元目标代替课堂教学目标的问题。教学目标层次的混淆使得课堂教学目标成为无效目标,因为本节课的教学不可能达成这样的目标。课程总目标是整个课程实施后才能达成的,单元目标是完成一个单元教学之后才能达成的,把一个不可能达成的目标列入一节课的教学目标中,教学自然无法进行。许多关于教学设计的理论著述一再告诫我们,应该避免使用抽象的动词来表述目标行为也就是学生学习的结果, 一般建议采用诸如"选择、确认、解答、说出、提出、写出、找出、解释、复述、读准、默写、背诵、划分、使用"等行为动词,这些词对学习结果能做出明确具体的规定,具有很强的可操作性、可观测性。当然,另一些反映内心活动的动词,例如,"识别、分析、概括、区分"等也比较抽象,但也是可以判定的、明确的外向行为,所以是经常使用的。

(三)要求边界过于模糊

教学目标是教师设计的学生学习结果,凸显教师教学对学生的要求,这种要求必须明确,便于学生达成。只有这样才能发挥出目标对学习活动的激励作用,而我们的教师教学设计中常常出现类似"进一步提高分析问题、解决问题的能力""培养爱科学、学科学的态度和情感""培养学生分析、解决问题的能力"等表达,只能说是一些概括性的行为模式,整个学科的教学甚至整个学校各学科教学都需要按照这个要求来施行,学生很难做到。一方面,要求太模糊,边界太宽大;另一方面,从逻辑的角度看,这是试图从个别前提出发得到普遍结论,明显不合逻辑。一个模糊的要求不仅不能起到激励的作用,还会消解学生的学习信心,因为这个目标在具体的教学时段根本无法达成。

(四)三维目标缺乏整合

备课中我们发现,很多教师把教学目标分为知识与技能、过程与方法、情感态度与价值观三个方面来表述,表面上看符合新课程的三维目标要求,实际上是缺乏对三维目标的整合,出现了思维割裂的情况。新课程要求的三维目标是一个整体,这是以学生为本的基本要求。以学生为本首先是以具体的学生为本,对于具体的学生来说,课程目标所说的三个维度是一个整体,学生的学习结果必然是一种整合性的表现。

四、课堂教学目标的设计与达成——"教—学—评"一致衔接

《义务教育课程方案(2022 年版)》要求改进教育评价,"提升考试评价质量。全面推进基于核心素养的考试评价,强化考试评价与课程标准、教学的一致性,促

进‘教—学—评’有机衔接”。教育目标分析可应用于教学目标设计、达成教学目标的教学活动设计,还可以应用于课堂教学评价,即评价课堂教学是否达成了教学目标,而最关键的运用还在于保证教学目标、教学活动和教学评价的一致,这与新课程方案的精神是一致的,有助于各学科新课标的落实。

(一)课堂教学目标设计的过程

第一,教学目标设计具体化。课堂教学目标是最具体的目标,是单元目标的具体化,而单元目标是课程目标的具体化。也就是说,如果达成了一个单元所有的课堂教学目标,就是达成了这个单元的教学目标;如果达成了所有的单元目标,也就实现了课程目标。所谓具体化,首先是名词的具体化,即确定本课时要学习的具体的知识。事实性知识和概念性知识相对容易确定,在学习资源特别是教科书上一般已经被明确地标出了;程序性知识有一部分是隐含的,特别是在学习中存在由概念转化为方法即转化为程序性知识这样一种可能,学习过的概念性知识可以转化为方法,因而转化为程序性知识;元认知知识具有更强的隐含特性,无论是关于策略的知识、关于任务的知识还是关于自我的知识,都需要特别注意。其次是动词的具体化,就是代表课堂教学要求学生进行的认知过程的动词要具体、可操作、可判定,特别是对于本节课的教学来说是适宜的,是学生经过努力能够达成的。

第二,教学目标设计程序化。课堂教学目标设计的具体程序可概括为以下几个步骤:一是按照单元目标——内容标准的教育目标分析,确定基本的知识内容和认知过程方式;二是对教学内容特别是教材所运用的课程资源的知识呈现方式进行分析,这里指一般教学目标设计程序中的“学习任务分析”,也可以叫作“教学内容分析”或者“教材分析”;三是进行教学目标设计中的“学习需要分析”,即分析学生的学习状况、以前的学习经验及学习本课内容的可能性、优势和困难等,即“学情分析”。

如何进行学情分析呢?基本要求是:其一,深入具体学生。以人为本,就要关注学生具体的“人”,关注每一个具体的学生。要深入班级了解具体学生的具体状况,教师要意识到,上课时面对的学生不是一般的抽象的学生,所以关于学生的认识在学情分析中必须转化为对现在具体学生的分析才有意义。其二,弄清当前状态。学生的学习需要,本质上就是学习任务的要求和学生当前学习状态的差距。当前学习状态具有教学起点的意义,包括学生已有的知识、学生个体经验和学生的个体差异。对学生已有知识的分析是教师每天都要做的基本功。新课程特别重视学生的个体经验,提出经历、体验的目标就在于学生个体经验的发展,所以对学生个体经验的分析应该作为学情分析的一个要点。其三,分析学生的潜在状况。对学生潜在状况的分析,主要是对学生“发展可能”的分析和对学生学习困难情况的分析。“发展可能”分析是从学生的现状出发,通过教学中师生的共同努力,对学生可能达到的状况的分析。这个可能状况应该是教学需要完成的任务,也就是学生通过学习能够达成的学习目标。不过这种可能只是一种学生潜在的可能,要想把学生潜在能力变成现实的学习成果,还需要弄清楚具体的学习困难,并克服学习困难,才能实现潜在的可能。这对于教学目标的意义是:在分析学习困难时要考虑到学生的个体差异,因而使教学目标表现出某种弹性,条件好的学生因而有更好的发展,学习困难的学生经过师生的共同努力也能达成目标。

(二)课堂教学活动安排的原则

教师要围绕教学目标组织教学活动,实际上就是用活动促进目标达成。换言之,教学活动安排的目的就是促使教学目标实现,当然首先要通过学生把教师的教学目标化为自己的学习目标。教学活动安排原则上指的是教师在设计教学活动时所要依据的一些基本要求或者注意事项,遵循这些原则设计教学活动不仅会达到教学活动设计的目的,而且还会收到事半功倍的效果。

一是目标指向原则。即针对教学目标设计相应的教学活动。教学活动是为了达成教学目标而设计的,当然必须使活动直接指向教学目标。根据这一原则,教学目标必须具体化、行为化,这样才有可能设计出指向这一目标的教学活动。过于抽象的目标,是无法设计相应的具体教学活动的。

二是贴近生活原则。即教学活动安排要适合学生的实际情况,从学生的生活实际出发,这样才能引发学生的学习动机,才能促使学生把教师的教学目标转化成自己的学习目标,才能使学生进入学习,为达成目标而努力。落实这一原则的基本方式是创设教学情境,如何创设教学情境呢?其一,联系学生实际。即从学生的生活出发,充分利用身边的实例。其实创设教学情境的目的也在于此,它使学生能够更好地运用自己以前的知识和生活的经验,去学习和理解新的知识与技能,具有一定程度的理论联系实际的意义。其二,注重具体直观。教学情境既然要从学生的生活出发,就一定要注重选择具体、感性、直观的情景。具体直观是学生学习相对抽象理性知识的重要基础,因为人的认识过程都是从感性、具体的事物出发,再到理性、抽象思维的发展过程。具体直观具有相对性,在创设教学情境时,要根据具体的学生和具体的教学内容来确定,并不是每一课都必须从最简单的直观事物开始,因为抽象和具体都有层次性,一定层次上的具体对于较低层次的认识来说可能是抽象的,一个抽象的认识对于更高层次的抽象来说也是具体的。在创设教学情境时采用何种程度的直观,具体是由教学内容和学生的状况决定的。

三是前联后引原则。即教学活动安排应该是教师在教学过程中不断唤起学生先前的经验(前联),从而引导学生结合新的信息建构自己的新经验(后引)。而从生活出发,结合先前的经验进行建构就是学习,就是达成教学目标的学习过程或认知过程。

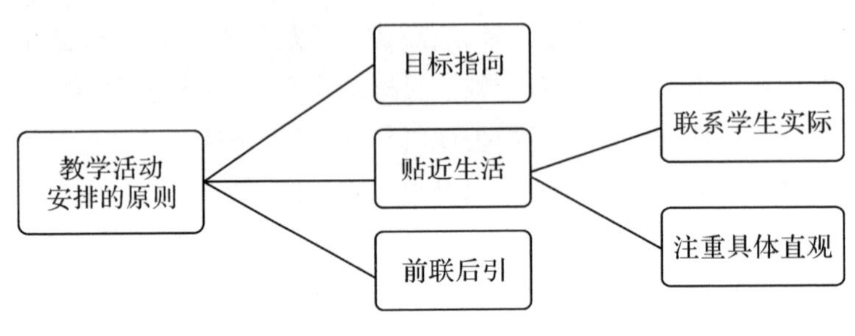

课堂教学活动安排的原则

(三)课堂教学评价的依据、类型和意义

课堂教学评价是对学生学习目标达成情况的评价,一般通过教学测试来实现。教学测试是课堂教学评价的主要环节,课堂提问、课堂练习、家庭作业、随堂测验等,都采用解答测验题的形式,都属于教学测试。课堂教学测试题应该在教学目标设计之后立即编制出来,其目的就是为了检验教学目标的达成情况,在一定程度上也可以检验教学目标设计是否合理。课堂教学评价也是一个收集学生学习信息、解释这些信息,并以此为依据进行学习反馈和教学改进的过程。进行反馈、改进学习中发现的问题、促进达成学习目标是课堂教学评价最基本的功能。因此,课堂教学评价要评价学生在课堂教学过程中实际获得的学习结果与课堂教学目标中的学习结果是否一致。相应地,课堂教学评价的测验题也应该以课堂教学目标为依据进行编制。课堂教学评价是以教学目标为依据、为指向的,并与教学过程——教学目标的达成过程——密切相关。

教学评价与教学目标的一致性

目标依据 	• 通过教学,学习者在认知、情感和动作技能等方面是否产生了如教学目标所期待的变化,需要教学评价。 • 教学评价要以教学目标为依据,离开了明确具体的教学目标就无法进行教学评价。
目标指向	• 教学评价必须以达成教学目标为指向,评价的就是目标的达成程度和在向目标行进时遇到的问题。 • 教学评价的目的是通过教学评价以对学生学习的反馈来促进教学目标的达成。

续表

过程相关 	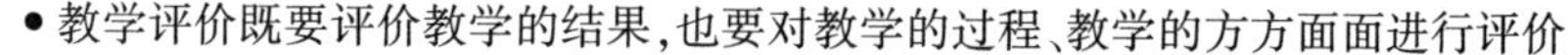 ● 教学评价既要评价教学的结果，也要对教学的过程、教学的方方面面进行评价。 ● 固然教学目标是教学结果的预期形式，结果对目标的达成非常重要，但是教学过程也体现着教学目标，是达成教学目标的组成部分。

课堂教学评价包含多种类型，每种评价都指向教学目标的达成情况，但又存在评价对象、评价目的、评价时机等方面的差异，有总结性评价、终结性评价、过程性评价等，过程性评价还有安置性评价、形成性评价、诊断性评价和总结性评价等不同类型。因此，测试时，应根据不同评价类型满足不同评价的需要。

课堂教学评价是指学生学习目标的达成情况，教学目标是否达成或者在多大程度上达成。其意义在于把这种目标达成情况反馈给学生，将极大地提高学生的学习热情，有利于学习目标的达成。

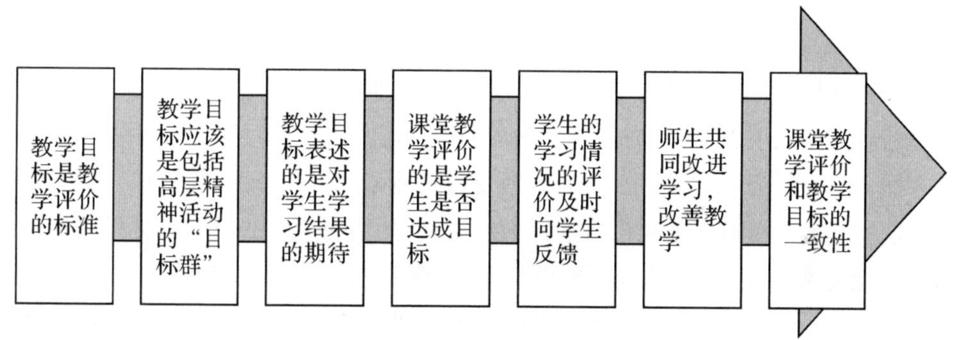

教学目标与教学评价的关系

教学策略设计:为任务给出方案

一、教学策略的概念及对教学的意义

高质量的课堂教学需要优化的教学策略设计,为此,我们从教学策略的概念入手,研究如何进行教学策略的设计。

(一)教学策略及其设计的概念

应用教学策略、对教学策略进行设计的前提是厘清概念。教学是教师的“教”和学生的“学”共同组成的活动,是师生、生生互相交流的活动,互动是教学的本质属性,学生是在教师的指导下实现自己德智体美劳各个方面的发展的;而教师的指导是有目的、有计划和有组织的,这个目的就是每门课程的教学目标。教学目标的实施需要逐层具体化为每堂课的课堂教学目标。学生在教师的指导下要实现德智体美劳各方面发展,就需完成每堂课教学目标规定的任务。为此要采用一些必要的方法,方法是达到目标的中介,而根据一定情境采用一些方法达成教学目标的决策其实就是教学策略。如果没有这样的决策,就无法使学生的活动始终指向目标,因而也无法达成目标。可以说,教学目标、教学评价也是教学策略的一个组成部分,两者的设计与教学目标的设计密不可分、互为关联,构成了一个教学设计共同体,见下图。

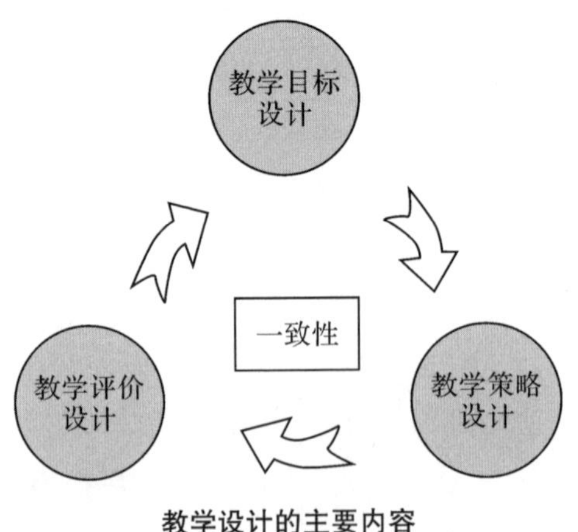

教学设计的主要内容

教学策略由此呈现以下几个特点：一是指向教学目标，或者说合乎教学目标的要求；二是表现为一个综合性的教学实施方案，包括教学内容、教学方法、师生和生生互动，以及隐含目标的发掘和达成等，既要考虑本课的引入，还要考虑为下一课的教学打基础；三是需针对具体情境确定具体方法，可以即刻操作；四是具有敏感的生成性，或者叫即时反应性，针对具体情境如学生会做怎么办，不会做又怎么办，直接呈现方法或是通过实例引进方法。

教学目标建立之后，提出导向学习目标的问题和组织解决问题的活动就是实施教学策略的活动。因此，教学策略是建立在一定理论基础之上，为实现某种教学目标而制定的教学实施总体方案，包括合理选择各种教学方法、教学材料，有效选用教学媒体，确定教学步骤、教学形式等。也可以说，教学策略设计是针对教学目标，设计教学的情境和此情境下采用的教学方法。

（二）教学策略结构的设计

实施教学策略需要课前对教学情境和教学方法进行科学、精准的设计，这种设计涉及整个教学过程。

从教学目标上看，教学策略是教师在教学过程中为达成教学目标而采取的一系列措施的实施方案。在设计教学策略的时候，教学目标是已经设计好的，教学策略的设计要依据教学目标并围绕教学目标进行。

从教学思想上看，教学策略包含一定的教学思想成分，是对一定教学思想的具体化，受一定的教学思想的支配和制约。这一具体化是通过表述这些教学思想的教学理论而实现的。也就是说，教学理论反映了设计者的教学思想，而教学策略是为落实教学理论而实施的方案。

从教学方法上看，教学策略实际上是关于教学情境和在什么情境下采用什么教学方法的教学程序和教学安排。由于教学活动是一个动态的过程，教学情境总在不断变化，教学方法也随之改变。

从教学过程上看，教学策略是基于对现实的教学活动的认识而采取的教学方案，它是对教学活动的元认知过程，是教师对教学要素、教学进程的反思性认知，教师可按此认知，根据教学的进程及其中的变化而对教学过程进行反馈、调节，并在教学过程中采用各种师生相互作用的方式、方法与手段，教学策略也是对教学方法的元思考，即元方法。

从教学活动上看，教学策略是教师在现实的教学过程中对教学活动进行整体性把握和推进的措施。它是一系列有计划的动态过程，具有不同的层次和水平。

因此,教学策略的设计、选择与运用要从教学活动的全过程入手,要依据教学目标、教学任务、教学内容以及学生的状况、现有的教学资源和其他教学条件随时加以调整和改变。从这个意义上看,教学策略的设计也具有预设性和生成性,教师需灵活地采取各种教学方法,保证教学的有效、有序进行。

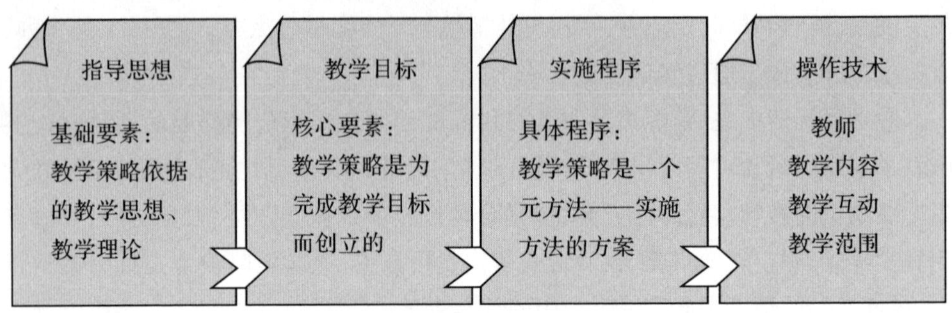

教学策略的结构

二、教学策略的分类

要确定设计什么样的教学策略,就要先了解教学策略的分类。教学策略的分类实际上是按其特点,特别是按综合性所显示的特点进行,最关键的还是按教学活动、教学理论和教学结果与目标的关系分为以下三类,见下图。

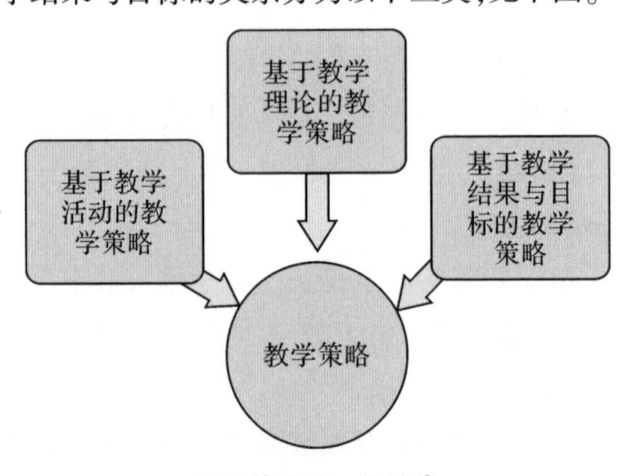

教学策略的一级分类

(一)基于教学活动的教学策略

教学活动指的是教学中师生的课堂互动方式。按照教学互动中师生的主动程度,特别是学生主动的程度,可以归纳出不同教学互动方式下的教学策略,见下图。

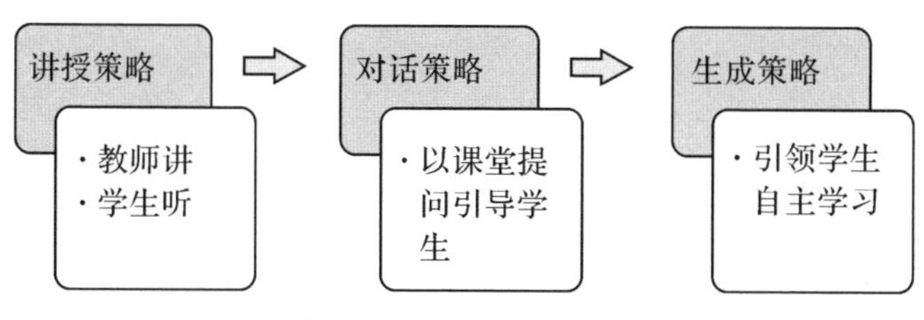

教学互动型教学策略分类

1. 讲授策略

讲授策略是我们课堂上最常见的教学互动方式,教师作为教学交往中的发起者,主要借助口头语言,将知识内容呈现给学生。具体呈现方式有讲述、讲解、讲演、讲坛、演示等,同时辅以必要的板书和声像显示技术,以此引起学生的学习行为,并与教师进行交流。这种教学策略主要由教师掌控,其最大的优点是能用最小的投入取得最大的效益,信息量大而集中,特别是能够面向许许多多的学习者讲授。当然,在讲授教学中,教师还是需要进行种种演示活动的。例如,演示实验、使用工具的演示。具体的演示也需要借助各种教育技术,包括信息技术。同时也有学生的提问和师生间的问答,有时甚至有多轮问答。讲授策略的根本性标志就是教师掌控一切,教师不仅对自己的讲解演示等教学活动进行掌控,而且和学生的交流也主要是教师问、学生答,教师掌控学生的回答严格指向自己讲授的内容。讲授虽然是针对学生进行的,教师也要随时关注学生的学习状态。讲授策略不要求师生、生生的交流互动,因而课堂上也极少有这种互动——一般只是教师问、学生答。教学也需要问题的引领和转换,但是教师往往是自问自答,请学生回答时也不是设计好的必要的活动。当前提倡以学生为本、促进学生全面发展的教学观念,那种教师"一言堂"、违背新课改理念的现象已经大为改观。

2. 对话策略

讲授策略中存在诸多"教""学"不平等问题,引起了学生对师生平等参与、共同活动的教学交往方式的向往,对话教学策略应运而生。它表现出平等交往的特点:一是问题引导,问题是对话的起点,对话要有话题,问题就是话题,此时的教学交往就是参与者反复质疑并提出问题,在解决问题中完成教学任务。二是双向互动的交往方式,参与者的提问与应答并不固定,而是不断转换的,参与各方都有自己的独立性,相互之间不依附,也不主宰控制,体现了一种合作伙伴的关系。对话双方都要兼顾对方的意愿,以此调整自己的行为方式,双方都有可能突破原有体验与理解的局限性,获得新见解。与逻辑连贯、意义确定的讲授策略中的"独白"不同,对话教学是开放的。三是"和而不同",这既是指师生对话关系中所持的态度和立场,也指对话的结果。和谐相处,而不是无原则地迁就、苟同、依附他人,才能建构一个积极的自我;对话须寻求“共识”,产生视界融合;对话不是消灭差异,而是尊重、理解差异,以此达到“共生”的状态。

一般课堂教学中的对话行为表现为课堂提问,以课堂提问为载体的对话教学包括四种子策略:“师—生”(教师提问,学生回答)、“生—师”(学生课堂质疑提问)、“生—生”(学生之间相互问答)、混合型(前三种情况的融合)。这四种子策略相对于讲授策略,无论哪一种,都更符合现代学生主体的教育理念。师生、生生讨论并解决问题,充分调动了学生的积极性,发挥了学生的主体作用,表明学生积极的自我意识已经建立起来;因为问题的提出在于学生对学习内容的认真思考,充分运用了学生原有的经验——只有遇到原有的经验解决不了的情况才会产生问题,提出问题是对教师创设问题情境的进入和参与,表明学生已经进入教学状态了;学生在课堂上提出问题,就是期望同伴或者教师给予解答,说明学生对自己所在的学习共同体充分认同,准备并且是积极地参与课堂的交流互动之中。此时,学生必然进入到自主建构新意义的过程,也就是进行了成功的学习。因此,课堂上教师调动学生提问和交流的积极性是提高课堂效率的关键性策略之一,也是问题教学的精华所在。

3. 生成策略

生成策略进一步强调学生的学习自主性,希望学生全身心地参与课堂教学。对学生的自主性活动,教师只作为“辅导者”或“支架提供者”的身份出现,学生在一定程度上主导着教学交往的内容、进程与方式,教师与学生一起学习、探究,应学生活动的需要,提供必要的咨询和帮助。生成策略可以细分为更多的子策略,包括探究教学(还可分为问题教学、发现学习)、体验教学(还可分为考察调研、角色扮演)、自主学习(还可分为支架教学、项目教学)、协作学习(还可分为合作学习、讨论学习)。

探究教学是我们经常采用的教学策略,这里的“探究”有两方面意义:一个是“探求事物的真相、性质、规律”,另一个是“多方寻求答案,解决疑问”,即学生在学习情境中通过观察、阅读,发现问题,收集数据,形成解释,获得答案并进行交流、检验、探究性学习。探究教学由于其教学起点不同(即问题提出者不同)可分为问题教学和发现学习两个方向:在教学起始阶段教师提供了探索的问题就是“问题教学”,在学习过程中由学生提出研究的问题就是“发现学习”。发现学习是指学习的主要内容未直接呈现给学习者,只呈现了有关线索或例证。学习者必须经历一个发现的过程,自己提出问题并得出结论或找到问题的答案。发现学习有这样几个环节:创设学生感兴趣的问题情境,使学生在此情境中形成认知矛盾、产生怀疑,从而提出要求解决的问题;为学生提供可以对问题进行探索研究的各种资源(包括教科书),促使学生对提出的问题进行各种假设、推测,寻找联系、已知与未知;引领学生从理论或实践上检验、审查、补充、修改自己的假设,鼓励不同意见交流、讨论和争论;引导学生对争论做出总结,指导学生得出共同的结论,使问题得到解决。探究教学对教师提出了更高的要求,因为它更需要精心准备和充足的时间,否则课堂上即使进行了"探究",也无法落实探究的所有要素,无法达成探究的目标,更难以启发学生进行自我思维和自主学习。

体验教学是学生在教师指引下经过准备、调查研究、文献研究而进行的具有互动性质的体验活动、对话活动。这里的活动指的是比较狭义的、具体的活动,即动手动脑的活动。比如,角色(戏剧)表演就是一种动手动脑的具体体验和对话活动。在体验教学中,学生活动成为主要的教学活动,教师以指导者、帮助者的身份进入课堂,让学生在收集资料的基础上扮演有关角色,把科学知识与对科学、技术、社会的研究以及生活方式直接联系起来,通过戏剧表演引导学生主动学习,培养合作精神和自信心,给学生提供展示自己的机会,使学生认识现实,学到知识。

支架教学是自主学习中的一种,是学生在教师提供的支架支持下进行的自主学习。在教学情境中,支架指的是一种互动式教学帮助,使学生能够完成他们独自不能完成的任务。支架的作用主要在于帮助处于现实发展水平的学习者跨越最近发展区,进而达到潜在的发展水平。支架运用的关键是,当学生需要的时候就要介入,一旦学生能够自己完成任务,不需要帮助的时候,就要马上退出。示范、简化作业、维持参与、给予回馈、控制挫折感等是最常见的支架行为,鼓励、讲解、提示、提问、演示、点拨指导等也都可以作为支架使用。

合作教学,又称合作学习,是协作学习中的一种。这种方式能改进课堂的社会心理氛围,广泛提高学生的学业成绩,促进学生形成良好的非认知品质,是当代主流教学理论和策略之一。国务院在《关于基础教育改革与发展的决定》中专门提到了合作教学,鼓励通过这种策略,促进学生之间的相互交流、共同发展,促进师生教学相长。其基本形式是用学习小组(典型的为4~6人)合作完成课堂作业代替传统教学中的学生独立完成课堂作业,它包括共同学习、小组调查等多种形式。

(二)基于教学理论的教学策略

任何一种教学策略实际上都有教学理论的支持,教学策略是教学理论的具体化,教学理论包含着对教学策略的指导,规定着教学策略、教学方法,教学策略比教学理论更详细、更具体,是将教学理论运用于教学实践中,并受到教学理论的指导。

1. 基于行为主义学习理论的教学策略

行为主义学习理论的核心观点是将学习看作个体因经验而导致的能直接观察到的(外显的)行为上的持久变化,认为学习是被动的,对学习时个体内在的心理历程(学习者的想法、观点、目标和需要等)一般不予解释。行为主义学习理论重视三点:一是相倚性,即简单的刺激——反应学习;二是经典条件作用,即对刺激产生的情感和生理反应;三是操作性条件作用,即由结果引起的行为变化。由此形成行为主义的教学策略,包括反复试错策略、小步子塑造策略、快乐事件联结策略、恰当表扬(强化)策略和恰当归因策略。

行为主义学习理论符合我们自身学习的直观经验,每个人自身的经历都会影响到他的行为——这对我们每个人都是千真万确的事实,而这正是行为主义的核心观点。除此之外,行为主义学习理论还认为适当的表扬在激发学生学习动机的同时,也能给学生带来良好的自我感觉,这既是我们自己做学生时常有的心理经历,也是我们做教师后常用的有效教育方式,其在强化恰当的课堂行为(如注意听讲、积极参与讨论、认真倾听同学的发言),减少不良行为(如课堂上乱讲话、不认真听讲、不愿意参与讨论)等课堂管理技术方面独具优势,其他学习理论在这方面尚未达到行为主义学习理论的有效性。但行为主义的学习理论也有局限,一些观点并不符合实际的学习状况。例如,我们所学的知识并不都是通过特定的强化获得的,如许多教师一再强调不应该有的错误概念、不成立的观念在教学中通常不会得到强化,但在学生中却一再出现,从反面说明知识的获得不完全取决于强化。另外,行为主义不能解释人的高级心理功能,因而不能从人自身发展的角度探讨学习。不能否认,强化在很多情况下会削弱学生的内部动机,如使用奖励的办法强化学习,促进其学习的方法是奖励,实际上是一种从外部控制人的方式而不是从人自身出发来促进学生自我控制、自我发展的方式,因而会逐渐减弱学生学习的内部动机。教学中,我们会把握分寸,辩证地认识和应用行为主义的教学策略。

2. 社会认知理论下的教学策略

行为主义理论的发展就是社会认知理论,由美国心理学家班杜拉(A. Bandura)提出,重点探讨人们如何通过观察别人来逐渐控制自己的行为,其中的关键仍然是行为主义原则——关注学习者之外的原因所引起的行为变化。不同的是,社会认知理论关注学生的心理变化和行为变化的关系,特别是关注学生心理结构的变化对行为变化的影响。它强调学生的认知,认为教师应该清楚地解释什么样的行为应该得到强化,使得学生能够根据自己的认知来调整自己的行为;教师还应该提供反馈让学生了解哪些行为会用怎样的方式得到强化。也就是说,教师不仅要说清楚要强化的行为是什么，而且要实施这种强化，如布置了作业就要进行检查，违反了纪律就要惩罚。

观察学习是社会认知理论的核心观念，即通过观察别人的行为而获得学习，包括模仿、替代学习、榜样学习和自我管理。我们重点研究了榜样学习和自我管理。榜样学习包括“注意”——学习者注意的是榜样行为的关键方面；“保持”——学习者在头脑中以语言或视觉表象的形式把榜样行为记忆下来；“再现”——学习者把记忆下来的行为再现出来；“动机”——期望再现榜样行为可以激发学习者表现出模仿行为的动机四个环节。榜样的有效性取决于如下三个因素：一是榜样的相似性，与学习者越相似的榜样越有效，这也是身边的榜样更易于产生模仿效果的原因；二是榜样的能力，学习者对榜样能力的感知和认识非常重要，人们往往会模仿自己认为能力强的榜样，如优秀学生是能力较强的榜样，其他学生模仿起来就更为有效；三是榜样的地位，即榜样作为个体在所属领域内与别人相区别的程度，地位越高的人榜样效果越好。作为教师的我们，应该努力提高自己的能力，成为学生心目中最具影响力的榜样。

关于自我管理，社会认知理论的要点之一就是认为“学习者对自己能力的信念和期望影响到他的行为表现，而且还能影响到环境”，这一影响实现的重要途径就是自我管理。自我管理即学习者承担自己学习的责任并对自己的学习加以控制的过程，是具有自我调控能力的学习者通过引领自己的思维和行动来达到学习目标，他们确立目标后找到并坚持使用有效的学习策略，最终达成学习目标。

社会认知理论在一定程度上克服了行为主义忽视学生心理的局限性，更好地渗入学生的认知领域，对学生行为的影响具有现实的意义。模仿作为促进学生学习和改变学生行为的工具，具有独特的不可取代的作用，在某些领域甚至成为主要的教学或者培训方式。对榜样作用的机制阐述还被迁移到更为广阔的社会领域。当然，这一理论也有一定的局限，如不能解释为什么学习者注意并模仿榜样的某部分行为而不是其他行为，不能解释复杂任务的学习，不能解释复杂学习环境中的背景与社会交往的作用。

3. 学习认知理论下的教学策略

学习认知理论又称为认知主义的学习理论，与行为主义并行，在很多观念上与之相对立。它通过强调人的心智过程和结构来解释学习，这种心智过程和结构是人们努力对世界做出解释的结果。奥苏伯尔、皮亚杰和布鲁纳的学习理论基本上都属于学习认知理论。

学习认知理论重视人在学习活动中的主体价值，学习者在理解自己的经验时具有主动性;强调认知、意义理解、独立思考等意识活动在学习中的重要地位和作用;重视人在学习活动中的准备状态,即一个人学习的效果,不仅取决于外部刺激和个体的主观努力,还取决于一个人已有的知识水平、认知结构、非认知因素;学习者知识水平的提升依赖于已有的经验;重视内在强化的功能;把人的学习看作一种积极主动的过程,重视内在的动机与学习活动本身带来的内在强化作用;主张人的学习要有创造性,学习会带来个体心智结构的变化。布鲁纳提倡的发现学习论就强调通过发现学习来使学生开发智慧潜力,调节和强化学习动机,牢固掌握知识并形成创新的本领。学习认知理论的教学策略有:主动理解策略、强化意识活动(认知、意义理解、独立思考)策略、调动学生已有经验的策略、内在强化策略、发现学习策略和知识建构策略。学习认知理论给“童创课程”很多启示,其教学策略也成为“童创课堂”上常用的教学方案。

4. 人本主义教学理论下的教学策略

人本主义教学理论以美国心理学家马斯洛(A. Maslow)和罗杰斯(C. R. Rogers)为代表,其从全人教育的视角阐释了学习者的成长历程,以发展人性;注重启发学习者的经验和创造潜能,引导其结合认知和经验,肯定自我,进而实现自我。人本主义学习理论重点研究如何为学习者创造一个良好的环境,让其从自己的角度感知世界,发展出对世界的理解,达到自我实现的最高境界。

人本主义心理学的目标是要对一个活生生的完整的人进行全面描述。人本主义认为,要理解人的行为,必须理解他内心所知觉的那个世界,即必须从行为者个人的角度来看待事物;要改变一个人的行为,必须改变其信念和知觉,因而特别关注学习者的个人知觉、情感、信念和意图等,认为它们是导致人与人差异的“内部行为”,强调要以学生为中心来构建学习情境。罗杰斯认为,人类具有天生的学习愿望和潜能,这是一种值得信赖的心理倾向,它们可以在合适的条件下释放出来。当学生了解到学习内容与自身需要相关时,学习的积极性最容易激发。学生在一种具有心理安全感的环境下可以更好地学习,学生在与教师和其他学生的情感交融中进步最快,这就决定了人本主义情知统一的教学论。人本主义还认为,教师的任务不是教学生知识,也不是教学生如何学习知识,而是要为学生提供学习的手段,至于应当如何学习则应该由学生决定。教师的角色应当是学生学习的“促进者”,帮助学生进行有意义的自由学习。其教学策略可总结为:以学生为中心,重视个人意义的学习,把“人”放在第一位,然后才是学生;创设真实的问题情境,要从学生的观点来考虑情境的真实性;营造安全有序的课堂氛围,使学生相信可以在这里学到一些东西,并同样被赋予了这样的期望;区分学生的行为和他们的内在价值,给学生无条件的关注;加强师生、生生间的协作。

5. 建构主义学习理论下的教学策略

建构主义强调知识的获得就是学习过程,是通过信息的输入、选择、综合、重组,改造学习者头脑中已有的知识经验,对学习者所接受的新信息进行解释,生成个人的意义或者自己的解释,即学习的意义在于意义的获得,进而形成新的经验。

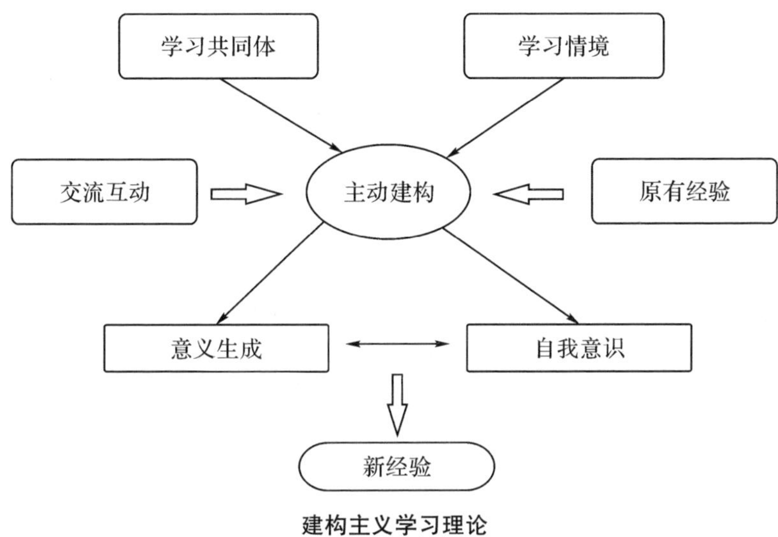

建构主义学习理论

建构主义学习理论认为,主动建构、原有经验、意义生成就是学习的关键性结构要素,而这三点都是个人性的,都是与学习者自身有关的,因而学习中最重要的是学习者的学习意向,或者说学习者的自我意识。只有学习者愿意学习或者主动学习的时候才能进行积极的建构,才能获得知识(学习的结果)。因此,自我意识是知识建构最关键的要素之一。运用建构主义学习理论有这样的要点:学习依赖于学习者原有的经验;学习者必须建构起自己的意义;学习是情境性的;学习依赖于共同的理解,这种共同的理解来自学习者与他人的商讨;教学包括理解学生现有的认知结构,并且提供适当的学习活动去帮助他们;基于概念和学生理解之间的和谐性,教学能够利用一些关键性的策略,促进概念的变化,实现概念化;针对概念变化的关键成分可以采用特定的教学方法。在建构型的教与学中,更多强调的是“学会如何学习”,而不是事实的积累,并且创造了一个关于学习内容的哲学观点:“少就是多”。建构主义教学策略可总结为:为学生提供多样化的教学实例和知识表征;把所学内容与真实生活联系起来;不要过分依赖解释;促进高水平的互动。为此,课堂教学的策略可以有多样化的转变,常见的如问题教学、讨论教学、调查研究、探究学习、合作学习。由于与现代教学理念和新课改核心思想相符合，建构主义教学策略被教师们广泛研究、接受、采用。

6.“翻转课堂”理论下的教学策略

“翻转课堂”是一种近年来随着信息技术和互联网的发展而产生的新的教学形式，也是一种新的教学策略。由教师事先创建本堂课的教学视频，放在网上，学生在家中或课外用手持终端观看，课堂上师生就教师的讲课和教科书等教学资源进行面对面的交流，之后学生完成作业。简单地说，“翻转课堂”就是将教师原本在课堂上进行的讲课放在课下，课上的时间教师则用来进行课外的活动——师生交流讨论、做实验等。“翻转课堂”改变了以往教学的流程，由“课堂讲解+课后巩固练习”的教学形式转向“课前自主学习+课堂深度互动”的新形式，课堂时间被更有效地利用。

人们认为，掌握学习理论、建构主义学习理论和社会文化发展的学习理论都是“翻转课堂”教学形式的理论基础。“翻转课堂”突破了传统教学必须发生在特定时间和空间的限制，教师的讲课以视频的形式长期在网络上共享，只要有网络、有终端设备，学习者就可根据自身的需要随时学习或者复习。“翻转课堂”真正实现了因材施教，学生可以在自身原有认知的基础上对视频材料进行不同程度的课前学习，并提出不同的问题；而课堂上教师则可以根据不同学生在课前学习中遇到的不同问题组织学生进行讨论和探究，并做出具有针对性的指导和帮助。

所谓“翻转”，主要体现在以下几个方面：一是教师角色的转变。教师需要引导学生确立适当的学习目标，指导学生形成良好的学习习惯和学习策略，进一步深入学生的学习，切实了解每一个学生的需求，引领学生进行生生和师生之间的交流互动。教师需要成为教学微视频制作、多媒体应用的高手。二是教学方式的转变。要切实做到“先学后教”，教学需依据“自学、互学、合作、交流、探究”的流程。当然所谓“先学”，指的是教师引领学生通过教师制作的微视频进行课前的自主学习。课堂上，学生先以小组讨论的形式解决问题，检测掌握情况，之后教师再给予恰当地指导，解答学生不能自行解决的问题，最后，当堂完成巩固、拓展作业。“先学后教”的关键在于能让学生带着先学过程中产生的问题走进课堂，带着解决生活中问题的意识走进课堂。三是教学个性化的实现。开发网上微课的目的在于满足学习者“碎片化”“个性化”“移动化”学习的需要。碎片化指利用零碎时间进行学习，充分利用一切可以利用的空余时间；个性化指能让学生一定程度上自由选择自己所需的微课，自由控制学习的时间，自己控制学习的进度；移动化指通过移动终端学生可以随时进行学习。微课满足的是个性化学习的需要,是真正实现个性化教学的一种教学形式。

"翻转课堂"教学策略有:建立班级授课群组,如 QQ 群、微信群;对课堂教学关键内容录制微视频,并发布到群组里;编制本课的学习任务单,发到群组中;对"翻转课堂"的学习方法,如任务单的用法、视频的用法进行培训。

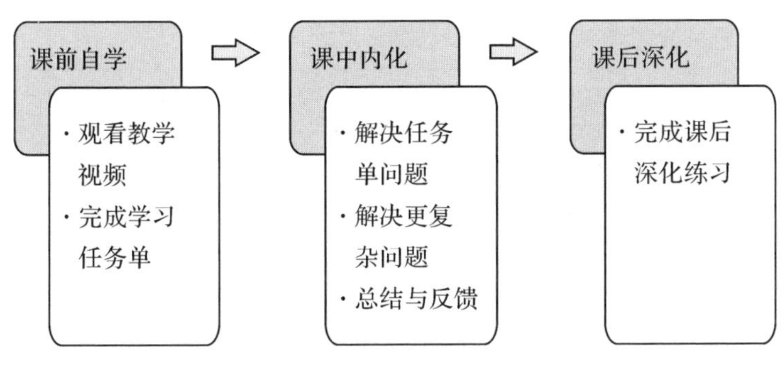

"翻转课堂"的教学策略

"翻转课堂"需采用以下教学方法:呈现事实、概念、规则以及原理的定义与属性;(联系原有知识)对内容进行释义;具体说明事例并演示;运用图示图像;明确目的和内容的针对性,安排分散练习;明确个体在不同情境中要解决的问题;示范正确或不正确的解决办法,学会选择学习方法;学会评价信息的意义;形成新的事例;运用已有知识解释新的信息;教师提供必要的学习支持,学生互相解答信息或问题;探讨解决问题中的外显程序和策略;彼此分享心理模式;指出或矫正错误,推断未知信息;安排集中练习;在实际或模拟的情境中应用(近迁移);从一般到细节(渐进分化),等等。

(三)基于"教学结果—教学目标"的教学策略

教学结果与教学目标有直接的关系,因为教学目标实际上是对教学结果的预设,经过教学达到的教学结果,理论上就应该是教学目标的实现,或者直接目标的规定。当然,由于教学的生成性及师生的互动,教学结果与教学目标并不是完全对等的,但是结果必然是由原来预设的教学目标决定的,进而教学结果应该与生成目标一致。在我们设计教学策略的时候还没进行教学,此时的结果应该是教学目标所预设的,实际上就是教学目标。布鲁姆"教学结果—教学目标"的教学策略涉及认知领域、情感态度领域和动作技能领域,见下表。

教学策略选择表

教学策略与教学方法	认知领域	情感态度领域	动作技能领域
讲授、阅读、视听教学、示范、指导观察、问答	记忆/回忆	接受、反应	反射动作 基础动作
讨论、多媒体模拟、苏格拉底思考(对话法)、活动(如调查、角色扮演、个案研究等)	理解、应用	价值评价	知觉能力
在职培训(OJT)、实践、模拟(包括计算机模拟)	分析	组织化	技巧动作
自主学习	评价	价值观内化	体能

如何针对“教学结果—教学目标”设计教学策略？美国著名教学设计专家乔纳森(D. H. Jonassen)在20世纪90年代提出的学习结果分类和依据学习结果选择教学策略的论述产生了广泛的影响。他在对教学结果分类的基础上,针对“教学结果—教学目标”对教学策略进行了分类,见下表,为我们日常的教学策略设计提供了清晰的思路。

教学策略分类表

一级指标	二级指标
1. 设定教学目标	1.1 说明预期的业绩、条件和标准
	1.2 明确目的和内容的针对性
	1.3 支持学习者和评价者之间协商学习目标和学习结果
	1.4 学习者描述要实现的目标、个人的兴趣或要解决的问题
2. 明确学习情境	2.1 提出真实的和有意义的任务
	2.2 提供丰富和综合的案例
	2.3 明确个体在不同情境中要解决的问题
	2.4 提供不同情境以适应学习者的原有知识背景
	2.5 提供不同情境以适应学习者的个人偏好
3. 安排系统概览	3.1 比较性概览:提供熟悉的内容
	3.2 讲述性概览:提供内容纲目
	3.3 图示性组织:提供内容概念图
	3.4 直观类图表:出示图片、表格、地图等

续表

一级指标	二级指标
4. 呈现内容信息	4.1 呈现事实、概念、规则以及原理的定义与属性
	4.2 提供学生解决问题所必需的各种情境和信息
5. 讲解教学事例	5.1 具体说明事例并给予演示
	5.2 提供正例和反例配对
	5.3 提供典型事例
	5.4 提供不同的事例和演示
……	……

以上教学策略打开了我们的教学思路，我们在日常教学中会根据具体情况选择和应用。

三、教学策略设计的流程

（一）教学策略设计是一种自觉行为

教学策略设计包括确定本课教学的策略、开发教学资源、书写（设计）教学的预期过程，是教学目标确定之后教学设计的主要环节，也就是要设计这堂课怎么上，怎样才能引领学生达成前面设计的教学目标。设计或者选择教学策略其实并没有固定模式，但通过前面介绍的理论和各种类型的教学策略，我们能够有程式化选择教学策略的可能。记住并且能解释不同类型的教学策略，是主动、创造性地进行教学策略设计的一个前提条件，这一点往往被教师忽视，表现为教学设计的不规范。很多教学设计文本并没有教学策略设计这一模块，就直接进入教学方法或者教学活动。有时设计文本也能表述出教学活动的设计意图，本质上就是教学策略，但是没有达到教学策略设计自觉的高度。

（二）教学设计流程中策略设计的位置

教学设计包括以下流程中的各项工作，流程也表明了工作的顺序，从中可见教学策略设计（白色部分）在整个教学设计流程中的地位。

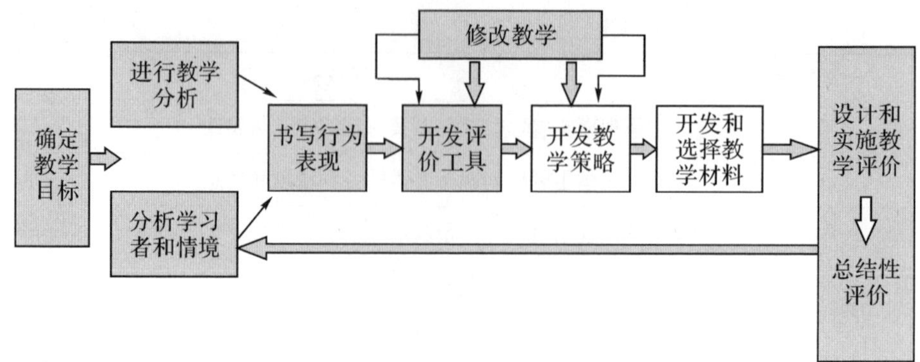

教学设计流程

(三)教学策略设计的流程

在进行教学策略设计时,可以按以下基本流程进行:首先应选择本课教学要依据的教学理论,然后考虑本课师生的互动方式,最后选择“教学结果—教学目标”的教学策略,因为整个教学过程就是为了达成教学目标,在以上三方面考虑的基础上就可以确定教学策略,同时也就明确了要采用的教学方法,再按照教学方法,结合标准测试题确定教学任务,选择教学资源和教学媒体。具体流程见下图。

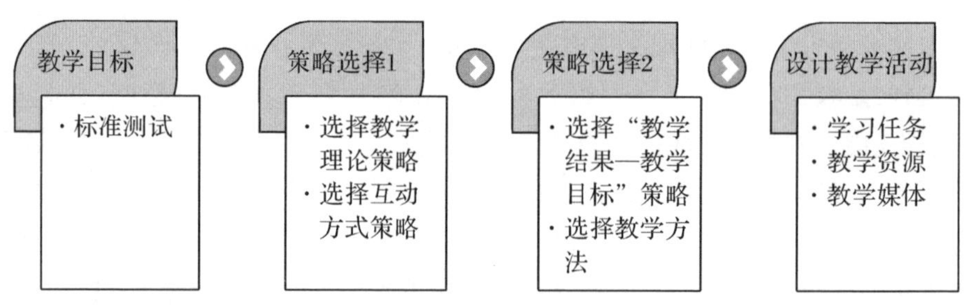

教学策略设计的流程

高效提问设计:为对话打通路径

教学是教师的“教”和学生的“学”共同组成的活动,是师生、生生互相交流的活动,这种互动是教学的本质属性。课堂上,师生互动的基本方式是对话,而对话主要由课堂提问引领,直达教学目标。可见,教师设计的课堂教学提问是课堂教学的关键因素。那么,具体而言,什么是高效提问?课堂上如何设计高效问题?应遵守哪些原则、了解哪些方法?我们从“问题”入手,进行了梳理、研究和实践。

一、“问题”的教学意义

(一)问题是人类活动的起点

人类的活动是以问题为起点的,活动的目的、活动的条件和活动的方法构成了活动的结构。按照这个结构,人类活动的起点就是活动目的的确定,即第一个问题:我需要什么?然后是第二个问题:我现在有什么?即活动的条件。接着是第三个问题:我怎样在现有条件下达到目的?即活动的方法。这三个问题就是人类活动的基本问题。正是由于提出了这三个问题,人们才开始进入活动,所以,问题就是活动的出发点。

对“问题”这个概念,有广义和狭义两种理解。从广义上看,“问题”指机体不能利用现成反应做出应答的刺激情境;从狭义上看,“问题”指人们不能利用现成的知识(包括概念、规则和方法)达到既定目标的刺激情境,我们所说“问题”指狭义的理解。当人们面临一项任务而又没有直接手段去完成时,就产生了“问题”。问题一般包括三个部分:已知——条件或一组关于条件的陈述;目标——关于构成问题结论的陈述;障碍——由已知无法达到目标时遇到的问题。这里的条件就是前文所说的“现成的知识”,条件和目标之间应该是有内在联系的,但这种联系不是明显的、易于实现的,必须经过分析处理障碍的过程才能实现,即所谓“问题的解”,实现过程称为问题解决过程。

“问题”和人类活动基本上是同构的,这种同构性表明了人类的一切活动都可以看作是由问题引起的解题活动,其中的障碍是问题之所以成为问题的原因。

(二)提出问题是教学活动的开始

提问的意义在于,提问是教学活动的开始,通过提问能使提问者和被提问者融入一个共同的领域或者一个共同的语境之中;也只有把问题放到提问的语境中,对话的真正含义才能被理解,教学互动才能产生。

从教学设计的角度看,引起教学设计的基本问题有这样三个:是什么样的教学目标?怎样实现确定的教学目标?是否完成了所确定的目标?可见,基本的教学设计也是从提出问题开始的。

(三)解决问题是教学的过程

“问题解决教学”是一个教育学概念,指的是通过师生一系列关于“提出问题—研究问题—解决问题”的互动进行的教学。这里的“问题”包括由教师预先设计的系列问题和学生在课堂上提出的问题,一般是以教师设计的问题为引导,以学生提出的问题为起点进行教学。所以,基本的教学设计也是从提出问题开始的。

在“问题解决”的教学方式中,有两个同时进行而又相互交织的活动:一是分析问题、形成假设、检验假设和修正假设的过程;二是为形成学习要点而引发的查询和探索活动。前者是问题解决的中心线索,通过解决问题本身促进理解的深化;后者则围绕解决问题的活动实现不同学习途径的整合。教师在这种教学模式中的作用表现为:引领学生逐步深入探究问题,从而自主经历问题解决的各个环节;提供反馈,就学生的探究过程不断进行提问来引领路径、启发动机;示范如何对自己的推理和理解进行自我评价;鼓励学生讲出自己的思维过程并对自己和他人的信息进行批判性评价,鼓励学生提出自己的问题;帮助学生在问题讨论中整合知识技能,形成能力。总之,在教学中,教师发挥的是帮助和支持的作用,更多地让学生独立进行探索,要重点做到以下几点:

其一,设计出好的问题。一个好的问题能够激发学生解决问题的内在动机,鼓励他们去探索、学习未知领域,采用什么样的问题,如何设计、形成这样的问题,是需要教师认真对待的,教师所设计的问题应该是好问题。

其二,帮助学生正确表征问题。问题的表征建立在对问题理解的基础上,因此,在建立问题表征时,必须对已有信息进行筛选。教师需运用各种方式,如用抽象思考和绘制图表、图片、草图、列表等方法表征问题,可视化表征有利于简化问题。

其三,引领学生不断把自己的经验结构化、网络化。在有结构的、网络化的经验(知识)系统中,每一种经验都与其他经验有必然的联系。建立起结构化的经验网络之后,再遇到新信息建构新的经验结构时就会格外容易。要做到这一点就要使学生学到全面完整的知识。

其四,促进学生养成分析问题的习惯。学生对教师设计的问题了解得越清楚,进行问题探究的过程就越明确,对问题解决过程的理解就越深入,解决问题的能力提升得越快。教师要努力促进学生学会依靠自主发展系统考虑问题,养成自己提出问题的习惯。

(四)教学情境通常是问题情境

创设教学情境即是创设教学需要的问题情境。教学中,如果活动的参与者决心克服障碍,努力向目标前进,他就进入了问题情境。教师在课堂上创设教学情境的目的是提出进入教学活动的起点问题,因而所创设的情境就是问题情境。问题情境创设的意义是帮助学生进入问题情境,从而形成教学问题。

在课堂教学中创设问题情境应遵守一些基本的原则,以保证情境的创设符合教育教学的需要。其一,合目的性原则。要符合创设的问题情境也就是教学情境的目的,就要调动学生以往的经验,促使学生进入学习新内容的心境,同时产生克服障碍达到目标的愿望,使新创设情境激起学生的认知冲突,推动学生积极思考,进入问题情境,提出问题,顺利进入新课的学习。其二,情境真实原则。应保证提供的情境是真实的,是在现实生活中能找到的情境或者符合现实生活的逻辑。即便有些是虚拟的情境,也要符合现实生活的逻辑,这是虚拟真实的基本要求。只有在生活化的学习情境中,学生才能弄明白知识的价值,才更容易调动以往的经验,继而引起情感反应,对学习内容产生兴趣,并迅速进入问题情境,学习新的经验。其三,促进发展原则。教学情境的创设要促进学生的发展,一方面创设的情境要稍高于学习者原有的知识经验水平,有克服障碍获得新知识和新经验的需求;另一方面教学情境要有探究性,要能促进学生的自主学习,能使学生自己提出想学习的问题,并把解决问题作为自己的目标,开始进入自我探索解决问题的过程。其四,合作学习原则。学会合作是当代教育的目标之一,善于与他人合作,具有高度的集体观念和团队精神,是现代人际交往和社会发展的需要。合作学习是学会合作的重要方式之一,还可以解决教学中的困难。在创设教学情境时,要考虑充分利用小组合作学习,让小组成员之间愉快地交流、协作,共同克服学习中出现的困难。其五,层次性原则。一方面要面向全体,创设具有层次性的教学情境,使所有的学生都得到发展,满足有不同需要的学生进行选择;另一方面尽可能依据学生以往的经验和认知,架设好学习的框架,有层次、有梯度地考虑好问题的衔接与过渡。这两个方面当然是有联系的:学生的不同学习需要可能就表现为选择进入不同层次的情境。其六,适宜性原则。创设教学情境要适宜具体学生的需要,因为学习是个性化的活动,没有所谓创设教学情境的一般性模式。适宜性原则实际上包括了现实性和时代性要求。

创设问题情境的策略主要有:其一,要联系学生实际,即“从学生的生活出发”“充分利用身边的事例”,目的是使学生能够更好地运用自己以前的经验,促进知识和现实生活的联系。其二,要注重具体直观。问题情境既然要从学生的生活出发,就一定要注重选择具体的情境,使其具有感性直观的特点。因为人的认识过程是从感性、具体的事物出发,从感性到理性、从具体到抽象的思维发展过程。问题情境的创设既然是一个重要的教学因素,注重具体直观无疑将是创设问题情境的主要方式、重要思考点或意义指向。其三,要体现学科特点。中小学教学是分学科进行的,真正的教学就是各学科的教学,离开学科就无所谓教学,所以问题情境无不是各学科的问题情境,没有一般的问题情境,在问题情境创设的各个方面不同的学科各具特点,因此问题情境创设要体现学科特点。其四,要注重情感体验。情感体验是中小学各学科课程标准提出的重要教学内容,因为对于培养学生完善的人格来说,学生的情感体验是一个非常重要的因素。在体验中,主体在原来自我的基础上去感受、理解新的事物,发现了新事物与自我的关联而产生新的情感,由此产生丰富的联想和深刻的领悟。情感体验就是强调在学习的过程中产生情感,在产生情感中生成意义,也就是有了学习的结果。在创设教学情境时充分注重学生可能的情感体验,既是知识教学的需要,也是达成教学三维目标的需要。积极的情感体验能够影响人的一生。其五,运用技术手段。这里指的是教育技术,特别是信息技术。信息知识和信息能力是信息素养的基础,是教师必须具备的信息素养要素。对教师来说,信息能力还包括信息化教学的能力、信息技术与学科教学整合的能力、教育知识的管理能力、信息教育的能力。在创设教学情境时运用各种教育技术,信息技术手段是中小学教师达到教育技术能力标准的应有之义。

(五)提问是课堂互动的核心

当学生进入了问题情境,就开始把解决这个问题作为学习的自我目标,从而进入了学习过程。学生的进入是通过师生、生生的课堂互动实现的,这种互动之所以能够实现,关键在于教师的课堂提问,正是师生的问答和生生不同回答之间的讨论构成了课堂互动。而学生在课堂上提出问题,就期望同伴或者教师给予解答,说明学生对自己所在的学习共同体已充分认同,准备并且积极地参与到课堂的交流互动之中。这样,学生必然进入了自主建构新意义的过程,即进行了成功的学习。所以,课堂上鼓励并且调动学生提问和交流的积极性是提高课堂效率的关键性措施之一,这也是问题教学和问题解决教学的精华所在。

可见,提问是课堂互动的核心,抓住这个核心,就可以建构高效课堂。而要建构高效课堂,高效提问就成为核心工作。怎样保证课堂上的高效提问呢?首先就要设计出高效问题来。

二、高效问题的特征

实现高效提问首先要设计出高效的“问题”，高效问题有五个特征：

一是合目的性。指教师能在课堂上提出一个针对教学目标的问题，这是高效提问总的方向性要求；也指课堂上提出的每一个问题都应该能指导学生产生应答行为。

二是聚焦教学重点。即要使“问题”明确涵盖教学重点，应该针对核心问题设计“问题”，同时关注教学起点问题和终点问题。设计核心“问题”，应从核心问题的特点出发。核心问题的特点见下图。

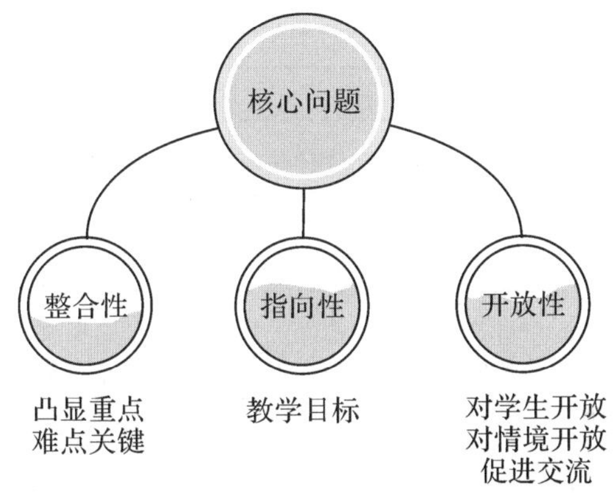

核心问题的特点

三是促进学生学思结合。即注重学习和思考的结合。学思结合是从学习进入创新的桥梁，促进学思结合就是把学生的思维引导至教师设计的认知层次上，达到其可能的、最高的认知层次。教学问题的设计就要考虑这一点，从学生的认知层次出发，推动学生有更多参与意识，从而发展到更高的思维层次而进行提问，进入更高层次的学思结合。

四是有助于学生的自主学习。即高效提问能帮助学生确定自我目标，培养自我意识，强化自我动机，把握自我监控，形成自我监控能力。

五是逻辑严密，语言优美。即符合基本事实和课堂教学的逻辑要求，符合课堂教学问题的基本逻辑要求，聚焦重点，环环相扣，首尾呼应；课堂教学语言语意连贯、条理分明，具有规范性、情感性、启发性、直观性、清晰性、具体性、简洁性等特点。

三、高效提问的策略

课堂教学问题是为课堂教学而设计的,课堂教学问题在课堂上的运用就是课堂提问。

(一)课堂提问的一般策略

策略	特点
会聚策略	引发学生简短的回答,激发学生提取或理解水平层次的思考。提问产生一般性回答。
发散策略	能引发学生的一系列不同回答,有利于激励学生的自信心,有利于学生的自主学习。一个问题能产生多个回答。
评价策略	教师要帮助学生形成建立评价标准的逻辑思考,特别要注意学生做出评价性回答时所依据的具体标准。问题通常没有最终答案。
反思策略	希望学生进行思考,提高新的思考层次,对原来问题的回答进行拓展。包括拓展视野、推断价值、挑战假设、进行探究、反复论证等。

提问策略的特点

(二)面向全体的提问策略

实施高效课堂提问,就需要了解课堂提问的一般程序和基本要求。就某一个问题的提问来说,其大致过程是:教师面向全体学生陈述问题—等待学生回答—教师叫学生回答—倾听学生回答—等待学生思考—学生补充(本人或其他学生)—教师即时评价和小结。课堂提问的基本要求是:要面向全体学生积极提问,要使所有学生的关注点都投入回答问题当中,都参与问题的回答。

面向全体提问要运用的策略是:其一,把握提问的时机。在一个完整的单位教学时间内,只有少数几个瞬间是提问的最佳时间。教师必须善于把握时机,及时抓住这些最佳时刻。其二,合理安排提问对象。教师要注意全面了解学生的知识基础、能力水平和个别差异,对全班学生的情况做到心中有数,在此基础上针对不同问题和每个学生的实际,合理选择答问对象,安排答问顺序。提问要面向全体,充分调动每一个学生的思维。其三,灵活应用提问技巧。课堂提问是课堂教学的核心，当你设计好了提问内容，把握好了提问时机，选择好了提问对象，还应该掌握提问技巧，包括布悬设问，诱发学生的直接兴趣；导趣设问，激发学生的主动性；梯度设问，化难为易；巧变设问，抓住学生心理。

解决面向全体的"问题"，既要注意吸引学生的注意力，也要注意提出"问题"的层次。首先，要精心创设问题情境，激发学生学习欲望。精心设计导入提问，能唤起学生的注意力，启动学生思维，激起学生浓厚的学习兴趣，形成学习动机，并为学习新知识做好铺垫，从而为有效的课堂教学奠定良好的基础。其次，提问应考虑学生学习的基础，立足于学生的整体水平，兼顾到班集体学习上存在困难的群体，提问的难度要适当，同时要留给学生探索的空间，难度过大或过小，提问的有效性都会降低。

(三)答问不力的解决策略

对教师提出的问题，学生有参加的愿望，但有时难以与教师希望的方式一致，要么答非所问，要么拒不回答，这就需要教师积极对学生进行提示。提示时一方面要有针对性，了解学生对问题的理解程度，可以设计师生之间关于理解程度的"信号"，如"举左手表示不太会，举右手表示有把握""举手时伸出手指表示理解程度""红黄绿交通信号"，等等。可以用新的问题推进学生的思考。另一方面要有促进性，对学生不完整的或只有部分正确的回答，给予适当的鼓励和有针对性的提示，也可以让全部同学都参与问题的补充或回答，激发更多同学的参与热情。提示策略见下图。

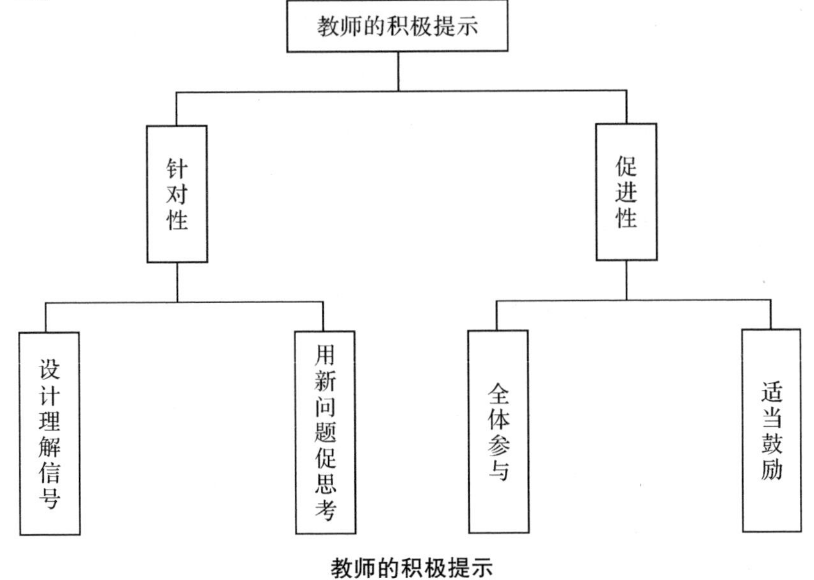

教师的积极提示

学生在课堂提问中出现错误的回答是经常发生的,而改正错误则是促进学生学习的大好时机,这不仅对出错的学生有利,对所有的学生都有启发意义。就教学的角度讲,学生回答出错往往也会使其他学生重新集中注意力,教师教学的关键在于怎样处理错误的回答,应遵守以下三个原则:一是善意对待原则,绝不可以讽刺挖苦惩罚出错的学生;二是正面回应原则,不能直接否定学生的回答;三是中性评价原则,无法正面回应可以给出中性的评价,如“你的回答已经接近答案了,所以请你重新计算一下”“告诉我,你是怎样得到答案的”。善意对待原则应该贯彻教学始终,应该是真诚的,包括说话的语气、表情和肢体语言。这几个原则是情感态度上的原则,具体教学中还是需要解决学生存在的问题,使之得出正确答案。做到这一点,教师需要时刻把握“正确答案”,可以通过以下几方面进行:解释学生对关键词的理解;提供概念的例子来支持概念的关键特征;确定学生的错误想法;帮助学生通过自己的错误想法展开推理,并找到正确的答案;验证答案的精确性。

课堂上,当教师提出问题,指定学生回答之后,学生的答案会有不同。面对答问时学生的不同表现,教师所采取的不同行动,见下表。

教师面对学生回答的行动原则

<table>
<tr><th>学生回答正确</th><th>学生回答不完整</th><th>学生回答不正确</th><th>学生没有回答</th></tr>
<tr><td colspan="4">等待学生思考</td></tr>
<tr><td rowspan="7">肯定学生的正确回答</td><td>探查:寻找答案不完整的原因</td><td>指出学生不正确之处(注意遵循三原则)</td><td></td></tr>
<tr><td colspan="3">如有必要进行问题的改述</td></tr>
<tr><td></td><td>探查:为什么会不正确</td><td></td></tr>
<tr><td colspan="3">进行恰当的提示</td></tr>
<tr><td colspan="3">必要时重新定向</td></tr>
<tr><td colspan="3">保证全班学生知道了完整的正确答案</td></tr>
<tr><td colspan="3">保证原来的学生知道了完整的正确答案</td></tr>
</table>

(四)学生提问困难的解决策略

课堂提问的至高境界是学生提问——学生询问教师或学生之间的提问。学生提问是对自己的学习和教师教学的反思和质疑,是对自己原有经验和新信息同化和顺应的中介环节,因此,提问的过程就是进入学习进行建构的过程。所以,可以把学生课堂提问视为学生进入学习的一个核心指标,学生课堂提问的频率和水平直接反映了学生对学习材料加工的深度,同时也反映了师生互动的水平。学生课堂提问困难的三种表现,见下图。

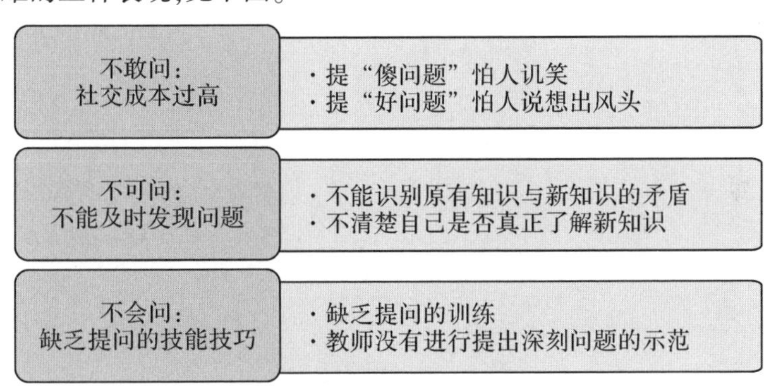

学生提问的三大困难

第一个困难是由特殊的文化背景造成的,传统文化中对自我约束力的良好评价使得害羞的学生可以得到成人和同伴的积极对待。在我们的学习共同体中存在一定的问题,有些教师不能宽容地对待学生不同的见解,同学间也不喜欢与自己想法不一样的思路,等等。第二个困难是因为学生没有学会新知识,或者没有把新旧知识关联起来,所以提不出问题,即不能提出自己向何处走(想学会什么)、往哪儿走(怎么与原来的知识相关联)、到底对原来的知识掌握得怎样等问题,而这都是元认知系统应该提出和解决的问题。由于学生的元认知系统没有达到所需要的层次,以至于提不出问题。这不仅是提问方面的问题,也是整个学习过程中的主要困难。第三个困难由于提问技巧的训练相当匮乏,大部分教师本身就不愿提问,或者根本就提不出有价值的问题,教师自己问的大部分问题都是表面的问题,因而不能指望他们能成为学生提问的榜样。甚至一些教师不喜欢学生提问,一是怕学生提问耽误时间完不成教学任务,二是怕学生提出莫名其妙的问题自己应对困难成为笑柄。这种情况下教师不会认真进行提问的示范,也不愿意对学生进行提问的训练,因此学生就学不会也学不好课堂提问。

针对以上三个问题,可以采取三个措施:一是建立和谐的师生关系,促进学生自我意识的发展、情感态度的转变,乐于展示自我,乐于与教师和同伴交流,使学生敢问;二是促进学生自我监控能力提升,提高元认知系统水平,强化学生学思结合的能力,进而能够发现问题并提出问题,使学生可问;三是教师课堂提出高效的问题为学生示范,促使学生确立自我目标,以此作为提出问题的标准,关注自主学习,使学生会问。还可以有一些具体训练,如坚持学生演讲、允许学生插话、鼓励学生讨论、赞美学生质疑、宽容学生出错、欣赏学生争辩、鼓励学生对提问进行反思,等等。

实施高质量教学设计的校本化路径

当前，基础教育已进入高质量发展阶段，教育高质量发展的本质是构建更高水平的育人体系，这一体系需要课程体系、教材体系、教学体系和管理体系的支撑。[①]“高质量实施国家课程”包含校本化实施，学校可以有足够的创造空间，从实际出发，寻求不同的切入口和突破口，形成以高质量为目标、生动活泼的、基于差异的多样化特色化的实施局面。这也要求教师不断增强质量意识，提升专业能力。随着《义务教育课程标准（2022年版）》的颁布，教育高质量发展在课程领域呈现新面貌、新要求。新课标重视核心素养，坚持素养导向，强化学科实践，关注学科内知识整合，推进跨学科学习，建设综合课程，强调因材施教、因人导学。建立在新课标理念基础上的新教学，提倡素养导向的大单元教学、真实情境的深度学习、问题解决的进阶测评。要求从真实问题解决进行评价，把评价任务嵌入后续的学习过程，做到“教—学—评”的一致。为此，我们结合学科教学，对新课标理念进行了理论研究和行动探索，以保证国家课程的高质量实施、校本化落地。

---

① 成尚荣. 课程改革几个概念的厘清与意义的澄明[EB/OL]. 课程教材教法微信公众号，2022-10-19.

基于学科素养和课标要求的课程单元设计与评价研究

新一轮义务教育课标的修订，将带来哪些教学上的变革？崔允漷教授指出，素养导向的大单元教学是变革之一。他认为，新课程理念下的素养目标包括创意实现、形成美感、确立观念、解决问题、完成任务、制作产品、形成作品、编制方案，而不是了解什么、理解什么、记住什么等阶段性目标、过程目标，这些不是最终目标，最终目标是素养目标。因此，教师的教学必须要改革，不改就达不到这个目标。素养导向下，必然将开展大单元教学，通过大观念、大问题、大项目、大任务来组织一个单元，把单元结构化。这种新教学可以总结为简单的四句话：一是素养本位的单元设计，教师设计课程、实施教学时要看到素养；二是真实情境的深度学习，课程改革不仅要改内容，不仅是换教材，还要换学习方式；三是问题解决的进阶测评，一定要从真实问题的解决上进行评价；四是线上线下的智能系统，线上有线上的优势，线下有面对面的优势，未来的学习就是线上线下混合学习。而这四个方面会是未来教学的关键。那么，什么是大单元教学？如何进行大单元教学呢？

一、大单元教学的内涵和意义

新课程提出素养立意、深度学习、以大单元整体教学为载体，其根本价值在于培养知行合一的优秀学习者。一直以来，“讲练结合”是一线教师公认的有效教学策略。在传统的以“课”为单位的教学中，“课”与“课”各自为战，缺乏有机统一、分工合作，难以形成“整体”力量，教师往往陷入“讲练两难”的境地。教师“讲”得多了，学生“练”得不足，不仅学生的主体地位难以落实，知识掌握和思维发展也无法达到理想的效果。但如果按照现在流行的说法，教师“少讲”，学生“多练”，人们又会发现，这样的课堂学生学习知识不系统、理解不深刻。由于“讲”“练”无法两全，于是，课内损失课外补，“满堂讲”“满堂问”依然是当前课堂的主题曲，这说明“单打独斗”式的“课时主义”，不仅导致了知识与知识之间、问题与问题之间、课与课之间缺乏关联和迁移，有效的教学策略难以落地，而且直接影响了教学质量的提升。

既然“单打独斗”的“课时主义”有如此弊端，人们就开始尝试以一个单元（自然单元或重组单元)为最小的教学单位来组织教学。这种“整体作战”,在一个课程单元教学中,合理分工,各展所长,有的课时可以系统讲,有的课时可以集中练,有的课时进行作业讲评,有的课时进行方法提升……课时之间相互配合、有机统一、统筹安排,则可以解决当前课堂“讲练结合”中捉襟见肘的问题。以单元为一个教学单位组织教学,可以产生“1+1>2”的教学效果,可以解决碎片、孤立化教学无法克服的困难,可以让教师的教学决策更加灵活,做到张弛有度、收放自如。课堂教学是一门艺术,同样需要“战略战术”。视角孤立的“课时教学”,零散、浅表、呆板、高耗,过分强调“教学速度和知识效率”,达不到知识、思维和素养生长应该具有的“课标”高度,不符合当今素养导向的中高考综合测试要求。而单元整体视角的“单元教学”具有“大主题”统领、“系统化”分析、“整体性”编排、“结构化”关联的内涵特征,有利于学科素养的落实和质量提升。

什么是单元?什么是大单元?从字面意思看,单元指样本中自为一体或自成系统的独立成分,不可再分,否则就改变了事物的性质。我们日常说的教材单元是由若干个相同知识组成的集合,通过课时教学的组织方式来完成。真正的课程单元,应该以一个“单元”为“一个最小的教学单位”,课时是单元的组成部分。大单元的“大”字,并不是数量、形状的比较词,大单元是指“课程单元”“学习单元”,这个“大”字用“素养”即“知行统一”解读更准确,“素养为大”。大单元也被称为课程单元(或学习单元),是指基于学科核心素养和课程标准要求,根据学生认知规律和基本学情,以一个主题(专题、话题、问题)为核心,根据单元目标,组织、联结学习内容,形成贯通学习情境、学习任务、学习活动和学习评价整体联系的最小的教学单位。大单元设计的基本特征是系统分析、整体设计、分步实施,以一个单元学习内容为整体,旨在取得最大、最佳教学效能的教学设计。

二、大单元整体设计的路径

“单元整体设计”的特点是“系统分析、整体设计”。系统分析,是指整个单元规划和课时设计,必须是建立在课程标准、核心内容、基本学情的深度分析基础上的“再建构”,是通过大问题、大任务、大观念或大项目的组织方式来完成的,而非一味沿袭教材、教参和教辅资料的规定与说明;整体设计,是指在课时教学之前,要在系统分析基础上组建单元、确定主题、明确目标(含学业质量标准),设计结构化任务、递进性活动以及课型、课时、作业等。

(一)单元分析

未做教学设计前,先进行单元分析,这是单元规划和单元设计的基础工程。可从以下几方面入手。

一是课标解析。教育部印发的《基础教育课程改革纲要(试行)》(2001)指出:“国家课程标准是教材编写、教学、评估和考试命题的依据。”解析课标是为单元教学确定方向、寻找依据。首先要找出课标中本年段及本单元教学的核心任务,之后再细化为具体任务及实施策略,最后确定任务目标及检测标准,将课标要求转化为“学什么、怎么学、学到什么程度”,即单元目标、达成方法与路径及评价质量标准。

二是内容剖析。分析单元内容,应基于课程标准去分析本年级本单元在整个教材体系中的地位与作用,分析单元间的关联和单元内部逻辑关系,以确定单元核心内容。单元内容分析包括教材衔接分析、内容编排分析、配套课程分析、例题路径分析、课后习题分析等所有内容板块,分析过程中应把握教材特点,理解编写意图,领悟核心理念。要依据课标要求,厘清单元内容逻辑关系,将知识问题化(任务化),按照“主题(大概念)—主问题/任务(核心概念)—分问题/任务(重要概念)—子问题/任务(基础概念)”的逻辑,梳理出本单元的结构化任务。结构化任务是衡量单元内容分析质量的评估依据。

三是学情分析。分析学情要在单元内容剖析的基础上,弄清楚学生已有知识内容(过去)、将来要学习的内容(将来)和现在需要掌握的内容(当下)。要以学生的原有认知为基础,分析哪些内容是学生自己能学会,哪些内容和同伴或团队一起研究能学会,哪些内容是“学也学不会”的;预测学生能够自主学习的内容和难以学会的内容,确定教学的难易点和对应的教学策略,引领学生由学习起点自主建构到达学习目的地;要基于长期观察、课堂前测和心理学相关知识,判断学生的学习特点、学习能力和学习态度,判断团队思维对话和个体思维认知能力,为科学选择合适的认知策略、组织合适的学习活动打好基础;要根据单元结构化任务,以学生的学习为中心,赋予恰当的认知策略和学习活动方式,将单元结构化、子任务活动化,组建起单元递进性活动群。结构化活动中的思维和行为策略选择正确与否,是衡量学情分析质量高低的重要依据。

(二)整体设计

“整体设计、统筹安排”“课程结构、思维进阶”,这是大单元设计的基本特征与内在逻辑。由零散走向关联、由浅表走向深度、由知识化走向课程化(面向真实问题解决)的教学设计,要求设计者站到课程的高度,遵循育人的需要,整体建构单元课程,以主题为统领,以目标为指向,以标准为依据,综合利用各种教学形式和教学策略,完成具有内在联系的学习任务,达到迁移运用水平,旨在取得最大、最佳教学效能。具体要做到:

其一,纲举目张,让主题成为单元设计的聚合器。以核心素养为纲来设计大单元,关键在于提炼一个合适的“大主题”。通过提炼合适的主题,统领整个单元。单元主题可以大概念或核心概念作为主题,以项目化学习主体任务作为主题,以课程内容对应解决的主问题、主任务作为主题,以教材整合后指向的核心目标作为主题,以现实问题整合的跨学科生成主题,直接采用教科书单元主题,等等。主题的确定应遵循以下基本原则:指向素养提升,落实课程标准,遵循教学规律,体现学科本质和学科育人价值。

其二,进阶式目标,确立具有递进层次的完整目标。优质单元设计的重要品质之一就是澄清本质不同的目标、短期学习目标(知识与技能)和长期学习目标(理解意义和迁移)。单元目标应体现从知识到素养的“思维进阶”,分清低阶学习目标(基础知识、基本技能)和高阶学习目标(运用基础知识、基本技能做事)。这种进阶式的学习目标可以将学习目标组织成非常有用的结构,它是一个连续统一体,能清楚地说明与具体标准相关的不同层次的知识与技能。

其三,单元评价,促成学业质量标准单元化。无规矩不成方圆,新课标增加了学业质量标准,根据“逆向设计”理念,单元设计应该在学习目标(学习结果)确定之后,设计单元的“学业质量标准”,彰显目标达成的评估证据,然后设计单元结构化活动(任务)。单元达成评价可通过设计评价性任务或问题,以完成情况和质量来测评;可通过设计各类学习活动成果、课堂汇报、展示或演讲来评估;也可在教学过程中设置观察评价点,根据学生学习行为、过程来评价。

其四,结构化活动,构成区分课程单元与教材单元的标志。单元结构化活动是为了达成单元目标,解决学习问题或完成学习任务进行的一系列习得行为和过程方法,相对独立,又彼此联系,构成一个体系化的课程学习活动结构,由单元结构化学习任务和递进性学习活动设计构成。以单元主题为基础,将本单元知识进行课程开发,转化为学习任务(或问题),按照“主题(大概念)—主问题/任务(核心概念)—分问题/任务(重要概念)—子问题/任务(基础概念)”的逻辑,将子任务活动化,组成一个课程学习的意义整体,是区分课程单元与教材单元的主要标志。

单元结构化任务需要站在单元知识结构化的角度,确定构成系统的各项子任务,这些子任务具有层次性,是从低级到高级解决学习问题或完成子任务的学习方式或策略行为,即递进性活动。单元活动设计要求站在单元知识结构性的高度,以学习问题(或任务)解决为主线赋予相应的认知策略,通盘设计,构建一系列相对独立又内具关联的活动群,整体协同达成单元目标,成为单元规划课时、课型的基本依据和划分标准。

“课程结构化”是新课标的重要突破。它所提出的“基于核心素养培养要求，注重与学生经验、社会生活的关联，加强课程内容的内在联系，突出课程内容结构化，探索主题、项目、任务等内容组织方式”，反映了当前教改“从零散走向整合，从浅表走向深度，从去生活化知识学习走向运用知识解决真实问题”的发展方向。课程内容结构化要求我们课堂教学应当从零散知识结构到主题统整的课程结构，从本学科的教学结构到跨学科的课程结构，从认知低水平的（简单）结构到高水平的（复杂）结构，从（书本）知识到真实的生活世界（情境问题解决）……

这也是大单元教学、项目化学习、主题学习必然成为教学基本选项的原因，见下图。

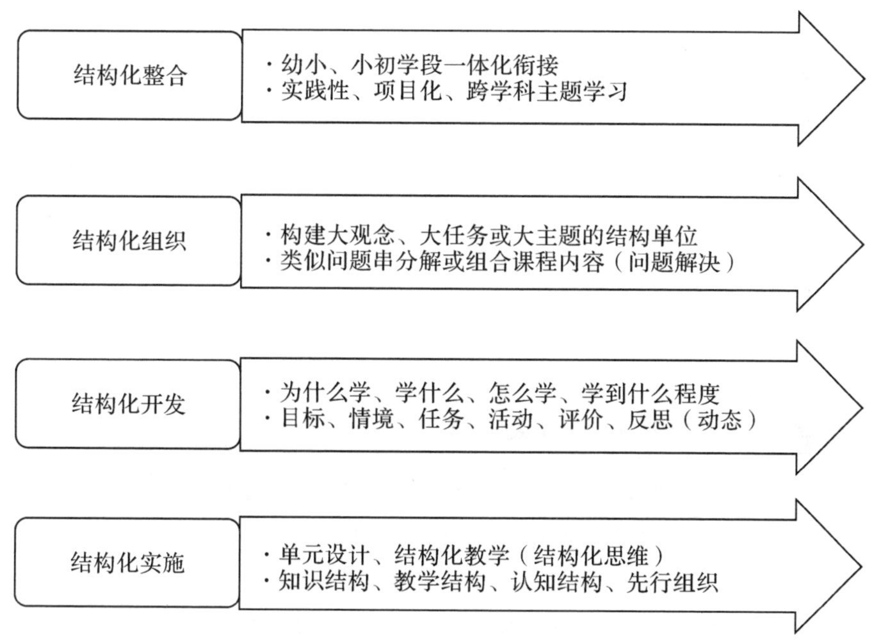

课程内容结构化：横向关联互动、纵向进阶衔接

围绕课程内容，提炼出主题，确定学习目标，设定学习情境，设计学习任务，匹配适宜的学习活动，做到举一反三、融会贯通，掌握更多的新知识，这也是布鲁纳结构教学的最终目标。但仅仅有结构形式还不够，还需理解学习的根本目的是指向“知识联结、思维成果生成和迁移创新”，这样才能有利于教学质量的真正提升。

（三）设计课型及作业

在完成上述研究分析和设计之后，我们需要将上述内容和结构化活动，与学情相联系，进行目标的分解、课时的划分，并根据学科特点设计适合的课型，形成具有进阶性且整体闭合的单元教学过程，同时进行结构化作业设计。单元结构化作业是指以教学大单元为基础,依据单元教学目标进行整合、重组,有层次地设计单元作业群,使之成为一个具有结构性、系统性、关联性、序列性的作业系统。单元结构化作业整体设计,需要围绕单元主题(或大概念、内核知识)目标,把一个单元所有作业按照一定的秩序和内部联系组合起来,同时对单元内的各时段作业进行统筹安排,探索各种类型作业的合理搭配,将单元内零散的、单一的作业进行删减、增补、重组,而不是对单元内一课一课作业的叠加,最大限度减少低认知水平的重复训练,避免传统作业的随意性与盲目性,在保障学生有效掌握基础知识、基本技能的基础上,实现学习从知识到素养的进阶。见下图。

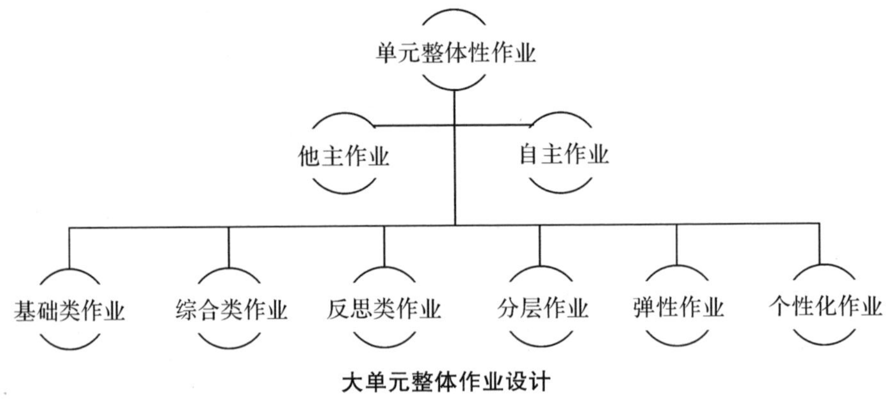

大单元整体作业设计

三、大单元整体组建的分类方式

大单元整体划分和组建有不同的分类方式,如按照课程内容可分为综合性大单元和学科性单元,按照教材编排单元分为自然单元和重组单元等。自然单元是指沿用教材编排的单元(内含专项单元,如语文教学的写作单元);重组单元是指打破教材原有的单元结构,在不违背课标和教材编写意图前提下,按照一定的逻辑关系(可以按教材内容,也可以按学科学业发展和学科核心素养发展的进阶关系,还可以按真实情境下的跨学科学习任务),将原本不同单元的内容组织在一起,形成一个新的单元,如复习时的专题单元。重组单元要考虑单元与单元之间、单元与学科之间、单元与跨学科之间、单元与真实世界之间的关联,见下图。

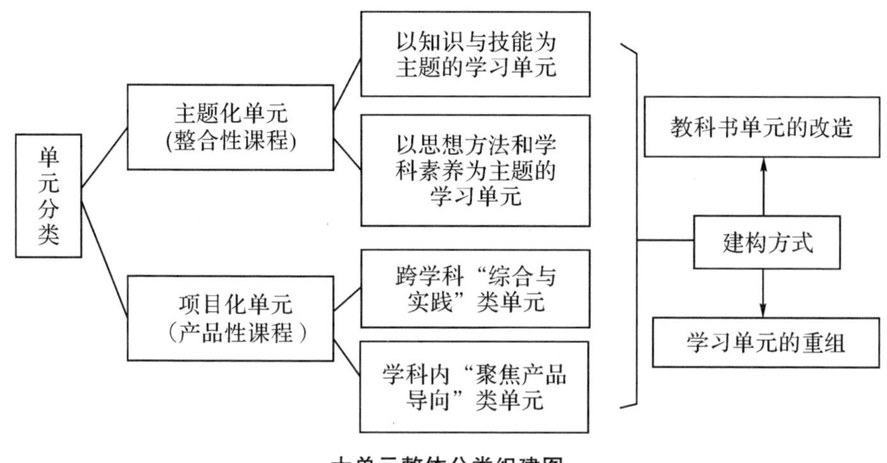

大单元整体分类组建图

目前情况下,我们提倡立足学科性自然单元,即根据课标规定的课程内容模块,围绕单元主题或项目产品,对该单元的学习内容和学习资料进行分析、整合、加工和规范组织,以此统筹安排,整体设计,把相关内容有机结合起来,形成一个不可分割的教学单位。

四、大单元整体设计指南和评价标准

单元设计是指为实施学科课程而以一个单元为整体进行一种系统化、科学化的教学设计,其实质是以系统论的方法分析、整合、重组,实现从"知识单元"到"学习单元"的进阶。结合美国当代著名课程改革专家格兰特·威金斯"理解为先的教学设计理论"、林恩·埃里克森的"概念为本的教学",强调以"大概念"为统领的目标导向,拟探索单元设计指南和评价标准,如下表。

单元设计指南和评价标准

设计要素	设计指南	设计标准
单元主题	1. 主题凝练在单元划分(组元标准)的基础上生成。 2. 主题确定方法:研讨课标,解析核心内容、学科能力和素养价值;提炼学科核心概念、主问题或大任务;根据学生需求,确定单元学习项目主题。	1. 单元学习主题是知识结构、学科思想方法的聚合器,往往反映学科本质或某一单元的大概念。 2. 主题的确定应遵循以下基本原则:指向素养提升,落实课程标准,遵循教学规律,体现学科本质和学科育人价值。

续表

设计要素	设计指南	设计标准
单元主题	3. 确定单元主题可采用以下方法:(1)以大概念或核心概念做主题;(2)以项目化学习主体任务做主题;(3)以课程内容对应解决的主问题、主任务作为主题;(4)以教材整合后指向的核心目标作为主体;(5)以现实问题整合的跨学科生成主题;(6)直接采用教科书单元主题。	3. 单元主题要做到牵一发而动全身,能够吸引和激发学生对单元学习的探究兴趣。
学习目标	1. 单元目标是课标的系统化、具体化。以学习目标而不是具体内容为学习导向,贯穿始终,这是大单元学习最根本的特质。 2. 优质单元设计的重要品质之一就是澄清本质不同的目标:短期学习目标(知识与技能)和长期学习目标(理解意义和迁移)。 3. 为促进深度学习,单元目标应体现从知识到素养的思维进阶,分清低阶学习目标和高阶学习目标。高阶和低阶目标的分类可参照上述长期和短期目标分类,也可参照韦伯的"深度学习指南",通过回忆与再现、技能与概念、问题解决与应用、思维迁移与创造,把一二级划分为低阶学习目标,三四级划分高阶思维目标;单元目标还可参照布鲁姆的目标分类法分为低阶思维目标和高阶思维目标。不同层次的单元目标可采用融合式或分类式表述。 4. 单元目标的设计方法:(1)对单元内容进行系统分析,厘清单元内容的内部逻辑关系;(2)解析课程标准,明确做什么、怎么做、做到什么程度,根据基本学情,确定单元学习目标;(3)根据单元目标进行序列化、具体化的分解,撰述课时目标。	1. 撰写单元目标时应明晰课程目标、学段目标、学期目标、单元目标、课时目标的差异。 2. 单元目标是单元主题的具体描述和学科素养具体化,需要有机融合知识、方法、观念、能力等各维度。 3. 单元目标应具有整体性、发展性、指导性,便于课时目标的分解和实施。 4. 单元目标要体现思维进阶,引领学生完成"登山式"的课程学习过程;强调"学有所成(成果、产品)",学习结果应符合学科课程性。 5. 单元目标和课时目标都应具有导教、导学、导评的功能。两者应有机统一,单元目标侧重认知目标和学习方式,课堂目标侧重强调行为目标。

续表

设计要素	设计指南	设计标准
单元评价	1. 大单元采取“逆向教学设计”，即在学习目标(学习结果)确定之后，设计单元“学业质量标准”，彰显目标达成的评估证据，然后设计单元结构化活动(任务)。 2. 单元评价标准是根据课程标准中的学业质量标准，对学生的单元学习结果进行的评价。评价方式分为表现性评价和传统纸笔式评价或其他评价方式。 3. 单元达成评价要注重多元评价方式。可通过设计评价性任务或问题，以完成情况和质量来测评；也可通过设计各类学习活动成果、课堂汇报、展示或演讲来评估；还可设置观察评价点，根据学生学习行为、过程来评价等。	1. 单元达成评价设计是课程标准和学业质量标准的具体化，与单元学习目标一致。 2. 单元达成目标评价不能仅有“任务”内涵，还应该回答“评价什么(对象)、谁来评价(主体)、怎么评价(手段)、评价标准”，这样的评价才是完整的。 3. 单元达成评价中的表现性评价应从学生的学习反应、学习行为、学习过程和作品(思维成果)入手，找出并判断达到预期目标的具体特征。
单元结构化活动	1. 单元结构化活动由单元结构化学习任务和递进化学习活动设计构成。以单元主题为基础，将本单元知识进行课程开发，转化为学习任务(或问题)，按照“主题(大概念)—主问题/任务(核心概念)—分问题/任务(重要概念)—子问题/任务(基础概念)”逻辑，将子任务活动化，组成一个课程学习的意义整体，是课程单元与教材单元区分的主要标志。 2. 单元结构化任务需要站在单元知识结构化的角度，确定构成系统的各项子任务，这些子任务具有层次性，从低级到高级解决学习问题，完成子任务的学习方式或策略行为，即递进性活动。	1. 活动与目标的一致性：单元结构化任务和递进性活动设计，应与单元目标和学业质量标准高度一致。 2. 任务(或问题)之间的关联性：结构化学习任务(问题)的设计与组织类似问题串、任务串设计，应注意任务与任务之间的逻辑关系和关联。

续表

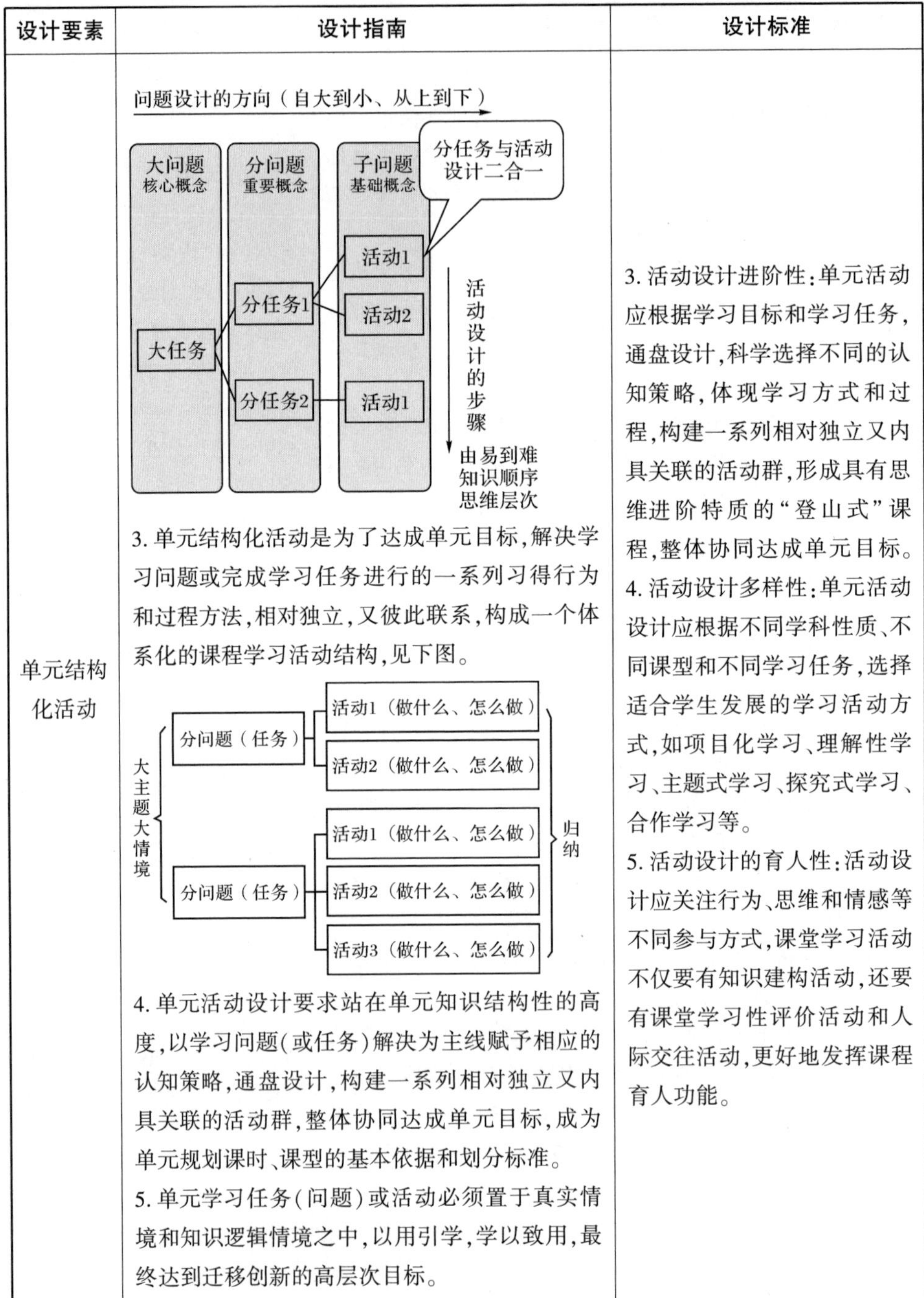

设计要素	设计指南	设计标准
单元结构化活动	3. 单元结构化活动是为了达成单元目标，解决学习问题或完成学习任务进行的一系列习得行为和过程方法，相对独立，又彼此联系，构成一个体系化的课程学习活动结构，见下图。 4. 单元活动设计要求站在单元知识结构性的高度，以学习问题(或任务)解决为主线赋予相应的认知策略，通盘设计，构建一系列相对独立又内具关联的活动群，整体协同达成单元目标，成为单元规划课时、课型的基本依据和划分标准。 5. 单元学习任务(问题)或活动必须置于真实情境和知识逻辑情境之中，以用引学，学以致用，最终达到迁移创新的高层次目标。	3. 活动设计进阶性：单元活动应根据学习目标和学习任务，通盘设计，科学选择不同的认知策略，体现学习方式和过程，构建一系列相对独立又内具关联的活动群，形成具有思维进阶特质的“登山式”课程，整体协同达成单元目标。 4. 活动设计多样性：单元活动设计应根据不同学科性质、不同课型和不同学习任务，选择适合学生发展的学习活动方式，如项目化学习、理解性学习、主题式学习、探究式学习、合作学习等。 5. 活动设计的育人性：活动设计应关注行为、思维和情感等不同参与方式，课堂学习活动不仅要有知识建构活动，还要有课堂学习性评价活动和人际交往活动，更好地发挥课程育人功能。

续表

<table>
<tr><th>设计要素</th><th>设计指南</th><th>设计标准</th></tr>
<tr><td>设计说明</td><td colspan="2">1. 在完成上述研究分析和单元设计之后，我们需要落实上述内容和结构化活动，联系学生的学情，进行目标分解、课时划分，根据学科特点设计适合的课型，形成具有进阶性且整体闭合的单元教学过程，同时进行作业设计及统筹安排，见下表。
<table>
<tr><th>课型</th><th>课时目标</th><th>达成评价</th><th>学习内容</th><th>任务活动</th><th>课时作业</th></tr>
<tr><td></td><td></td><td></td><td></td><td></td><td></td></tr>
<tr><td></td><td></td><td></td><td></td><td></td><td></td></tr>
<tr><td></td><td></td><td></td><td></td><td></td><td></td></tr>
</table>
2. 单元作业要整体设计，体现递进性和关联性。单元作业要求站在单元层面统筹考虑整个单元系列性作业，将单元内零散、单一的作业通过删减、增补、重组等方式合理整合，而不是对单元内作业的叠加。要依据学生的认知特点和某个单元的教学内容，设计合理的、有一定思维梯度的作业，注重学习的阶段性和层次性，避免传统作业的随意性与盲目性。
3. 根据单元设计和单元规划，由教师根据《基于深度学习的“教—学—评”一体化课时设计指南和评价标准》进行课时设计，体现个性化开发的特征，见下表。
<table>
<tr><td>课题</td><td colspan="3"></td></tr>
<tr><td>学习目标</td><td></td><td>达成评价</td><td></td></tr>
<tr><td colspan="4">先行组织：</td></tr>
<tr><td colspan="4">新知建构</td></tr>
<tr><td>问题与任务</td><td>活动与方法</td><td colspan="2">嵌入评价</td></tr>
<tr><td></td><td></td><td colspan="2"></td></tr>
<tr><td colspan="4">迁移运用：</td></tr>
<tr><td colspan="4">成果集成：</td></tr>
<tr><td colspan="4">作业设计：</td></tr>
</table>
4. 在单元设计和课时中，应以单元主题为线索，以学科核心素养为指引，依据单元结构化任务和递进性活动安排，分析本单元相关素材，拓展教学渠道，开发课程资源，补充相关教学内容。</td></tr>
</table>

（注：本研究成果来源于崔成林深度学习团队）

大单元设计是一项复杂的工作,对设计者的专业能力要求特别高:首先,设计者应该是一个教学研究者,需要对课标、学情、教材深度解析,并转化为单元主题、目标、评价等课程产品;其次,设计者应该是一个课程开发者,需要把教材内容抽丝剥茧,变成结构化的学习问题、学习任务,并赋予相关情境,引导学生通过学习活动解决问题;最后,设计者要有宏观思维和格局,要整体构思、科学统筹课型、课时,从单元规划到课时教学,形成一个完整的系统化设计。

确定“大概念” 实现从内容单元到学习单元的进化

《义务教育课程方案(2022 年版)》在推进综合学习,整体理解与把握学习目标中,发现有机融合知识学习与价值教育,发挥教学活动多方面的育人价值,是深化教学改革的一个重要思路。探索大单元教学,积极开展主题化、项目式学习等综合性教学活动,能促进学生举一反三、融会贯通,加强知识间的内在关联,促进知识结构化,是实施综合性学习的重要路径。大单元整体设计的理念,指向学科核心素养,使碎片化的知识情境化、结构化、整体化;大单元设计的核心是通过大概念的提取、大情境的创设、大任务的驱动使内容单元进化成为“学习单元”。而其中“大概念”的提取是首要,也是关键环节,决定情境的创设、任务的驱使及大单元的最终形成与综合性教学目标的实现。那么,什么是“大概念”?如何在教学设计中找到“大概念”?其与大单元教学又是怎样一种关系呢?

一、“大概念”是大单元整体设计的核心

什么是大单元?崔允漷教授指出,大单元就是一种学习单元,一个单元就是一个学习事件,一个单元就是一种学习情景,一个单元就是一个完整的学习故事,因此一个单元就是一个微课程。或者说,一个单元就是一个指向素养的、相对独立的、体现完整教学过程的课程细胞……譬如语文教材中一个单元通常是一个主题下的几篇课文,如果这几篇课文没有一个完整的“大任务”驱动,没能组织成一个围绕目标、内容、实施与评价的“完整”的学习事件,那它就不是我们所讲的单元概念。①

而大单元中的“大概念”,相当于整个单元的“魂”,或者说是承担“寓意”的核心所在。教育学者威金斯和麦克泰格认为,大概念就是一个概念、主题或者问题,它能够使离散的事实和技能相互联系并有一定意义。从学习内容的角度看,“大概念”实际上是跨学科或学科“核心的概括性知识”。“大概念”分为两类:一类是跨学科或超越单元主题的,因而需要“综合性理解”;另一类是关涉学科及单元主题

① 崔允漷.如何开展指向学科核心素养的大单元设计[J].北京教育(普教版),2019(02).

的,因而需要"主题性理解"。本文所谓"大概念",主要聚焦对学科单元的概念性理解。联系大单元的整体设计,实际上就是让学生在探究中形成概念性理解,让作为设计者的教师在大单元整体教学设计中先于学生明确统领整个单元学习的"大概念"。下面以小学语文统编教材三年级上册第四单元为例,探讨如何抽取和达成"大概念",如何基于这个概念践行大单元整体教学的理念。

二、联系课标和教材确定单元的"大概念"

统领小学语文统编教材三年级上册第四单元课文的"大概念"是从阅读策略角度确立的"预测"。可以理解为:学生阅读时能调动已有经验和知识对未知内容做大胆预测,主动而充满好奇地展开后续阅读,养成主动阅读的习惯,成为一个积极的阅读者。对这一概念的理解和落实,是基于专家观点、课标分析和对教材的把握。

(一)汇聚观点

关于本单元大概念"预测"的内涵和意义,有专家已做了阐释,认为"预测"就是利用已读过的内容推断文章接下来将发生的事情,并通过阅读后面的内容加以印证和肯定。知识(已有的知识)是贮存在长时记忆中的,当接受新信息时,长时记忆中原有的知识被激活,从而使新旧知识发生联系,使得新学习得以进行。语文学习中的"预测",就是根据已有信息对课文故事的结局、情节的发展、人物的命运和文章观点等进行多方面预测,那些"已读过的内容""已有的信息"其实就是学生的已知内容,后续的情节发展、人物命运、故事结尾等内容是未知的,在阅读时需要调动学生已有的知识对未知内容做大胆预测。联系本单元,学生要通过将自己以往的经验、关注到的内容激活,对后续的情节发展、故事结尾、人物命运等内容进行一定的预测。

(二)对应课标

对应课程标准要求,有助于深入挖掘学科"大概念"及核心任务。教学本单元时,我们对接《义务教育语文课程标准(2022 年版)》中的要求"主动阅读,喜欢阅读,感受阅读的兴趣",提炼"主动阅读"的理念;从课标中的"留心周围事物""联系上下文""联系自己的积累"提炼出"关联"二字,倡导学生作为学习主体地位的自主阅读、自由表达和自动联想,进而培养学生的"主动"意识,整合成"主动关联"的学习方法;根据"对周围事物有好奇心""爱护学生的好奇心、求知欲"等要求,在大概念中确立了"充满好奇地开展后续阅读"的理念。在好奇心的驱使下,学生将无意识的阅读心理转变成一种有意识的阅读策略,从而激发阅读的初始期待,体会到阅读的趣味和快乐。

(三)分析教材

本单元课文主要是围绕“猜测与推想”这个专题进行编排的,由《总也倒不了的老屋》《胡萝卜先生的长胡子》《小狗学叫》三篇课文组成。这是本套教材首次以阅读策略为主线组织单元内容,意在引导学生在阅读童话故事的过程中,学会预测故事情节,续编故事,掌握基本的阅读策略,展开丰富的想象,成为积极主动的阅读者。

其实,从统编语文教材其他各册纵向看,对“预测”这一阅读策略是逐渐渗透的。通过下表,我们可以清晰地看到关于“预测”的训练在低年段已经开始。比如,一年级下册第四单元要求根据信息做简单推断并联系生活实际进行表达;一年级下册第七单元要求根据信息做简单推断,训练逻辑思维;而到了三年级上册第四单元就明确提出要围绕“预测”这一阅读策略展开,要求积极唤醒学生边阅读边预测的意识,实践并总结“预测”的基本方法和途径,通过讨论、比较和交流等方法,引导学生掌握预测这一阅读策略。

统编语文教材关于“预测”这一阅读策略的训练点

年级	单元	“预测”的年段落点
一下	第四单元	初步感知长句子的停顿,积累词语和古诗,根据信息做简单推断,联系生活实际进行表达。
一下	第七单元	根据信息做简单推断,训练逻辑思维,读准疑问句和祈使句的语气,利用多种方式读懂长课文。
二下	第六单元	提取课文主要信息,了解课文内容,联系生活经验,梳理课文内容。
三上	第四单元	围绕“预测”这一阅读策略展开,唤醒学生边阅读边预测的意识,实践并总结预测的基本方法和途径。通过讨论、比较和交流等方法,引导学生掌握“预测”这一策略。

在三年级上册第四单元的整体设计中,我们意识到,每个版块承担的目标任务是有区别的,在“一个单元学会一个策略”教学方法的指导之下,我们细化了教学目标的层次,如下表。

三年级上册第四单元关于“预测”的层次目标梳理

篇名	能力层次	“预测”的课文落点
《总也倒不了的老屋》	学习方法	1. 提示学生根据文章题目、课文插图、文章内容里的线索进行预测，充分理解预测的内容可能跟故事的实际内容一样，也可能不一样。 2. 预测的重点不能以对错为评价标准。 3. 建立主动预测的意识，培养学生预测事物发展的能力，初步感受预测的好处和乐趣。
《胡萝卜先生的长胡子》	练习指导	尝试边阅读边预测故事的发展，授课教师在明确“学生预测对错并不重要”这一教学理念下，引导学生通过预测故事产生继续阅读的愿望，进一步提高预测能力。
《小狗学叫》	独立运用	学生边阅读边预测故事发展与结局，体会预测的多样性，感受预测的乐趣，能够运用“预测”这一策略阅读课外读物。
口语交际《名字里的故事》	迁移运用	学生能够通过迁移运用本单元学到的“预测”策略，猜一猜本班同学或老师名字的含义或来历。
单元习作《续编故事》	迁移运用	引导学生依据插图和“泡泡语”提示的线索，结合自己的生活经验，对故事的发展做出合理、多元的推想，从而把故事写完整。
语文园地	综合运用	能够帮助我们更好地理解文章内容，阅读更仔细，体会更深刻，让我们注意到更多细节，阅读更认真；在图书馆搜寻合适的书籍时，能够通过书籍的标题，猜测该书的大致内容，再决定是否借阅。

从纵向和横向的分析看，本单元是第一次明确提出“预测”这一阅读策略的概念，教师要在一二年级已有所渗透的基础上，以本单元童话故事为载体，帮助学生调动已知经验，带着好奇心对未知做大胆预测，通过主动关联来展开阅读。

三、探寻“大概念”的单元达成路径

怎样通过本单元的学习让学生理解单元的核心“大概念”呢？这就需要弄清指向的核心概念、指向的目的和意义、指向的策略和指向的迁移都是什么，而这四个基本问题指引着整个单元的教学和学习设计。

针对这个单元，我们设计了如下基本问题：单元预测都是有依据的吗？有哪些不同的依据？（指向核心概念）为什么要在有些地方停下来做预测？（指向目的和意义）不同预测的理论依据怎样支持你的预测？（指向策略）作者是根据哪些已知内容来预测后面内容的？（指向不同情境的迁移运用）为了解决这四个基本问题，我们设计了三步达成路径，见下表。

三年级上册第四单元关于“预测”达成路径

篇名	功能	达成的基本问题
《总也倒不了的老屋》	寻找依据，建构认知	基本问题 1
《胡萝卜先生的长胡子》	主动关联，发现规律 充满好奇，主动预测	基本问题 1、2、3、4
《小狗学叫》	调用已知，大胆预测	基本问题 3

在三步达成路径的过程中，学生在学习《总也倒不了的老屋》一课时，可从题目、插图、旁批、课文内容、生活经验等不同层面进行预测，从而懂得所有预测都应该是有依据的，能够通过不同的预测依据，去解决基本问题。在学习《胡萝卜先生的长胡子》时，学生利用已知知识对故事后续进行预测，这种对未知探索的好奇能够促使他们停下来想一想、猜一猜，从而解决四个基本问题。《小狗学叫》这篇课文给出了三种可能的结局，学生可以根据不同的预测依据做出不同的预测结果，感受到预测的多样性，从而解决基本问题。

四、围绕“大概念”进行大单元设计

大概念和四个基本问题的确立，为大单元活动设计指出了明确的方向。我们将落实大概念和达成四个基本问题作为单元目标，由目标出发，进行逆向设计，设计了本单元三大任务：其一，寻找依据，学生建构对预测的认知；其二，主动关联，学生发现预测的规律；其三，调用已知，学生大胆进行预测。具体实施过程如下。

(一)寻找依据,建构认知

【活动一】进行单元导读

读本单元目录,了解本单元的基本构成。通过单元导读页明确本单元的训练目标为掌握"预测"的阅读策略,学生首次接触以阅读策略为主线的单元学习内容,教师需要帮助学生建构对"预测"这一概念和相关阅读策略的认知。

【活动二】学习《总也倒不了的老屋》

学习这篇课文,我们主要通过以下三个环节来理解"预测"这个核心概念。

1. 结合旁批,发现依据

首先引导学生发现本课文与其他课文的不同点,了解旁批的作用;结合小伙伴所做的旁批,引导学生发现可以从题目、插图、内容、生活经验等方面进行内容预测;初步建构起对"预测"的认知,明确"预测"可以有多方面的依据。

2. 应用依据,尝试预测

在"老屋收留小猫、老母鸡"的故事中,有反复的情节出现。当学生又读到老屋说"再见!好了,我到了倒下的时候了"时,引导学生依据下文进行预测:看看后面又有谁来请老屋帮忙了?进一步强化预测需要有认知的依据这一理念,使初识思维在实践中越来越深刻。

3. 对比原文,验证预测

在学生预测后,对比课文原文,有的学生预测的内容可能跟实际故事内容一致,也可能跟课文内容不一致,但只要学生明确在实践过程中积极预测了,而且这些预测都是有依据的,那么这个"预测"的学习策略就是成功的。

在这个过程中,学生经历了由初识到实践的认知过程,初步建构起对"预测"的认知,基本能够理解"大概念"的内涵。

(二)主动关联,发现规律

【活动一】学习《胡萝卜先生的长胡子》

1. 关注文段细节,初步预测内容

带领学生回顾《总也倒不了的老屋》中学习的寻找预测依据的方法,以细节作为依据去预测胡萝卜先生的感受以及解决烦恼的做法,进一步强化核心概念的生成。

2. 对比故事内容,发现写作规律

当学生读到文中的省略号时,鸟太太的故事已经呈现了一半,学生特别想知道鸟太太应该如何解决困难,并对此充满好奇,从而主动展开预测。学生在好奇的地方停顿下来进行预测，满足自己的好奇心，可激发阅读兴趣，达到预测的目的和意义。

我们之前的做法是先梳理课文，当读到鸟太太的故事时，学生便能直接预测出鸟太太用胡子做晾衣绳的结论；即使是没有提前阅读的学生，在提供这个文本的情况下，依然能够进行准确预测，但这个预测并没有足够的依据作为支撑。于是，在反复教学后，我们反思学生的提升点应该在哪里？回到“大概念”下的基本问题后，明确了学生一定要关联已知，而这个已知不只是单一的信息，它还包括文本的固定结构。于是我们对教学设计做出了如下改进：借助学习单，引导学生将小男孩和鸟太太的故事进行关联，发现两者的相同点和不同点，建构出故事发展的基本要素，发现在同是遇到困难的情况下，胡子的特点与解决困难的关系其实可以为学生的预测提供支架，学生可根据作者的行文规律预测出鸟太太解决困难的方法。这样，预测便有了足够的支撑，学生因此也明白在预测时要选择合适的依据。当然，作者也是按这个规律叙述后面的内容来回应情境问题的。

虽然选用了适当的依据预测，有的学生预测的内容还是与原文不一致。这种情况下，教师要鼓励学生边预测边修正自己的想法，因为预测的本质是思维的培养与优化，没有对错之分。

3. 整合关键信息，验证预测内容

在鸟太太的故事完整呈现后，故事还未结束，本环节需完全放手让学生去整合所有已知信息，选用合适的依据去预测结局，将关键词填写在学习单上，再借助学习单来定义评价标准，与同学交流故事情节，这时的预测也回应了阅读策略问题。

接着再出示原文结局，验证预测的内容，学生体会已知的依据越多，就越接近作者的想法，才能读懂作者是根据哪些已知内容来写后面内容，并最终达成情境预测。到此，第二个目标已经达成，四个基本问题在活动中一一呈现。

4. 迁移运用依据，预测其他故事

最后是预测策略在生活中的运用。可出示课后推荐书目，依据题目预测出故事内容，又一次回应核心概念的问题。教师引导学生在交流过程中明确最好奇哪本书的内容，帮助学生在阅读时快速找到自己想要阅读的书，在基于真实的情况下应用于真实，回应了目的、意义等问题，达成了第三个目标。

【活动二】梳理预测策略

经过前面的学习，学生对预测的认知经历了两个回合，对“预测”这一大概念的理解逐渐深刻，接下来就是迁移运用。先要梳理出预测的策略，再根据第十二课和第十三课的交流平台中与学习伙伴的对话，梳理预测的依据，总结预测的作用和功能，为下一个任务做好铺垫。

（三）调用已知，大胆预测

【活动一】学习略读课文《小狗学叫》

1. 梳理特点，预测情节

边读边预测小狗会遇到谁，会发生什么故事。可利用表格梳理小狗“向谁学”“怎么学”“结果怎样”的故事情节。

2. 借助依据，预测结局

学生调动已知，选用合适的依据对课文的不同结局进行大胆预测，回应阅读策略问题。

3. 对比原文，感受乐趣

细读原文，再出示三个不同的结局，聚焦结局，体会预测的多样性和乐趣。

【活动二】讲讲名字里的故事

学习口语交际《名字里的故事》，这是课堂知识在生活中的迁移运用，可带领学生从文本走向生活。

1. 迁移运用，预测名字的故事

从熟悉的人物名字出发，让学生试着运用学到的预测策略，猜一猜本班同学、老师、家人和名人名字的含义或者来历，感受名字中的文化内涵、长辈的关爱和期待。这些活动也可以回应阅读策略问题。

2. 验证预测，讲述名字的故事

让被猜到名字的同学讲述自己名字的含义或来历，验证预测，从而激发学生的兴趣，巩固、提升学生的口语交际能力。

【活动三】续编故事

1. 关注图文，梳理已知

先引导学生看懂图意，了解几幅插图的内容及其内在联系；再引导学生依次观察插图和“泡泡语”中的提示内容，根据图文信息，推测人物关系和想法；最后结合生活经验，简单描述故事内容。

2. 根据已知，推想未知

根据已知内容，引导学生从不同的角度预测故事的发展和结局；说明预测的依据，根据依据判断预测的合理性，如不合理，及时调整预测的内容。这些活动也回应了核心概念和策略的问题。

3. 续编故事,修改交流

续编故事后,运用改正、增补、删除三种符号修改习作,引导学生明确续编故事要合理而有依据,对学有余力的学生可以充分发挥其独特的预测能力。

从“活动一”预测结局,到“活动二”预测名字的近迁移,学生对阅读中进行预测已经迫不及待;“活动三”续编故事时,学生能充分调动已有知识进行大胆预测,续编故事,学生的思维在经过一个单元学习后实现了远迁移,是学习成果的呈现,这种呈现可以让我们看到学生思维的进阶过程。

纵观整个大单元设计,我们基于大概念和四个基本问题进行了逆向学习内容的设计,把一个内容单元变成了一个以大概念为核心的、有意义的、结构化的学习单元,真正促进了学生思维的生长,夯实了知识,培育了学科素养。

全景化教育视野下的“大意义整体”教学例谈

凤凰小学于2020年引进特级教师张宏伟首创的“全景化教育”，全景化教育的基本理念就是实施“大意义整体”教学。我们基于“全景化教育”的理念，全面开展了“大意义整体”教学的研究。

所谓“大意义整体”，就是基于学科核心素养，超越教材传统的单元编排，根据学生的一般认知规律和学情，围绕一个主题目标，以大模块的方式整合教材上的内容，并寻找其与其他学科的联系，重新构建符合成长规律的、融合的、丰富的、大容量且更为全面完整的综合学习情境、学习任务、学习活动和学习评价系统。

学生的认知过程是网络式整体结构活动的结果。实施“大意义整体”教学，是让学生学会“结构化地学”，是提高教师“教”和学生“学”效能的重要路径。以下结合全景化数学教育实验团队的案例，简述如何构建“大意义整体”课程并实施教学的。“大意义整体”的课程设计分为系统分析和整体设计两个步骤，如二、三年级的数学内容“周长”就是按照这两个步骤来实施教学的。

一、分析“大意义整体”的相关要素

系统分析是设计的首要任务，即“未设计，先分析”。

（一）课程标准中的素养要求分析

“认识周长”是“图形与几何”领域的重要教学内容之一。按照《义务教育数学课程标准》的要求，这部分的教学要使学生辨认长方形、正方形、三角形、平行四边形、圆等简单图形；能对简单图形进行分类，通过观察、操作，初步认识长方形、正方形的特征。课标还在“测量”部分要求，结合实例认识周长，能测量简单图形的周长，探索并掌握长方形、正方形的周长公式。对于课程标准的内容，我们要分析出“学什么、怎么学以及学到什么程度”，这样，可以为后面学习目标和评价标准的制定、核心素养的落实等提供依据。

在本单元的学习中，学生的素养从哪些方面体现呢？我们认为，其一，在思考周长问题时，能根据周长的含义，明确“求周长时应把思考的着力点放在分析边线的特征上”；其二，能根据图形特征进行分类思考，决定采用一般的方法还是与其特征匹配的特殊方法；其三，感悟用特殊方法解决问题的核心是发现事物（图形）的特殊之处,认识到从不同角度来思考,可以发现不同的特殊性,继而发现特殊的方法;其四,通过汇总、比较、分类、类推等策略,对同类问题进行整体性分析和思考,初步学会系统地、结构性地思考和解决问题;其五,能解决生活中的周长问题。

(二)学习者分析

学生是学习的主体,教师帮助学生学习,教师只有了解学生的认知储备和情感需求,才能更好地帮助学生建构个性化的理解。对学生而言,本单元中长方形和正方形的特征是精确阶段的再认识,周长则是新的概念。在此之前,学生已有哪些储备呢?

已有知识基础:认识了米和厘米,能够进行长度的测量;初步认识了长方形、正方形,能从多种图形中辨别出长方形和正方形。

已有生活经验:从出生开始就在生活中接触了大量有"形"的物体。比如,纸、书,桌子、客厅等,这些都为学生积累了较为丰富的日常生活经验。

学生在生活和初步的认知中已对长方形和正方形有了一定的认识,生成了较好的学习情感。

(三)学习内容分析

对"大意义整体"单元内容的分析不是内容的罗列(即单元里有什么),而是在大概念、大意义的统领下寻找内容之间的关联。以西南师大版教材为例,图形版块的系统概念包括图形的认识和图形的测量。在图形的认识中,先认识立体图形,再认识平面图形,整个过程是按照从一般到特殊的顺序进行的。学生在认识平面图形后,会进一步学习图形的测量,其中长度单位的学习为后续周长的学习打下了基础。图形的概念系统见下图。

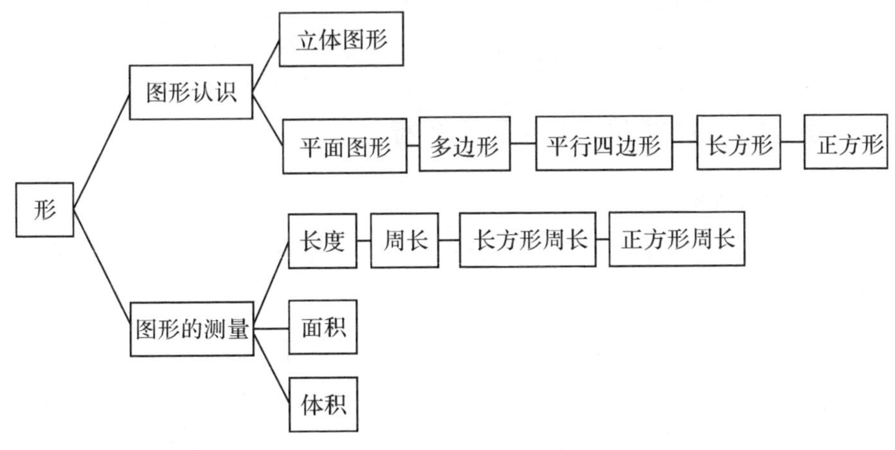

图形概念系统

"全景化数学教育"团队2013年提出要"更多地基于大概念进行大空间教学，因为越是下位的概念，概念定义的组合的条件就越多；限制越多，涉及的概念外延越小，学生学习的空间就越小，越零散"。在大概念的整体架构下，周长的教学不再局限于长方形周长和正方形周长，而是基于周长这个大概念来学习。在教学本单元时，我们先进行周长的教学，然后学习正多边形及其他具备类似特征的图形周长的计算方法，在正方形周长的基础上认识长方形的周长，最后认识组合图形的周长。"全景化教育"对周长内容的部分"大意义整体"重建，见下图。

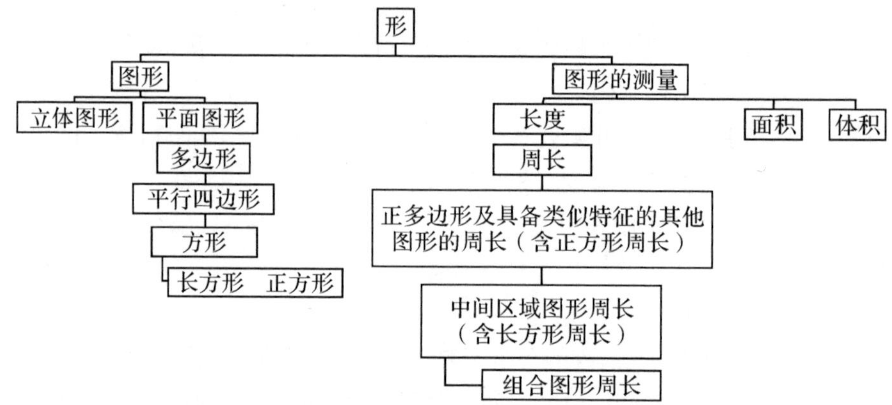

全景化教育对"周长"内容的部分"大意义整体"重建

基于特征和周长概念的深度理解，以正方形周长、长方形周长为敲门砖，学会正多边形及具备类似特征的其他图形的周长（含正方形周长）、中间区域图形周长（含长方形周长），以及组合图形周长的计算方法。然后分类思考，灵活应用，并能解决"已知周长反求长和宽以及边长"等问题。

二、确定"大意义整体"的主题及目标

（一）主题的确定

"大意义整体"主题即选择一个主题来统领这个单元。以一个主题统领，便于纲举目张，聚焦核心内容和本质概念，起到牵一发而动全身的作用。这个主题可以是一个大概念、大任务、大问题、大项目。每一个主题背后都有一个大概念，而主题是大概念藏在大任务、大问题、大项目中儿童化的表达。我们认为教材上的单元主题"长方形和正方形的周长"太"小"了，全景化数学把它调整为更上位的、容度和空间更大的主题——可爱的周长世界。

(二)目标的制定

“大意义整体”教学目标要与学科核心素养对接，同时注重目标的递进性。基于学科核心素养、课程标准和教材内容、基本学情的分析，我们制定了“大意义整体”的目标：一是基于对多边形的了解，掌握长方形、正方形的特征；二是理解周长的概念，会求长方形及中间区域图形、正方形及具备类似特征的其他图形的周长，以及组合图形周长的一般和特殊算法；三是能正确判断生活中的哪些物体是哪种图形，能解决相应的实际问题；四是在思考周长问题时，会把思考的着力点放在分析边线的特征上；五是通过汇总、比较、分类、类推等策略，对同类问题进行整体性分析和思考，能初步系统地思考和解决问题。这样的单元学习目标，不仅注重了学生知识与技能的培养，而且让学生学会了从数学本质上看问题。

三、设计“大意义整体”教学评价

根据逆向设计理念，在确定“大意义整体”目标之后，需要设计相应的“大意义整体”评价方案，以用多样化的单元评估匹配多元化的“大意义整体”目标。传统的考试适合检验知识与技能等知识，对于需要深入理解的内容，则要根据实际需要采用开放、多样且更加复杂的方式进行检验。评价任务的设计，不仅能避免“活动导向，目标偏离”的尴尬，更能促进教师对“生本化”课程的再思考。

从“大意义整体”角度确定“周长”的评价任务是：其一，能够正确地在方格纸中画出长方形和正方形，借助工具做出一些长方形、正方形的贺卡；其二，完成一个项目，解决这样一个问题：为全校所有的窗户装密封条，一共需要购买多少米密封材料？

“评价任务一”指向应用(用周长看客观世界)——可以通过哪些应用来推断学生对于所学内容的理解；什么样的产品和表现，在出色完成任务的情况下，能够提供有效的方式区分理解和单纯的记忆。“评价任务二”指向解释——为了便于我们推断学生对于学习内容理解的真实情况，学生必须解释、证明、支持或者回答哪些问题；为了判断学生是否真正理解，以及我们可以怎样检验他们的观点和应用。

四、开展“大意义整体”学习活动

“大意义整体”的结构化任务与活动设计是课程实施者分解、传递和落实课程目标的关键一环，是统整“大意义整体”内所有课时目标、各个教学要素的主要手段，是对教学内容进行“结构化”处理的主要抓手。要基于单元分析，指向单元目标，对整个单元内容进行规划，思考设计什么样的学习内容、学生经历怎样的学习历程才能实现“大意义整体”教学目标。我们把这一学习活动设计为四个模块。

模块一：在“形”中认识“方”形(2 课时)

【活动 1】在操作、观察中理解长方形“对边相同”的内涵，通过量、折、比等方法验证、总结出长方形边和角的特征。

【活动 2】结合探索长方形特征的验证方法，自主探索正方形的特征，经历数学知识的探究和发现过程。

【活动 3】对比发现，总结出长方形和正方形之间的区别与联系。

模块二：认识周长(2 课时)

【活动 1】“我会指”——指出生活中的物体和图形一周的边线，让学生感悟“一周”的含义，增强对“一周”的体验。

【活动 2】“我会说”——说出生活中其他物体的面的周长，让学生独立地把对图形周长零碎的表象认识归纳并表达出来，培养学生的逻辑思维和表达能力，丰富学生进一步体会周长概念的感性材料，加深学生对周长的理解。

【活动 3】“我会量”——量一量生活中物体和图形的周长，让学生初步掌握测量周长的方法，为后面计算周长做好准备。

【活动 4】“我能行”——拓展知识，了解不规则物体和图形的周长、组合图形的周长，使学生的知识得到进一步巩固和深化。

模块三：以长方形和正方形为基础的多边形周长计算(3 课时)

【活动 1】让学生独立思考，交流讨论出一般图形周长的计算方法，为后面探究特殊图形的周长计算公式做铺垫。

【活动 2】计算每条边都相等的图形的周长，使学生经历从一般到特殊、再到小特殊图形的周长探索过程，渗透类比、转化、迁移等思想。

【活动 3】计算各条边部分相等、部分不相等的图形的周长，不断拓展学生的思维。

模块四：“大意义整体”教学评价(1 课时)

书面检测和项目实践，让学生通过这个模块检验自己对所学知识的理解程度，同时给教师反馈信息，以便教师进行纠错和指导，见下图。

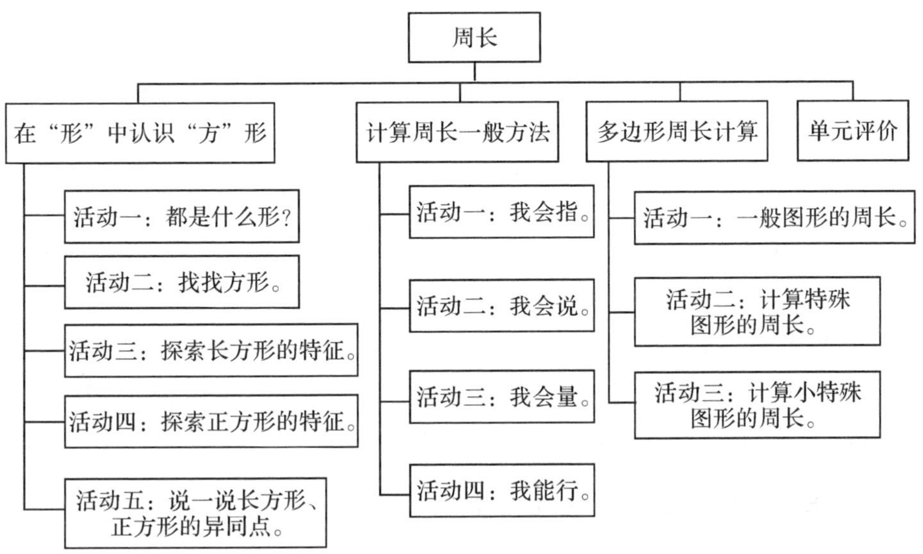

全景化教育“周长”“大意义整体”学习活动设计

总之,“大意义整体”就像一个课程教学的连接器,连接了更多的知识、能力和素养,连接了更多的教与学,是全景化教育,也是我们长期坚持的一项探索。

“教—学—评”一致性的教学设计与课堂实施

近年来，随着“基于课程标准的教学设计”“理解性学习”等教学理念的提出，“教—学—评”一致性得到了前所未有的关注，成为当今教学研究的热点。2022 版新课标提出了素养导向的学科课程目标，从只有内容标准到增加了学业质量标准，课程内容结构化编排更利于学科实践活动、跨学科主题深度实施，倡导大概念引领下的“教—学—评”一体化设计。

一、学业质量标准是依据和桥梁

仅从学科课标新增加的学业质量标准来看，它与课程目标、课程内容与实施构成一个完整链条，课程内容决定学什么，课程实施引导怎么学，课程目标决定学到什么程度，而学业质量标准提供怎么评、怎么考，有效解决了“教—学—评”一致性问题。学业质量标准是以核心素养为主要维度、结合课程内容对学生学业成就表现的总体刻画，是过程、结果、考试命题的依据，是连接核心素养与课程标准、考试与评价的桥梁。师生依据课标教与学，依据学业质量练与考，“教—学—评”就能够实现一体化，达到一致性，见下图。

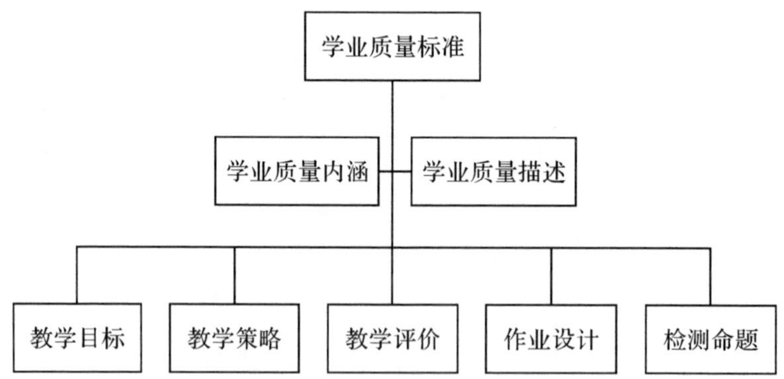

黄金红，王洪顺在《学业质量标准背景下的新“教—学—评”一体化设计》一文中认为，学业质量标准背景下的“教—学—评”一体化有以下特点：强调从碎片化课时设计走向大概念统整的、系统化的学习单位教学设计；要求从单一学程设计，走向自我系统、元认知系统、认知系统的学习系统整体设计；重视问题化系统构建，

重视学习脚手架、学习策略多元分层设计;要求从常态教学方案设计走向突出大概念深度理解的翻转逆向教学设计;强调嵌入式评价、过程性评价、任务式评价,评价贯穿教学活动、任务始终;强调不能把教学"过程与方法"当成学生学习的过程与方法,不能过度关注合作探究学习公共流程,忽视学科学习个性化程序,突出像学科专家一样思考的学科实践活动;倡导从追求单一化理解走向全局性理解,为未来而学,为掌握"大概念"而学,为"事实—概念—主题—原理、规律—理论"的理解而学,为迁移而学,为"经验技巧、方法流程、学科原理和哲学视角"的思维横型层次升级而学,简单说,由为提升学科知识、能力而学,进化为为掌握和迁移学科大概念、学科思维的"素养"而学。

"教—学—评"一致性的原则,符合优质教学的基本逻辑,其基本要素是目标、教学和评价。"目标"解决把学生带到哪里去的问题,"教学"解决怎样把学生带到那里去的问题,"评价"解决证明学生已经到了那里的依据问题。清晰的教学目标是"教—学—评"一致性的前提和灵魂,与目标相匹配的课堂评价是"教—学—评"一致性的重要保障,匹配目标的学习活动是达成目标和"教—学—评"一致性落地的载体。见下图。

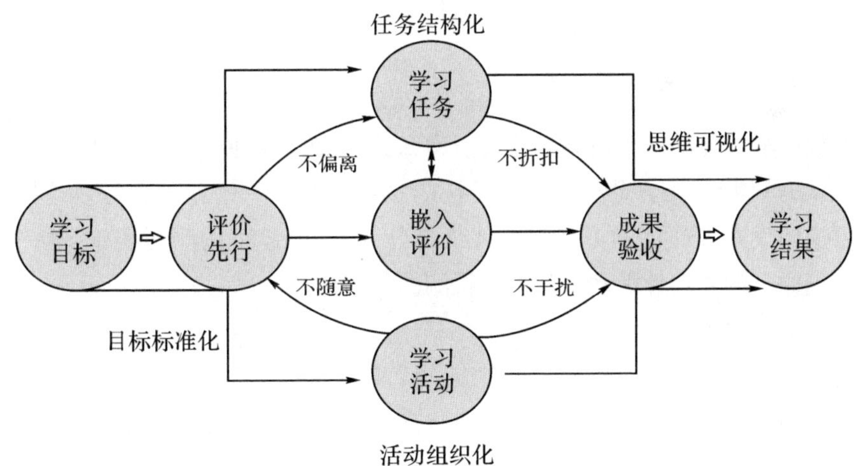

目标、教学、评价一致性原则新解读

二、学习目标是灵魂

学习目标是课堂教学的方向,也是课堂教学的出发点和一堂课的目的地。只有方向明确,教师的"教"和学生的"学"才能保持一致性。那么,如何制定切实可行的目标呢？可以从课程标准、教材解读、学情分析三方面入手。以《松鼠》一课为例，这篇课文是习作单元的一篇精读课文，教师可以把三个学习目标都落到发现方法并运用方法上：其一，用思维导图梳理松鼠的信息，总结出作者把松鼠的习性和特点说明白的方法；其二，结合本课和已经学过的说明文，运用相关学习资料，对比分析内容相同但表达风格不同的说明文语言特色；其三，模仿课文，把文本资料《大熊猫》改写得生动有趣。

这样的学习目标突出了思维产出的成果，"总结方法""说明语言特色""改写《大熊猫》一文"，均符合语文学科的课程性质，做的是语文学科应该做的事情。以上"目标一"是提取信息，"目标二"是分析目标，"目标三"直接指向迁移运用，是创造性目标。三个目标依次达成，实现了思维进阶的目的，落实了学科核心素养，进行了关键能力的培育。

制定学习目标要遵循行为观的代表马杰（R. F. Mager）提出的"ABCD 表述法"，但也要注意两个问题：一是学习目标的课程性，不能脱离语文学科的课程特质；二是学习目标的分层。格兰特·威金斯和杰伊·麦克泰在《理解为先模式：单元教学设计指南（一）》一书中指出，优质单元设计的重要品质之一就是澄清本质不同的目标。短期的学习结果是知识与技能，长期的素养目标是理解意义与迁移。

三、学习评价是关键

有效教学的标准在于目标的达成。那么，用什么来证明学生学会了，而不是想当然地认为学生学会了呢？那就是要打造"教—学—评"一致的课堂。这样的课堂需要逆向设计，按照"学习目标—评价设计—学习活动"的顺序实施，这一点打破了我们原有的先设计活动最后设计检测的常规认知。

（一）设计达标评价

达标评价可以跟学习目标一一对应，也可以一对多、多对一，但"有目标就该有评价""有评价就该指向目标"，这是要坚持的基本原则。《松鼠》这篇课文的学习目标是"用思维导图梳理松鼠的信息，总结作者把松鼠的习性和特点说明白的方法"，那么，学生是如何总结的？"模仿课文，把文本资料《大熊猫》改写得生动有趣"，何谓生动有趣？学生的改写达到生动有趣的标准了吗？为此，教师就要在设计教学活动之前先设计评价。《松鼠》一课的达标评价，见下图。

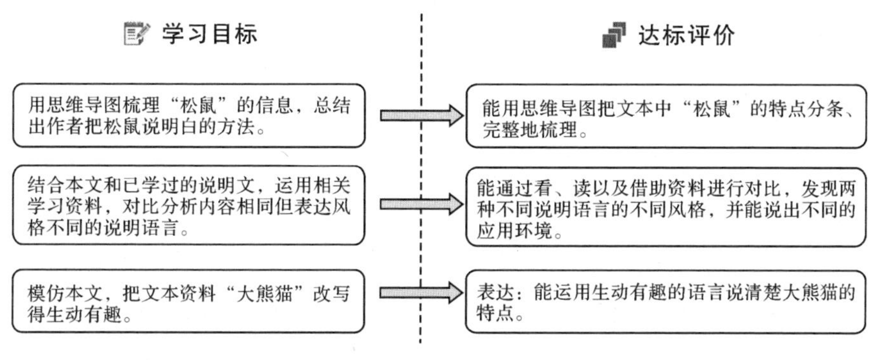

《松鼠》一课的达标评价

黄绍裘和黄露丝玛丽所著的《如何成为高效能教师:美国教师培训第一书》指出,制定学习目标本身就有两个目的“布置任务和进行评估”。如果教师都无法对质量形成统一的认识,那么他也就不可能向学生传递有质量的教育。为此,首先应该明确“目标的成就标准”,设计“达标评价(标准与方法)”。

(二)设计评价标准

师生心中有了评价标准,评价功能就不仅在于检测,更在于准确引领和具体激励。根据不同的评价任务设计不同的评价标准,一方面可以针对学习任务,即这个任务完成得“好”的标准是什么,完成得“一般”的标准是什么;另一方面可以针对活动组织,即活动组织得“好”的标准是什么,组织得“一般”的标准是什么。评价方式可以多样化——自评、组内互评、全班交流、纸笔测试等。《松鼠》一课的评价标准,见下图。

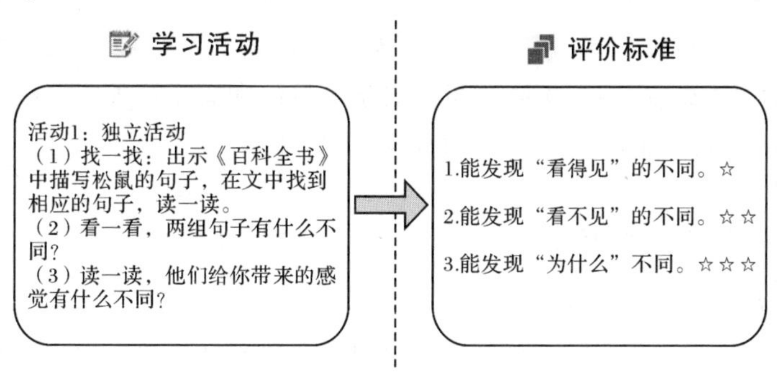

《松鼠》一课的评价标准

评估设计早于教学活动设计,给教师的“教”和学生的“学”确立了标准, 树立了规范。课堂评价不是凌驾于教学之上的一个孤立的环节,而是嵌入教学过程,与教学活动紧密联系在一起,是整个教学链条的有机组成部分,这种关系符合优质教学的基本逻辑。

在《松鼠》这篇课文的教学中，为完成学习目标，教师布置了以下学习任务，并组织小组合作完成：比一比，《中国大百科全书（第二版）》中对松鼠的介绍和布封笔下的松鼠在表达风格上有什么不同？将你的发现和思考做批注，或列表对比。具体如下表所示。

《中国大百科全书（第二版）》对松鼠的介绍和布封对松鼠的描写对比

特征	《中国大百科全书（第二版）》	布封的《松鼠》
体态	松鼠体形细长，体长17~26厘米，尾长15~21厘米，体重300~400克。	玲珑的小面孔，衬上一条帽缨形的美丽尾巴，显得格外漂亮。尾巴老是翘起来，一直翘到头上，自己就躲在尾巴底下歇凉。
居住	松鼠在树上筑巢或利用树洞栖居，巢以树的干枝条及杂物构成，直径约50厘米。	松鼠的窝通常搭在树枝分杈的地方，又干净又暖和。它们搭窝的时候，先搬些小木片，错杂着放在一起，再用一些干苔藓编扎起来，然后把苔藓挤紧，踏平，使那建筑足够宽敞，足够坚实。
繁殖	松鼠每年春、秋季换毛。年产仔2~3次，一般在4~6月产仔较多。	松鼠通常一胎生三四个。小松鼠的毛是灰褐色的，过了冬就换毛，新换的毛比脱落的毛颜色深些。

"教—学—评"一致性的教学设计和课堂教学，要求教师不仅要知道学生"学什么""怎么学"，更要了解学生"为什么学"和"学到什么程度"。对于以上学习任务，学生如何高质量地思考并阐述"两种表达有什么不同"，教师还要设计嵌入性评价，搭建学习支架，引导学生高质量达成学习目标和成就标准。这种嵌入性评价量规，可以帮助教师和学生定义什么是高质量的学习。

四、学习活动是路径

（一）对应目标设计活动

在《松鼠》的教学设计中，我们对应学习目标设计了三个学习活动：第一个是梳理信息，让学生知道布封是如何把松鼠的习性和特点说明白的；第二个是通过资料对比，发现不同的说明文字其语言风格的不同；第三个是学习布封的写作方法，练习描写大熊猫。这样读写结合的活动设计，让学习目标的达成变成了可能，课堂真正变成了学生学习的场所。《松鼠》一课的学习活动设计，见下图。

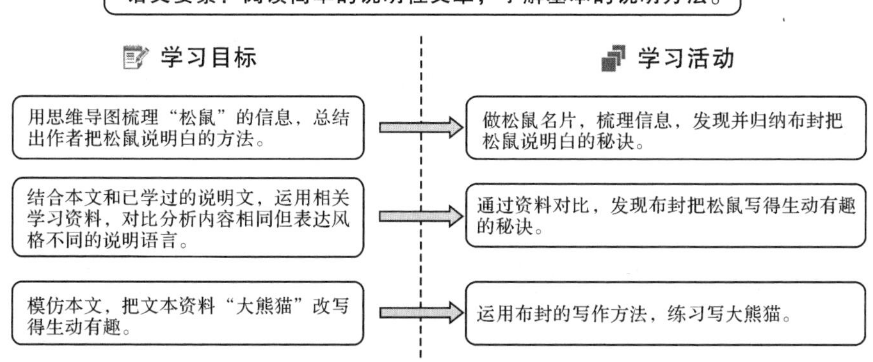

《松鼠》一课的学习活动设计

（二）贯穿活动搭建支架

在实施学习活动时，学生达成主问题任务目标的过程，并不会如教师设想的那样一帆风顺。学生在从较低水平的认知向较高水平认知迈进的过程中，会遇到无数“思维的沟壑”，这时就需要教师在活动设计中搭建不同的支架来帮助他们沿不同的方向发散思考，越过“沟壑”。

比如，在《松鼠》一课的活动中，学生可能会遇到这样的困难：在分条记录松鼠信息时，不知道从哪些方面提取，也很难提炼出准确的信息，更谈不到进行归纳；不知道从哪些方面、怎样去分析两种说明性文字的不同。预估到这些，我们就可以进一步细化活动设计，搭建活动支架——学习单。见下图。

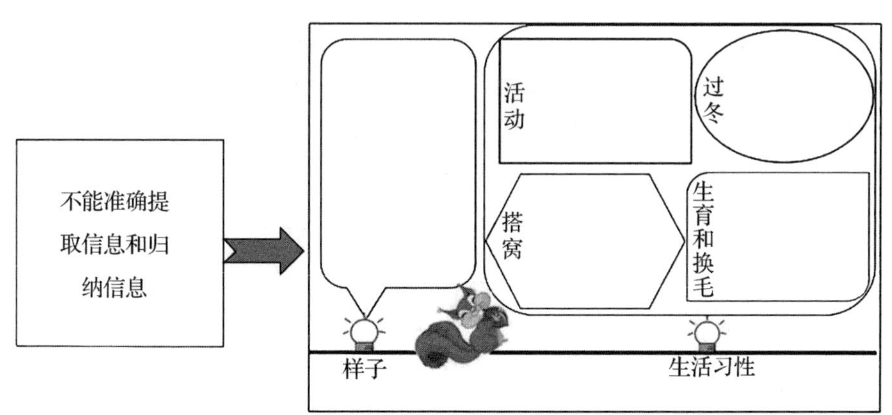

《松鼠》一课学习单

学习活动支架应是思考方向的指引,而不是让思维简化为记忆的填空或形式上的简单模仿。这个学习单之所以能给学生思维上的指引,是因为它在要求学生介绍动物相关特点的同时,还要求学生能从生动的描写中提炼出准确的信息,能初步理解信息,知道它是在描写松鼠的哪个方面,在完成这样高阶思维活动的同时,也不失活动的实效性和趣味性。

总之,实现“教—学—评”的一致,要先明确预期的学习成果,还要设计达成评估,树立课堂学习质量标准,并把评价嵌入学习的全过程,不断催生、收集、研判、反馈、运用学生的学习信息,推动学生实现高质量的有效学习。

产出、交互与开放:思维进阶成就深度学习的课堂

当下对深度学习的研究方兴未艾,关于它的定义众说纷纭,意见不一,但大致离不开这样几个方面:它是一种强调批判性思维,培养学习者高层次思维能力的学习方式;它是个体将学到的知识从一种情境应用到另一种新情境的过程,即迁移;它是综合掌握核心学科知识、批判性思维和复杂问题解决、团队协作、有效沟通、学会学习、学习毅力六个维度的基本能力。提到深度学习,必然要提到布鲁姆的六层学习能力金字塔,其中的识记、理解、应用为浅层学习,分析、评估、创造为深层学习,只有通过深层学习才能培养学生的高阶思维。这里,思维从低到高、从浅层到高层地逐步提升,即为思维进阶。

一、概念阐释:从深度学习到深度教学

(一)深度学习

深度学习的"深度"指什么?祝智庭、彭红超在《深度学习的核心理念》一文中从三个方面进行了精确的阐释:一是指学习结果的深度,表现为认知、自我、人际三方面的高阶能力,这是学生以后在高校学习、生活、工作中成功解决问题的能力储备,为培育学生的这些能力并实现有效迁移,需要与之配套的学习方法;二是指学习方法的深度,表现为复杂问题的解决(而不是知识传授),深度学习的方法有很多,如探究学习、项目学习等,但无论是哪种方法,均以问题解决为导向,为促使学生顺利完成深度学习,需要他们积极参与其中;三是指学习参与深度,这是深度学习的基础,人类的神经网络也可以人为地分为输入层、隐层和输出层,深度参与可促使更多层数的隐层参与"训练",从而实现更高层次的抽象,挖掘出更深的意义(外在表现为学生从识记、理解到思维、创造的提升)。从这个层面讲,教育中的深度学习与技术中的深度学习具有相通的理念,只不过,前者的训练集是蕴含知识的习题与项目,而终极目标是发展人类智慧。

郭元祥教授在《论深度教学:源起、基础与理念》一文中介绍了加拿大的艾根(Egan K.)教授从知识论的角度对深度学习的"深度(depth)"含义所做的解释:"他认为'学习深度'具有三个基本标准,即知识学习的充分广度(sufficient breadth)、知识学习的充分深度(sufficient depth)和知识学习的充分关联度(multi-dimensional richness and ties)”。而“从广度,到深度,再到关联度,学生认知的过程是逐层深化的。所谓意义建构,即从公共知识到个人知识的建立过程,都需要建立在知识学习的深度和关联度之上”。

(二)深度教学

深度学习必然要求与其适应的深度教学。因为“学生真正意义上的深度学习需要建立在教师深度教导、引导的基础之上。从本质上看,教育学视野下的深度学习不同于人工智能视野下的深度学习,不是学生像机器一样对人脑进行孤独的模拟活动,而是学生在教师引导下,对知识进行的‘层进式学习’、‘沉浸式学习’和‘高阶思维的激发、投入与维持’。‘层进’是指对知识内在结构逐层深化的学习,‘沉浸’是指对学习过程的深刻参与和学习投入。包括反思性思维、批判性思维和创造性思维在内的高阶思维的激发、投入与维持,把教学引入深层认知、文化实践和意义建构的境界。因此,深度学习只有走向深度教学才更具有发展性的意义和价值。”①

二、高阶思维和思维进阶:深度学习的两个核心概念

(一)高阶思维

高阶思维是相对于低阶思维而言的。低阶思维又称低效思维,指缺少辨析、判断和识别的思维,思维主体只专注于眼前事件的细节与变化,不能对该事件发生的动机与结果等方面进行深入思考,体现在教学中为碎片化、记忆化、惯性思维化,重知识记忆,重习练掌握(即理解层面)等现象明显;高阶思维是发生在较高认知水平层次上的心智活动或较高层次的认知能力,即分析、比较、归纳、评价、创造等思维活动与表现,由问题解决、决策、批判性思维、创造性思维这些能力构成。深度学习强调的是学习活动要有思维的梯度性,并最终指向高阶思维。

课堂教学中,当教师并不一味要求学生死记硬背,而是在记忆、理解文本的基础上,指导学生用自己的话“说”出观点,以此检查学生学习效果的时候,就是在以高认知的方式引导学生学习。如教学《荷叶圆圆》一课,教师的教学目标有以下两个:1. 能借助拼音,正确有感情地朗读并背诵课文;2. 运用多种方式解释重点词语

① 郭元祥“深度教学”:指向学科育人的教学改革实验[J]. 中小学管理,2021(5).

的意思,仿照“荷叶圆圆的,绿绿的”句式说出自己认为夏日美好的地方。这里,“目标 1”是低阶思维,但并不是简单的死记硬背,因为如果只是死记硬背就不可能完成“目标 2”的仿写。可见,教师进行教学设计时注意了思维的梯度,最终的意图是让学生“说自己的话而不是课本或者教师的话”“说有创见的话而不是复原作者、文本的语言”。

(二)思维进阶

思维进阶就是思维水平的“由浅入深、由表及里、由下到上、由内到外”。表现在课堂教学上,“由浅入深、由表及里”意味着课堂以低阶思维问题为起点,培养学生解决问题的智慧,即高阶思维;“由下到上、由内到外”意味着低阶思维的问题只是载体,最终要指向高层次目标,每节课所学不是“进到学生脑子里就行”了,还要“把学到脑子里的东西”拿出来解决问题,包括进行习题训练、实践活动等。可见,深度学习并不摒弃低阶思维,相反,低阶思维是基础,要走向高阶思维,需要由低到高的进阶。

比如,一位教师教学《竹石》一课,其“探究”中的第二个任务是:速读全文,结合写作背景,思考作者咏竹的意图;找出描写竹子特点的词,分析竹子的象征意义。这个问题看似是低阶思维问题,但教师真正的目的并不在此,只是将其作为学生思维进阶必经的台阶。果然,教师接下来设计了“诗文联想轴”,出示了多首咏竹诗词,让学生分别找出竹子在这些作品中的象征意义及其表达的情感,用语言表达的形式让学生把“脑子里的东西拿出来解决问题”。紧接着,教师又设计了“运用恰当的象征手法礼赞我们的时代楷模”,很明显这是第二次让“学生把学到脑子里的东西拿出来解决问题”,用象征手法来完成一篇习作,思维不断进阶,进行深度学习。

华东师范大学叶澜教授在《重建课堂教学价值观》中指出,在教学与一个知识结构相关的内容时,应分为两个教学阶段:第一阶段是讲授以知识为载体的某一结构的阶段;第二阶段是学生运用这一结构学习和拓展结构类似的相关知识的阶段,其目的在于使学生在教学过程中能主动地投入学习,形成主动学习的心态与能力。基于此,完整的课堂教学(非指一课时教学),应该遵循思维型教学的基本原理,完成“从旧知走向新知,从新知走向未知”两次思维迁移过程,才能让真实学习、深度学习在课堂发生,见下图。

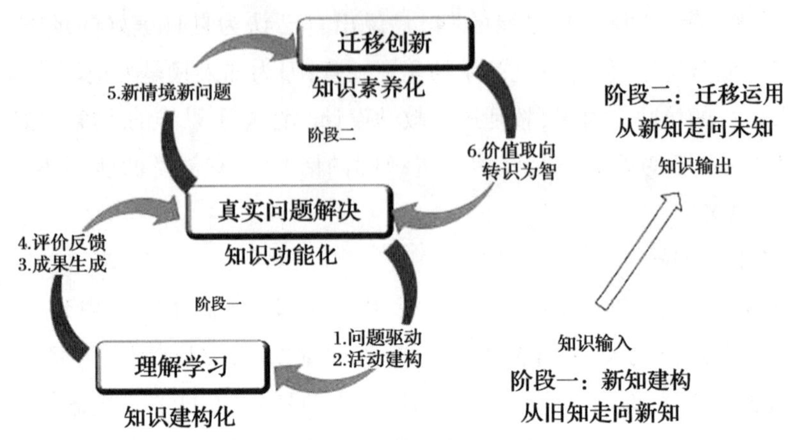

"从知识走向素养"的学习进阶理论结构化模型

有思维进阶的课堂具有"从旧知走向新知，再走向新知（未来学习的知识）"的明显特征。因此，教学新课时，教师一定要让学生回忆、联想过去学过的知识，并联想自己已有经验，去解决当下的新问题。

基于深度学习的课堂有三个主要特征：产出导向、交互反馈和开放留白。我们的课堂如果具备这三个特征，就可以实现从低阶思维到高阶思维的进阶，促进学生创新思维的发展。

三、产出导向：深度学习课堂的核心

（一）两个概念：产出导向和学习成果

从学习产品（成果）生成设计入手，进行逆向教学设计，以学习产出为导向，驱动课程活动和学生学习产出评价的教学结构与学习系统即为"产出导向"，也有人称之为"成果导向"、行动导向。其由学习产品（精彩观念、问题解决方案、思维产品等学习成果）为固着点组织教学行动，让学生在搜集、探究、展示、反馈的过程中建构知识、启迪思维、提升智慧、养育人格，并通过获得"成果"激发学生学习内部动机，让学习者体验到知识收获的成就感和解决问题的实践智慧。简单说，就是"让学生把自己的思维成果表达出来"。

那么，对学生而言，"学习成果"和"表达"指的是什么？学习成果亦称"学习结果"，指人们通过学习所获得的各种知识信息、行为能力和思维产品，分为外显的学习成果和内隐的学习成果两类。福建师范大学余文森教授认为，相对于信息输入，表达（也就是学习产品）是一种输出（应用）。完整的表达包括：口头表达与书面表达、迁移(变式练习、不同情境中进行迁移)、运用(解决问题)。对学生而言,表达力包括;语言和文字表达能力、口头表达和文字表达能力(用口头语言和书面语言把阅读和思考的东西清晰地表达出来)、迁移运用能力(能把所学知识用于不同的情境和变式之中,解决各种相关的问题)、设计创作能力(把所学东西转化为作品、方案的能力)。

(二)三个特点:学以致表、成果建构和创新学习

根据崔成林教授的研究,以"学习产品"生成为导向的学习有以下三个特点:

一是学以致表。"表"是指"表现""表达",即学生把自己的想法、感受、态度等内在素养通过体态、动作、图画、语言、符号等媒介表达出来。学生在学习中用自己的方式说出、写出、演示出对知识的理解、问题的认识,从不同角度和侧面阐述看法或发表意见,这是衡量信息输入和思维加工活动是否发生的重要标志。相对于传统的"以学科知识为主"的正向教学模式,"产出导向"的学习方式,如同教师给种子(任务、方法),让学生自己播种和管理(学习过程),然后,根据果实(学习产品)来验收质与量,判断学生的学习效益。"学以致表""由内而外,以内养外",学习过程是吸收和表达交互作用的过程,吸收是知识内化的过程,表达是知识外化的过程。瑞士心理学家皮亚杰认为,智慧是内化建构和外化建构的综合。一方面,内部的智力动作是以外部的实际动作为基础的,离开了外部的实际动作,就不可能形成任何内部的智力动作,通过外化又不断地检验和校正内化的结果;另一方面,外部的实际动作又总是受内部的智力动作调节,内化为人的外部动作具有目的性、计划性和预见性,学生为了完成表现性学习任务,会主动获得知识,形成技能,从而达到自己预期的表现水平。这一动态的学习过程,能够推动学生学习的内驱力和创新性,激励学生不断寻求更高层级的表现。

二是成果建构。当前课堂教学的主流模式主要有两种,一种是接受式,一种是建构式。以"知识达成"为学习结果的接受学习观认为,学习者就是将传授者讲授的材料加以内化和组织,在必要时给予再现和利用,就可以呈现出知识的价值和意义。建构主义学习观强调,学习不是教师向学生传递知识、信息,学习者被动接受的过程,而是学习者自己主动建构知识意义的过程。建构学习是特别强调学习过程,但过分强调"过程与方法"和仅是"主动吸收信息"的知识建构,会导致"只开花不结果"问题的出现,这种"虚假的繁华"并不是建构主义学习观的全貌。我国学者赵建华在《知识建构的原理与方法》中指出:知识建构是指个体在某特定社会环境中互相协作、共同参与某种有目的的活动,最终形成某种观念、理论或假设等智

慧产品。也就是说,学生通过学习要产生新知识、新产品或者说思维成果,才能证明知识建构过程和意义是否形成。没有建构过程的学习没有意义,反之,没有学习成果即没有生成新的知识结构,同样也没有价值。建构学习如果不立足于"产品生成"即新知识、新产品的诞生上,还是依据传统"教学内容"正向设计和"信息建构",那么,这种学习本质上还是"学科中心、内容导向",是学生基于已有的知识进行自我知识构建,学生学习并不能达到"思维创新"的层面。

三是创新学习。美国认知教育心理学家戴维·保罗·奥苏贝尔认为,创造就是产生某种新的产品。"产出导向"聚焦学生学习的"产品生成",从本质上讲,就是一种创新性学习。创新学习是与传统的学习方法——"维持学习"相对立的一种学习。"维持学习"是获得固定的见解、方法、规则以处理已知的和再发生状况的学习,它对于封闭的、固定不变的情形是必不可少的。创新学习是能够引起变化、更新、改组和形成一系列问题的学习,它的主要特点是综合,适用于开放的环境和系统以及宽广的范围。"产出导向"式学习,指向"学有所获、学有所得、学有所成",通过"精彩观念的诞生"激发学生学习内部动机,让学习者体验到知识收获的成就感和完成任务的自信心。"精彩观念"是学生学习时"产品生成"的一种表现形式,每一个学习产品的诞生,都会经历从无到有、从朦胧到明晰的思考与探索过程,其间必然会疑惑、焦急甚至百思不得其解,但当"思维产品"诞生时,所获得的精神上的愉悦是对自己努力的最好回报,这种费尽心思后获得新知识和新方法后自然的情感反应,是学生深度学习的持久动力。

(三)课堂实施:聚焦输出与教学问题任务化

课堂教学中怎样才能有"产出导向"?首先,要从聚焦输入到聚焦输出,从知识铺陈到行动学习,从教师主体到学生主体,"围绕学生学习产品(成果)诞生而输入知识、组织学习、验收成果",代替"只要把知识讲全、讲清、讲透就完事"的教学习惯。比如,一位教师在《为小事"添枝加叶"——"学会记事"作文指导》的教学中,先通过学生学过的课文《秋天的怀念》《金色花》等教会学生捕捉小事,然后通过聚焦小事(与学生一起找出文中对小事描写的语句)总结出写作方法——慢镜头,拆动作,前修饰,后补充;接着通过挖掘内涵(分析课文中表达的情感),总结出写作时要"景如情,情感人""事说理,妙点睛",这些都是为了最后的习作"那天放学回家,我不小心摔了一跤,手受了伤,衣服也磕破了。回到家里爷爷奶奶爸爸妈妈都很心疼,嘱咐我以后走路要小心(要求:添加细节,融入情感)"而服务的。这位教师前面的"输入"——捕捉小事、聚焦小事、挖掘内涵,都是为了最后的"输出”——写作。没有面面俱到，而是紧紧围绕最后的“输出”组织教学，并且通过学生最后的表达可以很好地衡量出“播种质量(输入)和管理质量(成长)”。

其次，在课堂操作中教师要将教学内容问题化、教学问题任务化、教学任务活动化。“教学内容问题化”指的是要根据教学目标把教学内容以“大问题”的形式呈现出来，比如，在道法课《公民权利的保障书》中，整节课的“大问题”就是“宪法为什么是公民权利的保障书”，为了解决这个“大问题”而设计的三个教学任务(1. 知道宪法的基本原则，知道公民和人民的区别；2. 结合案例体会人民当家做主；3. 理解“一切权力属于人民”的宪法原则归根结底就是保障人民当家做主的权利)，就是“教学问题任务化”。三个教学任务依然比较大，也比较抽象，为了完成教学任务，还需要设计一系列具体活动，如通过认真阅读课本，独立思考，结合案例，小组讨论等解决问题；让“教学任务活动化”，即“让学生做大题(综合题、情境题)”；用课本知识解决问题，从而帮助学生实现对知识的记忆和理解，等等。这就是高认知学习。当然，不可能所有的知识都能用到解决大题之中，可以多补充几个问题或者简单练一练，不用面面俱到。

四、交互反馈与开放留白：深度学习的突出特点

(一)交互反馈

课堂教学中的交互反馈就是“互动反馈、多维对话”。疫情期间的网课，让教师无法真正了解学生学没学、学得怎么样，因为无法得到真实的反馈。这就需要重视评价，包括学生的自我评价、生生评价和教师评价。通过评价得到反馈，通过学生应答后教师的理答，组织评价反馈，形成互动对话，实现“逆向教学设计”“教—学—评”一体化。

课堂教学中的交互反馈，其实就是对话——学生与学生的对话、教师与学生的对话。教学中，学生对问题应答、展示后，教师根据问题的重要程度，启发其他学生发言，或者通过追问促进学生进一步深入思考。为了通过交互反馈实现思维进阶，我们通过“三个面对”分别提出三个有层次的问题，推进学生的思维进阶：一是面对个体学生，怎么做的(过程与方法)？为什么这样做(验证与循证)？还有没有其他方法(发散与创新)？二是面对学习小组，不同的观点和理由有哪些(引导与组织)？协商后的结论或疑惑是什么(呈现与探寻)？与你们原来的思考相比有哪些异同(串联与发现)？三是面对全班学生，这位同学(或小组)的观点你们同意吗(比较对话)？谁有补充或纠正(拓展与矫正)？应注意哪些问题(归纳与反思)？

这里的方法很简单,但现实课堂中很多时候并没有出现交互反馈。主要原因有两个:一是教师为了赶进度,不留给学生思考和讨论的时间,甚至觉得这是浪费时间,会影响课堂的教学环节,没有应答,自然谈不上理答了;二是学生应答后,教师立即抢着进行评论或讲解,其他学生无法插话,无法形成"交互反馈"。

交互反馈还可以体现在小组合作后的汇报环节,学生根据活动里的问题在小组内发表自己的想法,同组内实现第一次交互,然后小组汇报,其他小组提问或补充,这就实现了第二次交互。教师也可以在两次的交互中,了解到学生对所学内容的理解程度。

(二)开放留白

课堂教学提倡以学生的发展为本,在教学设计上洗练简约,学习内容、课堂问题、师生评价等方面不被预设所限,开放并留出足够的空白,让教学过程生成更多有价值的东西。开放留白有利于培养学生发散思维、直觉思维和辩证思维。

如教学《搭石》一课,有的教师问:什么是搭石?人们是怎样摆搭石的?人们是怎样走搭石的?这样的问题学生根据课文内容就能按部就班地回答。但如果教师这样问:有同学认为本课写的是家乡的风景美,有同学认为本课是写家乡的人美。你的观点是什么?请说出理由。这就是个开放的问题,可以让学生多方位、多角度深度思考,并用自己独特的语言表达出来。学生的思维被打开,思维进阶也就实现了。

开放留白能激发学生的学习热情和求知欲望,提升学生自主学习的兴趣,提高学生发现问题、思考问题和解决问题的能力以及创新意识和创新能力,从而保证课堂教学的高质量。

五、线上教学的"产出导向"设计:深度学习的居家实施方案

三年疫情,使教师线上教学、学生居家学习成为常态。居家学习相比现场学习,环境更加开放,资源更加丰富,时空更加宽广,它不仅包括完成学校教师布置的他主(作业)学习,还包括自主需要的学习、家庭驱动的学习和社会需求的学习。从某种意义上说,"产出导向"具有更适合于居家学习的特征。

居家学习应怎样进行"产出导向"的教学设计呢?相对于现场学习,居家学习有以下三个特征:一是共享丰富的网络化学习资源,二是以个体的自主学习和协作学习为主要形式,三是突破了传统学习的时空限制。这就要求我们在进行学习设计时,注意现场学习与居家学习形式的不同。在设计居家学习方案时,我们同样参

考了崔成林教授研究团队的研究成果,进行了下列学习方式设计。

（一）“产出导向”课堂的目标设计

学习目标是学生应当知道、理解或能够做的事情,它是完成某项学习活动或学习任务的结果。学习结果的呈现形式一定是学生的学习成果,而不是教师或教材给予的现场信息。“产出导向”课堂主张以学习产品(成果、结论)为固着点,组织递进性学习活动,把学习产品作为课堂教学活动的出发点和归宿点。“产出导向”学习,注重学生综合能力的培养,将目标明确地聚焦于学生最终有意义的学习结果上,强调学生的“知识、能力、素质”综合发展。它不是正向的知识灌输,而是围绕学生最终的“产品(思维成果)”来组织和开展学习,以明确的思维产品生成为目标反向设计学习过程,最终促成学习目标的达成。

（二）“产出导向”课堂学习任务设计

看不到成果的学习让人苦闷,得不到反馈的学习让人茫然。“产出导向”课堂遵循建构主义倡导的“发挥学生的首创精神,将知识外化和实现自我反馈”的原则,在学习设计上结合居家学习特点,关注以下四个方面:一是需求,二是建构,三是成果展示及交互反馈,四是学习成就,激发学生的成功感。这四个方面可在以下的学习类型中进一步体现。

基于项目的学习,起点是一件最终的产品或者是头脑中的一个制品,并以一个真实产品结束,其产品的创造通常会引出需要学生解决的一个或多个问题,见下图。项目式学习是学生通过亲自调研、查阅文献、收集资料、分析研究、撰写论文等路径,将学到的理论知识和现实生活中的实际问题紧密结合,得到综合训练和提高。

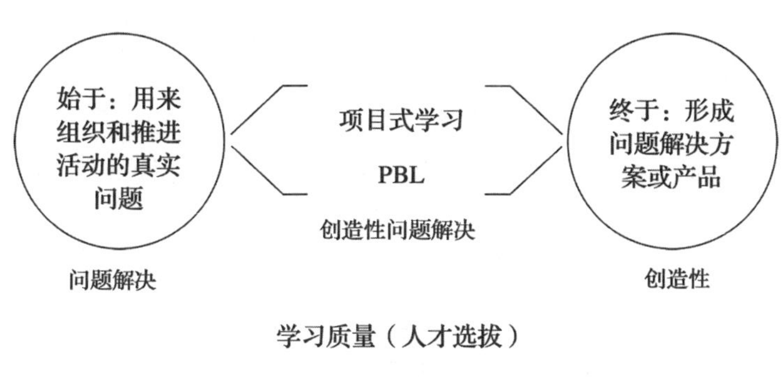

项目式学习过程

基于问题的学习,起点是解决一个问题或学习一个问题,问题被设计在情境或个案研究中,学生需要呈现的是问题解决过程的结论,而不必制造出一个产品。这里的问题可不是学生能够当堂解决的问题,它需要学生充分的居家学习准备并在课堂学习前后阅读相关书籍,打通课堂学习与居家学习的通道。UBD(Understanding by Design)创立人之一,美国当代著名课程改革专家格兰特·威金斯提出了"通过设计来理解"的教学设计框架,核心特征就是"逆向备课",即先确定课程或单元目标(目的地),确定评价标准(里程碑),再据此设计课程和活动(到达路径)。他认为,现代课程的基本单位是"问题",课程改革的主要任务是"重新组织",通过问题设计来组织课程内容。

基于任务的学习,起点是一个具体的、可操作的任务,学习过程围绕任务展开,以任务完成的结果来检验总结学习过程。如疫情期间,一位教师布置的居家学习任务《写给抗疫前线"最美逆行者"的信》,要求写面对逆行者,你的态度是什么?你的做法又是什么?写一封致"最美逆行者"的信。

"产出导向",既可以让学生高效率地接受、内化现成的定论性知识,又可以引导学生像科学家那样探求知识、复演过程,培养学生独立解决问题和预见未知的能力,关键在于教师的任务(问题)设计和方法择取。当然,学生学习更多的是人类文明的间接经验,"产出导向"并不是一味要求学生原创"新结论、新产品",而是智慧复演,再创造性地解决问题。

居家学习的根本任务是"智慧生成",从某种意义上说,让学生体验知识产生的过程,比直接教给学生答案有价值得多,因为这样才能使学生在知识建构中提升自己解决问题的智慧,获得成功的喜悦。

(三)"产出导向"学习的作业设计

深度学习的作业需体现"结构""进阶""支架"三大特征,要以新课标中的"学业质量标准"为依据,体现学科特点;以学生学习需要和能力为基础,精准把握"已做、新做、未来做"的作业梯度和作业难易程度;合理确定作业数量,丰富作业类型,提高作业设计品质。所谓"结构"指实施单元结构化作业设计,以整体设计减少重复性作业和机械性作业;"进阶"指重视复合思维作业,减少单一思维作业,以输出驱动输入,以高阶带动低阶,从掌握知能、理解意义到实现迁移,积极探索学科融合或跨学科融合作业;"支架"即以"教—学—评"一体化为载体,为作业提供"怎么做""做到什么程度"的路径和评价标准,聚焦学生"不想做、不能做、做不好"的问题解决,关注学生的作业过程和作业行为,在作业设计中给予资源、路径、要求、提示支持,嵌入评分标准,帮助学生能够跨越障碍,高质量地解决问题,见下图。

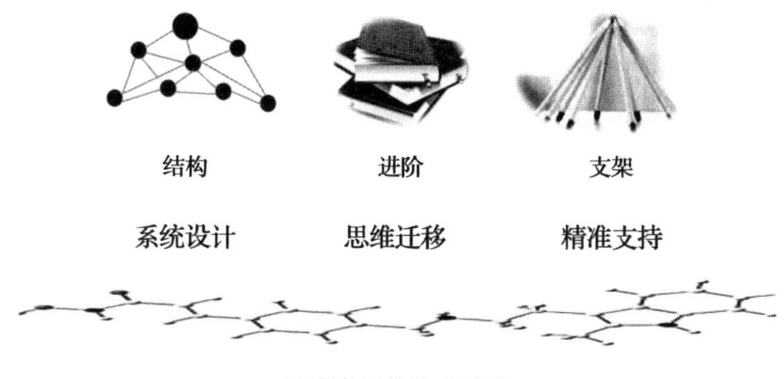

深度学习的作业特征

从广义上讲,“产出导向”的呈现都是学习作业,要求完成课堂学习和居家学习的任务,必须由学习主体——学生来完成,不是学生完成的成果不属于“学习产品”。有组织的居家作业设计,应注重实践性、开放性、层次性等基本原则,利于学生个性化、自主化发展;应根据学科特点,设计形式多样的作业,如纸笔练习、朗读背诵、听说、表演、绘画、动手操作、小调查、居家锻炼计划表等多种形式的作业;作业递交形式可以是文字、语音、图片、视频等。要特别关注是否为学生独立完成,采取家校合作形式来管理学生作业完成。具体思路借鉴浙江省经验:其一,作业贯穿整个学习过程。要坚守系统性原则,主要表现在课前、课中、课后的学习相关性和学习任务之间的内在逻辑联系;也要坚守单元整体性原则,包括单元内的整体性、单元与单元之间知识的统整性。其二,作业中设计学习支架。知识支架提供学习资料的提示,方法支架指向具体任务的解决路径,程序支架导引学生顺利完成整个学习过程。其三,作业以深度理解性学习为旨归。要让学生经历思维的过程,思维更应该是一种深层次的思考,即解释、思辨、推理、验证、应用等更为复杂、层级更高、更具综合性的学习和脑力活动。其四,作业要体现知识的整体性和应用性。整合零散的碎片目标,从学科结构的角度思考作业设计,努力构建能够体现知识的整体性和应用性的专题研究类作业。

居家学习可以有以下三种方式:一种是现场学习的任务延续,类似当天的家庭作业(包含预习),实际是学校课堂学习的校外部分;一种是不受学校教学支配的完全自主学习,如网上围棋学习、宠物饲养和保健知识等,是学习者感兴趣或适合自己个性特长的课程内容;还有一种是家庭教育、社会教育的学习任务,这类学习源于家庭或社会对学生成长的需求以及规范。不论是哪一种方式,如果是有组织(包括自组织和他组织)的学习,都应首先明确任务(问题),以某一学习产品(成果)为固着点,围绕这一中心点展开学习;其次通过系列学习活动,探究并完成作品;最后展示、交流自己的学习产品,评价反馈,从而进入深度学习。此外,居家学习应特别重视学习反馈,与学生建立沟通、反馈和在线答疑的渠道,要特别关注学习有困难的学生,建立“一对一”的帮扶机制。

课堂教学中,教师的“一个决定,就决定了课堂品质,也决定了学生的未来”。运用有效的实施方法,实现深度学习的思维进阶,学生能用分析、比较、归纳、评价、创造性的思维方式来解决问题,我们的课堂就是灵动、活跃、属于并成就学生未来的。

深度学习理念下的课堂反馈策略

伊恩·史密斯在他的《学习性评价丛书》中称“反馈”为“学习的生命线”和“冠军的早餐”。给学生高质量的反馈是教师的核心职能之一,也是学习性评价的一个重要方面。有人认为,课堂反馈,无非就是对学生进行评价。其实反馈的价值远不止于此。“反馈”是一种论证性、磋商式对话,是打开或关闭思维大门的钥匙,是邀请“沉默的三分之二”加入课堂交流的最好手段。有教师不解,为什么在很多名师的课堂上,学生不仅想表达,而且有话可说,其实是因为教师的引导总是干脆利落,能激起学生思维的火花,师生之间的反馈是有效,甚至是高效的,而这种“有效”,是需要方法和策略的。当前,哪些方法和策略有助于有效反馈,推动深度学习呢?

策略一:给学生对话搭一个支架

课堂上,学生有时候不会说,说不清楚,不是他们不知道,而是他们不知道从何说起。比如,一堂课结束以后,教师特别喜欢问:这堂课你有什么收获?经常就是少数几个学生,说这节课学到了什么知识点,然后就没有了。但我们给他们一点提升,搭一个支架,他们就有话可说了。比如,课堂小结时的提示:

我所学到的最重要的一点是……

我觉得比较困难的是……

我觉得有趣的是……

我最喜欢学……

我希望进一步了解……

我在……方面需要更多的帮助。

仍在困扰我的是……

让我惊奇的是……

我最满意的一点是……

我学到的新东西是……

遇到棘手问题时,是……帮助了我。

是……真正启发了我的思考。

现在我觉得……

如果……我会学得更好

策略二：对话要不断回顾学习目标和评价标准

当你开始引入总结活动的时候，要先提醒学生相关的学习目标和评价标准。在讨论过程中，也要一直围绕学习目标和评价标准，为学生的回应提供一个框架，而不是任由学生漫无边际地讨论。(当然，学习本身就是复杂的过程，学生很可能会学到目标之外的东西，如果真是这样，还要给予鼓励。)每一次提问，教师可只添加一个问题来回顾学习目标：

当你在学……的时候，你认为哪一部分最困难？

当学……的时候，你需要些什么帮助？

你学习……的时候，你自己感到最满意的是什么？

关于……你学到的新东西是什么？

策略三：从“要正确答案”到“要生成性学习”

传统教学中，教师提出一个“猜猜我在想什么”的问题，只需要一个简短的“正确”答案，学生有很少的思考时间。这或导致很多学生无法回答，很多学生不愿意冒可能答错的风险；或导致少数学生回答，其他人旁观，教师接受正确答案，课堂进程继续，问题被掩盖，没有最终解决。而以学生为中心的课堂问答是“教师激疑—学生生疑—师生讨论—学生释疑”的过程，从“要正确答案”到“要生成性学习”，师生的对话是交互的，教师用探究性的问题获取更多信息：

谁有补充？

谁有质疑？

谁有疑惑？

谁有不同意见？

谁有追问？

你能通过……解释你的信息吗？

你能通过……演示你的想法吗？

你能告诉我更多关于……吗？

你确定吗？

你是怎么认为的？

你是说……

你的证据是什么？

你是怎么知道的？

你是怎么算出来的？

你能给出……的例子吗？

你能解释为什么吗？

这些问题从教师的“说”到引导学生说，旨在批判性思维、创新能力等高阶思维能力的培养。

策略四：有效提问

有效的课堂提问，应变封闭式问题为开放式问题，使得学生可以提出各种不同的解决方案，这不仅要求学生认真思考，而且可以展示出学生理解的广度和深度；不要只关注答案，更要关注如何找出答案；不要把问题变成对正误的简单判断，可以把问题变成一个可能引起争论的话题，鼓励学生共同思考，利用学生已知知识对案例展开辩论；要从简单的问题开始，逐步延伸到更具挑战性的问题。

比如，不要问这样的问题：

这是个复杂句吗？

这个图形是什么形状？

这是个什么类型的故事？

16是偶数吗？

这个人物值得信任吗？

这是个规则动词吗？

7/9可以被约分吗？

而应该这样提问：

为什么这是一个复杂句？

你是如何知道这个是三角形的呢？

你如何通过第一段就知道这是个鬼故事？

为什么16是偶数？

什么行为使你认为不该信任这个人物？

为什么这是个规则动词？

为什么7/9不能被约分？

对不同层面的教学内容，提问的角度应有所不同。如在知识方面，可以提示学生选择不同类型的信息，并在需要时回忆其内容：

在……之后发生了什么？

与……谈话的是谁？

找出……的意思。

……中，哪一个是真的？

在理解方面，提示语可赋予信息以意义：

你能用你自己的语言来写吗？

你是如何认为……？

……的主要意思是什么？

你能辨别……与……之间的区别吗？

你能通过举个例子来说明你的意思吗？

在应用方面，可以启发学生在一个新的语言环境中运用所学的技能：

你知道有关……的一个实例吗？

你能把这个方法运用到你自己的某些经历中吗？

如果……，这些事实会发生什么变化？

如果你不得不……，这个信息会有用吗？

这个可能会发生在……吗？

在分析方面，可以把信息分解成几个部分，提示学生关联部分与整体：

这个与……有哪些相似之处？

如果……，哪一件事就不会发生？

这个与……曾经有哪些相似之处？

为什么会发生这样的事？

……的一些问题是什么？

这个故事的转折点是什么？

在综合信息方面，可以结合现有因素引导学生创造一些新的内容：

你能设计一个……吗？

对于……，可能的方案是什么？

如果……，可能会发生什么？

对于……，你能想出一些新的、不同的用法吗？

你是如何想出一个……方法的呢？

在评价方面，可基于公认的标准，要求学生对某件事情的价值做出客观判断：

对……，你有更好的解决方案吗？

如何判断……的价值？

请为你自己关于……的立场辩护。

如果……,你的感受如何?

你建议做什么改变?为什么?

关于……,你是如何认为的?

你为什么会这么认为?

当前,课堂提问存在许多问题,归纳起来:一是问题太碎,其原因是教师希望能引导学生顺着自己的思路想,不想节外生枝;问题回答得多,课堂节奏就快,可以防止学生走神。建议精心选择少量问题,这比提出很多问题更有助于学生思考。二是教师所提的问题大部分处在记忆认知水平上,其原因是这类问题比较容易提出,也容易回答,参与的学生会多一些。可适当安排几个这类问题,但如果整个课堂都是这样的问题,或者在重要教学环节上都是这类问题,就无法唤起学生深度的思考,应当设计一些高认知水平的问题。三是教师经常会叫一些主动回答问题的学生,课堂的主角往往是优秀学生,而相当一部分学生被遗忘。其原因是好学生的回答通常可以带动全班的思考,让教师产生成就感,并节约时间。

有效的课堂提问具有以下特征:激发学习者的动机,唤起学习者的积极情绪,促进学习者深入思考。但课堂上所有问题的功能又是不一样的,根据课堂教学的需要和时机提问,才是恰当而有效的提问。具体有以下三种功能。

功能一:导入、展开、结束。如特级教师华应龙《圆的认识》课堂教学片段。

师:小明参加奥林匹克寻宝活动,寻宝图上这样写着,宝物距你的左脚3米。孩子们,你们知道宝物在哪里吗?

生:知道。

师:请拿出你们的直尺,在纸上画出宝物的位置。

(学生动手)

师:好了,孩子们,我刚才看了一下你们画的图纸,有这样几种情况,我们一起看看。

师:是这样吗?

生:不是,不止这四个位置,还有很多。

师:小伙子,你站起来。

生:只要是距离左脚3米的地方都可以,这是一个圆。

华老师这个导入激发了学生的思考,揭示了主题《圆的认识》,同时也复习了两点之间的距离,可谓一箭三雕。

功能二:组织课堂教学、管理课堂。如特级教师张祖庆“新体验作文课”的片段。

师：先做一个自我介绍。接下来的五六句话都是介绍我自己的。有一些是真的，有一些可能是假的，需要我们的同学用大脑去思考、去判断。

师：看大屏，出现5个句子——

我叫张祖庆，来自浙江杭州，今年48岁，和语文打了整整40年的交道。

我教了二十年数学，后来校长不让我教了，于是我改教语文。

我喜欢孩子们，孩子们也喜欢我，他们喜欢叫我“麻辣老师”。

这学期我担任学校副校长，兼班主任，教一个班语文。

我喜欢读书，写书。读过一千本书，写过一本书。

师：你们说，你觉得哪些信息可能是真的，哪些可能是假的？大胆地猜测。

特级教师的高明在于他们的问题常常是一题多用。比如，张祖庆老师的这些问题实际上也是后面教学环节的写作素材。

功能三：落实学科核心素养，培养高阶思维。以下几位特级教师的提问张弛有度，始终围绕学科特点进行有效提问。如特级教师吴正宪执教小学数学《年、月、日》一课的片段。

师：你们能不能结合自己的生活经验说一说一年到底有多长？一个月又有多长？

生：我今年过生日，到明年再过生日正好是一年。

生：今年元旦，到明年元旦，正好一年。

生：我爸爸这个月开工资，到下次开工资，正好一个月。

时间是数学中的抽象概念，如果教师直接告诉学生年月日的概念，就没有这个从具体到抽象的认知过程，而只有这样的过程，才能让学生变抽象为具象，透彻地理解“时间”这个概念。

提问的有效性需要特别注意问题与问题之间的关系，最常见的有并列、递进、总分三种关系。如特级教师蒋军晶在执教《趵突泉》一课中的提问：

为什么作者连用三个“冒”字？

你从哪里感受到趵突泉冒的时间很长？

趵突泉接连不断地冒了多少年，以至于老舍先生用了四个“永远”？

蒋老师结合语文学科的特点，从关键词入手，紧紧抓住“冒”字，提了三个有递进关系的问题，而且这些问题是有线索的，这样才能整体推进思维的进程。特级教师于永正教学《壁虎》，在课快结束时提问：

师：你们听说过壁虎的坏话吗？

生：我听奶奶说，壁虎的尿有毒，撒到人身上，人就会死。

生:听说壁虎的尾巴断了以后还会跳,如果跳到人的耳朵里,耳朵就会聋。

师:哎呀,真吓人! 你们讲的这些我还是头一次听说。但是科学家的研究证明壁虎并没有毒。人们传说的都是一些不实之词,应予以推翻。壁虎虽然外表不美,甚至看上去有些可怕,但心灵很美,会吃苍蝇等害虫,是人类的好朋友。我们就不应该为它平反吗?

于老师的提问,培养了学生的逆向思维。

策略五:营造良好的对话氛围

学生方面,制定基本的学习规则(规则可以全班讨论后制定,形成规范贴到墙上;每一位教师要不厌其烦地引导);要意识到倾听的重要性并知道如何倾听,不要打断别人,给别人澄清观点的机会而不要仓促地下结论;尊重同伴的工作成果,以积极鼓励的方式开始,要清楚地说出同伴如何能够改进,态度坦诚但要避免过于挑剔;注意公平且尊重隐私,同学之间不允许羞辱和讽刺,彼此认真对待。

教师方面,要示范良好的伙伴关系,一位教师经常让学生和自己的同伴到讲台上来大声朗读他们完成的作业,这份作业也被她投影到教室墙上,还让他们谈一谈是如何合作的。教师要践行两个标准:一是认真并怀着尊重的态度倾听学生发言;二是要参与学生的讨论;三要积极地表达对每一个学生的关注。

策略六:留出等待和思考的时间

研究表明,大部分教师提出问题后留给学生答题的时间仅为 1 秒,而事实上,教师如果能留出更多的时间(3~5 秒),学生往往会带给教师意想不到的惊喜。比如,更多的学生愿意给出答案,能力稍差的学生回答问题的概率增加了,学生们做了更长的回答,答案更加深思熟虑且更有创造性,学生在回答时更加自信,提出更多可能的问题,更多学生提出问题……所以,当学生回答支支吾吾遇到困难时,教师应留给他 3~5 秒的思考时间,或进行重述式的倾听,把他表达的感受和内容重述一遍,表明对发言者的理解和接受,而无须做任何评判。可用的短语提示如下:

因此,你认为……

你说的似乎是……

看起来你觉得……

策略七:设计一些学生表达自己理解与反馈的信号

教师在进行新的学习评价时,可尝试与学生课前约定以下信号(如手指动作、

交通灯灯牌等)来进行反馈:

大拇指向上:我明白了。

大拇指向下:我不明白。

大拇指交叉或扭动拇指:我不确定。

五指张开,伸开手掌:我已经完全明白了。

握紧拳手:我一点都不明白。

明白多少:取决于你伸出几根手指头。

绿色交通灯:我懂了。

黄色交通灯:我不确定。

红色交通灯:我不懂。

策略八:帮助学生用"自我评价的方式"深入思考

想让那些已经习惯了只要正确答案的学生说明他们如何获得答案的,是非常困难的一件事,更别说让他们解释学习的过程。这部分学生的自我评价仅仅是按部就班地完成基本的反思步骤,不过是按照教师的要求完成了任务而已。教师可设计阶梯式的问题,按照"想法—感受—行动"的步骤,层层深入,帮助学生用"自我评价的方式"深入思考,通过"思考收获"到"寻找证据""与他人合作""克服障碍""任务调整"等方式,一点点进入思维的高级阶段,见下表。

学习方式	想法	感受	行动
思考收获	今天你学到的最重要的内容是什么?	今天学习的哪些方面让你感觉良好?	你现在能解决哪些新的问题?
寻找证据	你如何知道你学会了呢?	今天的学习中哪些方面让你觉得惊喜?	列举你的优势。
与他人合作	今天的合作让你学到了什么?	现在,你如何看待与他人合作?	就合作而言,你会给他们提供什么样的建议?
克服障碍	今天最难的内容是什么?	遇到这部分内容时,你的感受如何?	你最大的进步是什么?
任务调整	今天最难的两件事是什么?	什么样的事情能够让你对今天的学习任务感觉好一点?	为了改善学习,你需要尝试什么样的方法?

策略九：少评价，多描述；少表扬，多欣赏

在与学生互动反馈时，教师要少评价，多描述。要描述学生回答问题时值得肯定和有待提高的地方，描述学生过去取得的成功和自己的感受和期望，还可以描述问题和行为结果，如“我注意到”“我喜欢”“我想知道”等。使用不同的词句评价学生的表现是一个非常好的办法。这些用词会产生较好的效果。如“我注意到”会降低评价的残酷性，“我想知道”可用来弱化批评的语气，为接下来的推测和提供建议留有余地。

教师还要少表扬，多欣赏，即便学生的反馈不理想，也要尽可能给予鼓励。可这样表达：

我对你的作业印象深刻。

我欣赏你的积极向上。

我很高兴你一直坚持不懈。

我喜欢你在图画中灵活使用色彩的方式。

很高兴看到你还记得。

嗯，请继续，我在听，我明白。

告诉我更多……哦？例如……

然后呢？是真的吗？还有……

继续……，那么……，我听你说……

我看……对的。

如果几个问题只要求一个学生来回答，会给这个学生带来很大压力，同时可能导致全班同学“开小差”。所以，任何一个策略都要因时、因人、因问题而调整。

作为教师，在与学生进行反馈时应避免以下几种消极回应。

一是成人讲大道理式：

如果别人这样对你，你感觉如何？

二是发号施令式：

别说话！

把作业收起来放好！

站成一条直线！

警告学生：注意！

三是责备的语气：

咋又没有铅笔了？

我告诉你多少次了，不要这样。

四是横向比较：

我在你这么大时……

你姐姐……

五是预言未来：

如果你一直这么做，你将会……

基于高质量发展的课堂教学设计案例

新课标必然带来新教学。新教学什么样？崔允漷教授总结为四句话：一是素养本位的单元设计。未来学习的逻辑是生活逻辑加学科逻辑，教学的逻辑是素养导向的“大”单元教学。教师设计课程、实施教学时要看到素养。二是真实情境的深度学习。课程改革不仅要改内容，不仅是换教材，还要换学习方式。三是问题解决的进阶测评，要从真实问题的解决去进行评价。四是线上线下的混合学习。因此，教师的教学必须要改，不改达不到这个目标。课程改革的理论和顶层设计只有落实到一线教学中才有意义。为此，我们遵循课程改革的要求，在道德与法治、语文、数学等多个学科进行了探索，这里精选了一部分教学设计，从不同学科、不同角度体现了教师们对新课程、新理念的理解和践行。

学会过有创意的生活

——统编版《道德与法治》二年级下册第二单元第7课“我们有新玩法”教学设计

一、教材分析

本课教学内容为统编版《道德与法治》二年级下册第二单元第7课“我们有新玩法”。本单元共四课，分别聚焦游戏的四个主题：健康、文化、创新和安全。本单元通过选择健康的游戏、了解传统游戏的玩法、创造性地改进游戏的玩法以及安全地玩游戏等内容，引导学生更文明、更健康、更有创意、更安全地玩游戏，使他们有意识地通过游戏获得成长。

教材在一年级上册有两课涉及游戏的内容：一课是“课间十分钟”，从引导学生适应学校生活的角度帮助学生过好课间生活；一课是“玩得真开心”，从帮助学生处理好放学后家庭生活与学校生活的关系，以及如何在游戏中与人分享的角度，引导学生在家庭生活中玩游戏。而二年级下册的这一单元，则侧重同龄人之间的游戏，将游戏作为学生健康成长及培养创新能力的重要载体。从全册的教育主题看，关注游戏创新的第7课“我们有新玩法”是重点，目的在于引导学生在玩游戏时树立创新意识，通过参与创造新的游戏玩法的过程，体验游戏创新带来的乐趣。本课依据课程标准“道德教育”部分中“乐于探究，提高动脑动手能力，有创意地生活”的要求而编写，旨在通过引导学生有创意地玩游戏、动手制作玩具，学会过“有创意地生活”。

这一课分为两个课时：第一课时“玩出新花样”旨在通过现场体验，打破学生对一些游戏玩法的固有认识，鼓励学生开动脑筋，玩出花样，从而培育他们有创意地生活的意识；第二课时“我们一起来创造”旨在引导学生自己动手，制作适合自己的玩具，利用废旧物品动手制作玩具，从中明白创造活动要有绿色环保意识，这样的创新更有时代意义与实践价值。玩游戏也是学生成长的途径，只有把“游戏”真正转化为学生文明生活及发展创新能力的载体，才能通过“玩好”而实现“发展好”。

二、学情分析

对小学低年段学生来说，玩是天性，喜欢玩是不言而喻的，但他们却不一定能在玩游戏中健康成长，他们当中，能玩得有创意的并不多。多数学生只是把游戏当作放松或与小伙伴一起交往的方式，而不太会想到把游戏当作可以创新的项目。现代社会新型玩具越多、越智能，学生反倒越依赖玩具的设定，变得越来越不会玩。

一年级上册，学生通过“课间十分钟”的学习，能适应学校生活，过好课间生活，通过“玩得真开心”一课的学习能处理好放学后家庭生活与学校生活的关系，并能在家庭生活中玩游戏；而二年级下册的这一单元，则侧重同龄人之间的游戏。通过第7课的学习，学生不仅学会有创意地玩游戏、动手制作玩具，创新意识和创造能力也得到了培养，养成“有创意地生活”的习惯，还能够在活动中提高合作意识与能力。

三、学习目标

1. 探究简单游戏的新玩法，拓展创新思维。

2. 体验游戏创新带来的乐趣，培养创新意识。

3. 学会用简单的材料制作玩具，培养动手动脑的能力，树立保护环境、爱惜资源的意识。

4. 给游戏重新制定规则，体验规则变化给游戏带来的新感受。

四、学习重难点

1. 探究简单游戏的新玩法，拓展创新思维。

2. 用简单的材料制作玩具，体验规则变化给游戏带来的新感受。

五、学习过程

第一课时

(一)学习目标

1. 探究简单游戏的新玩法，拓展创新思维。

2. 体验游戏创新带来的乐趣，培养创新意识。

(二)学习重难点

探究简单游戏的新玩法，拓展创新思维。

(三)学习过程

环节一:导入新课

布置课前任务。

课前任务单

1. 从家里带废旧物品:纸板、纸盒、矿泉水瓶、纸杯、易拉罐、吸管、旧报纸、一次性筷子、一次性手套、废旧水管、木棍、磁铁、麻绳、卷纸纸筒、旧的乒乓球、泡沫板……

2. 请教爸爸妈妈我们可以用废旧材料做哪些玩具?自己可以试着在家做一做。

3. 组长准备:两根跳绳、一支马克笔、双面胶、透明胶、手工剪刀。

课前一分钟热身活动:跳绳比赛。

师:同学们,你们喜欢玩游戏吗? 上课之前,我们一起来玩游戏热热身吧! 你们会跳绳吗? 我们来进行小组比拼,每组商量一下,派一个跳绳达人来比一比,一分钟跳绳,看哪个小组的同学跳得多。我们还要请数数达人来帮我们数数。

师:恭喜这个小组获得第一名,组长把三颗星贴到组牌上吧。第二名得两颗星,第三名得一颗星。没有获胜的小组也不用灰心,这节课我们会有很多机会获得,最后我们要看看哪些小组能成为优秀小组,有神秘奖品哦!

【设计意图:课前热身,从学生常玩的简单的跳绳游戏导入,拉近与学生的距离,进行对抗赛,活跃气氛,接下来的活动也跟跳绳有关,自然导入新课。】

环节二:活动设计

活动一:绳子玩法花样多

1. 情景导入

师:玩游戏大家激动、开心吗? 这样跳绳我们都会,可是乐乐小朋友有话要说了。来,听一听。

播放乐乐录音1:这样跳绳我也会,可是因为疫情宅在家里,每天都是这样跳,我有点腻了,一根绳子还能怎么玩呢? 小朋友们,可不可以帮我想想办法呢? 期待你们的金点子哦!

师:你们听清楚乐乐的烦恼了吗? 谁来说一说。

师:我们一起来帮乐乐想想办法,把简单的游戏玩出新花样。(板书:玩出新花样)我们一起走进"活动一:绳子玩法花样多"。

师:老师给每个小组带来了两根绳,想一想绳子还可以有哪些新玩法?小组内讨论讨论。

师:看来大家都有很多想法,接下来我们就在组长的带领下有序完成活动,谁来读一读活动要求。

2. 学生活动

试一试:把想到的玩法在组内玩一玩。

选一选:选一种最有意思的玩法,把游戏名字写在卡纸上。

展一展:准备展示。

师:乐乐就是咱们的评委之一。他会这样来评,谁来读一读泡泡语:

(1)绳子玩出新花样。

(2)游戏有美美的名字。

(3)游戏充满乐趣。

师:注意,一会儿音乐停,时间到。

3. 小组展示

师:请你们小组展示吧。你们的游戏需要几个人就几个人来展示,其他组如能认真听、认真看,也可以得到奖励哦!

师:谁先来介绍一下你们的玩法?

师:谁来评一评他们组的玩法可以得几颗星?他们跟我们平时玩法有什么不一样?

师:你们真会动脑筋,和平时玩得不一样,玩出了新的乐趣。

师:恭喜你们小组得到三颗星,组长贴星吧。

师:再请两个小组分别展示并评星。

师:你们可真会动脑筋,简单的绳子游戏就想出了这么多有趣的玩法。没展示的小组不用担心,老师带来了一个游戏金点子征集箱,把你们小组写下的有趣玩法投进游戏金点子征集箱送给乐乐,相信乐乐收到后一定也会玩得很开心。没展示的小组也有许多创意的玩法,组长回去也为你们小组加上两颗星。

4. 拓展绳子玩法

师:看,这些小朋友也有一些玩法。(播放小视频,补充绳子的玩法)

5. 学生谈感受与收获

师:通过花样玩绳子,你们有什么感受和收获?先跟你的同桌说一说。

师:谁来说说你的感受和收获?

(玩法)评价:是呀,你看,只要勤动脑,简单的绳子还可以玩升高跳、网小鱼……能玩出那么多的新花样呢!(板书:勤动脑)

(乐趣)评价:你刚才玩得开心吗?瞧,我们把简单的游戏换个花样,玩出了更多的乐趣。

师(小结):你们太会动脑筋了,乐乐可要谢谢你们!

播放乐乐录音2:太好了,谢谢大家!绳子变换花样玩,多有意思啊!除了绳子,我家里还有很多物品,那身边的这些物品是不是也可以换个花样玩出更多的乐趣呢?大家快来想一想吧!

【设计意图:创设真实情境——乐乐在疫情下的烦恼,请同学们帮忙想办法,激发学生探究欲望。学生在将跳绳玩出新花样的体验过程中,体会到常玩的简单游戏换个玩法,可以玩出新的乐趣,打破了对游戏固定玩法的束缚,开拓了创新思维,从而培育有创意地生活的意识。】

活动二:创意玩法大比拼

师:我们来看看身边的这些东西,你还能把它们玩出什么新花样?一起进入"活动二:创意玩法大比拼"。请看游戏规则。

四组游戏道具:

一号:彩色A4纸、乒乓球、纸杯、筷子。

二号:眼罩、篮球、筷子、水桶。

三号:彩色硬卡纸、矿泉水瓶、跳绳、篮球。

四号:纸杯、网球、乒乓球拍、羽毛球。

1. 学生活动

玩一玩:抽取游戏道具,组合道具玩一玩。

写一写:把组合游戏的名称写在卡纸上。

比一比:相同道具小组比拼。

泡泡语:比比谁的玩法更多、更吸引人哦!

师:我们来比一比,谁的玩法更多、更吸引人!注意:音乐停,时间到。

2. 小组展示

师:大家玩得真开心啊!想来展示的小组举举手。大家都好积极啊,那我们抽签决定吧!

师:有请X号道具的小组上台。

师:你们是怎么想到这个游戏的?

评价1:你们真会观察和发现,动动脑把不同的物品组合起来,玩出了新花样。

(板书:变组合)

评价2:你们看,同样的物品,他们小组变了变规则,就玩出了新花样,收获了新的乐趣。(板书:变规则)

评价3:自己一个人玩有乐趣,几个人一起玩,变变小伙伴,还可以跟家人一起玩,又能收获新的乐趣。(板书:变伙伴)

师:你最喜欢的游戏是哪一个?

师:大家各有各的喜欢,我来投票吧。觉得这一组玩法更多、更有趣的举手!

师:恭喜你们小组获得三颗星!你们小组合作也想出了好点子,也给你们小组两颗星,其他没有展示的小组积极动手动脑,都可以加上一颗星。

师:现在请组长把组内的金点子再次投进游戏金点子征集箱吧!

3. 学生谈感受和收获

师:通过这一轮创意玩游戏,你们又有什么感受和收获?

小结:是呀,勤动脑,大胆想,还要大胆试一试,(板书:勇实践)换个花样玩,收获新的乐趣。

师:课后大家还可以继续进行创意大比拼。听,乐乐又有了新的想法。

播放乐乐录音3:哇,原来身边的东西还可以有这么多玩法呀,太有意思了,这样怎么也玩不腻啦!果然只要多动脑,在家也像游乐场。那我们再想一想,生活中其他的游戏还可以玩出什么新花样呢?我好期待呀!

【设计意图:情境层层深入,通过游戏大比拼,激发学生的创造激情,引导学生创造出多样的新玩法。学生将不同的物品组合起来玩,感受到只要肯动脑筋,简单的玩具也可以玩出新花样。这节课不仅增加了玩游戏的难度,还增添了玩游戏的乐趣,使学生体会到创造的乐趣,培养了会发现、多思考、勇于实践的意识,学生的创造思维也逐渐提升、开阔。通过这种实践性体验,学生深入体会了“动手动脑、有创意地生活”的意义。】

活动三:花样玩法点子多

1. 小组交流

师:课前,老师做了一项小调查,发现同学们还喜欢玩这些游戏(播放图片):“老鹰捉小鸡”“石头剪刀布”“一二三,木头人”“丢沙包”“跳房子”……同学们都这么善于创造,那我们要进入“活动三:花样玩法点子多”。请同桌选一个游戏讨论一下,看看怎样玩出新乐趣。

2. 全班交流

【设计意图:学生通过与同桌和全班交流自己的新想法,不断激发创造热情,进一步提高创造意识,深入体会“有创意地生活”的意义。创新意识的形成是一个过程,只有在教学中以学生为主体,让学生在乐学的氛围中不断地实践、体验,反复思考,才有利于创新意识的培养。】

环节三:全课总结

1. 总结

师:勤动脑、勇实践,换个花样可以玩出新的乐趣!果然,有创意、敢创造让生活变得丰富多彩。

其实不仅仅是游戏,看——(播放生活中其他创意的视频)

2. 拓展延伸

师:课后,老师要把在我们班上征集到的金点子游戏送给乐乐,相信乐乐也会和你们一样有很多创意想法呢。

播放乐乐录音4:游戏有新玩法,生活有新创意,让我们在生活中继续去发现和创造吧,生活真是多姿多彩呢!小伙伴们再见!

师:课后我们再来数一数哪个小组的星星最多。同学们再见!

【设计意图:全课总结,回顾本堂课内容,启发学生在之后的生活中注重发现、思考、创新,过有创意的生活。】

环节四:作业与拓展学习设计

课后可与同学或家长一起创新游戏玩法,还可以创造其他的东西丰富自己的生活。

【设计意图:本课学习后,学生学会了一些创新游戏的方法,并且创造的欲望强烈,课后继续进行创新并去实践,真正运用到生活中去,从而过上有创意的生活。】

(四)板书设计

第7课　我们有新玩法

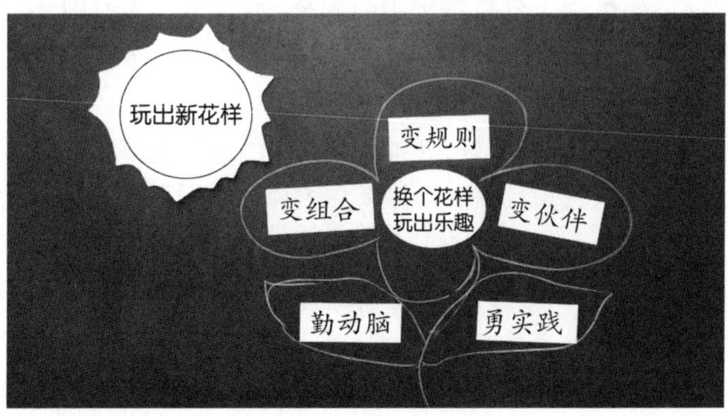

第二课时

(一)学习目标

1. 用简单的材料制作玩具,培养学生动手动脑的能力,树立保护环境、爱惜资源的意识。

2. 给游戏重新制定规则,体验规则变化给游戏带来的新感受。

(二)学习重难点

用简单的材料制作玩具,变废为宝,制定新的游戏规则。

(三)学习过程

环节一:导入新课

1. 宣布课堂规则:玩大雨小雨的游戏。

师:同学们,课前老师来和大家玩个小游戏,这个游戏就是考验大家倾听能力和反应力,请同学们仔细听老师的描述,做出相应的动作。

听到小雨:双手上下摩擦

听到中雨:双手快速鼓掌

听到大雨:双手用力拍腿

听到雨过天晴:双手比成太阳形状

师:准备好了吗?仔细听。一道闪电划破天空,外面开始下起了小雨,一只小松鼠正走在回家的路上。渐渐地,雨越下越大,变成了中雨,它飞快地跑到了一片芭蕉叶下躲雨。可是,雨下个不停,渐渐地变成了大雨。小松鼠等啊等,终于,等到雨过天晴。

师:在玩游戏的过程中,老师发现同学们在认真倾听,反应也快,老师要奖励你们每个人一枚奖章,请组长发给组员。在上课过程中会倾听、积极思考的同学老师也会奖励奖章。大家可别小看这枚小小的奖章,它可是有魔力的哦!等会儿咱们上课的时候,它会发挥神奇的功能。得到奖章最多的小组还会成为今天表现最佳的小组。

师:同学们刚刚都表现得很好,老师还要奖励大家一些有意思的图片,请同学们睁大你们的火眼金睛,边看边思考,你都在图片中看到了什么,可以大声说出来。(播放视频)

师:看到同学们非常兴奋的样子,老师想采访一下大家,你刚看到了什么?它是用什么做的?(评价:你真会观察、发现)

2. 小结:是啊,在我们的生活中有很多废旧物品,只要你会创造、敢创造,就能像他们那样变废为宝呢。

【设计意图:通过大雨小雨的游戏,树立规则意识,引导学生在课堂上要认真倾听;利用变废为宝的图片,调动学生的兴趣,活跃课堂气氛;通过观察利用废物做成的玩具,启发学生的创造力,为学生在课堂中做玩具、做铺垫。】

环节二:活动设计

活动一:魔力百宝箱

1. 导入课题。

过渡:同学们,刚刚咱们欣赏了很多废物利用的物品,今天这节课我们也一起来创造,一起来做点有意思的东西。(板书:魔力百宝箱)

师:现在我们一起进入活动——魔力百宝箱。

在上一节课中,乐乐听了大家的好点子后,在家里玩得可开心了。现在乐乐又有了新想法。

乐乐:同学们,今天我在电视上看到了打保龄球这项运动,于是,我利用家里不用的矿泉水瓶和沙子制作了简易的保龄球,现在在家也能玩打保龄球啦!我们身边也有很多废旧物品,能不能也把它们利用起来做成玩具呢?大家一起来想想吧!

师:是啊,咱们身边可利用的废旧物品有很多,课前老师让同学们从家里收集了一些废旧物品,赶快把你们收集到的东西举起来,晒一晒吧!哇,你们发现的可利用的废旧物品也太丰富了吧,真是一群乐于发现的孩子。(板书:乐发现)

师:来,赶快把你们的物品放进桌上的百宝箱里。利用你们小组带来的这些物品能够创造出什么有趣的玩具呢?现在就请你们仔细观察百宝箱中的物品,可以站起来,只观察,不动手,自己想一想,想好的同学用 OK 的姿势告诉老师。

2. 小组合作交流

师:相信大家都有了自己的想法,我们在小组中分享分享。谁来读一读小组合作要求?

说一说:依次说自己的想法。

补一补:认真听,及时补充。

展一展:我可以用带来的这些物品做哪些玩具。

泡泡语:时间 2 分钟。

3. 抽查交流

师:谁愿意来说说你的想法?

师:你说清楚了玩具的名字,还说清楚了用到的物品,真棒!

师:嘘,玩法和制作方法可是小秘密,一会儿再分享给大家。

师:大家的想法可真多,真是一群有创意、善于开动脑筋的孩子。(板书:善动脑)

师:听了你们的想法,乐乐也等不及了。

乐乐:哇,伙伴们,你们真是太会思考了,大家的创意让我好期待呀!如果我们把这些废物利用起来做成玩具,还能节约资源,保护环境呢!现在我们就一起来创造,一起来见证它们的超级大变身吧!

【设计意图:本环节让学生从家里收集可利用的废旧物品,启发学生明白这些看似没用的废旧物品,其实可以做成一些有用的物品来方便、丰富我们的生活,启发学生要做生活的有心人。同时,也让学生树立保护环境、爱惜资源的意识。】

活动二:超级大变身

1. 小组合作制作玩具

师:现在我们就一起进入“活动二——超级大变身”。每位同学都有自己的创意,但是课堂上没有办法一一实现,我们就以小组为单位,在组长的带领下,选一个我们都想玩的玩具一起做一做。

请看小组合作要求:利用百宝箱的物品,确定要制作的玩具,共同制作。

泡泡语:制作过程中注意安全哦。

2. 抽查交流遇到困难

师:同学们,大家完成了吗?你们在做的过程中遇到了什么困难?

师:哦,你们小组遇到了技术上的困难。看来,想起来简单的事,做起来可真不容易,咱们还要多尝试,多实践呀!(板书:多实践)

师:谁能解决他们小组遇到的问题?是啊,你们可以投票决定做什么玩具,尊重大多数伙伴的意见。

师:小组长要做好分工,我们还可以选择做简单一点的玩具。

3. 抽查分享经验

师:你们小组怎么做得这么快!你们小组有什么经验分享给大家吗?

师:是啊,做玩具时,我们的团队要会合作,合理分工,大家都要贡献出自己的力量哦。(板书:会合作)

师:看来,动手制作玩具可真不是一件容易的事。乐乐也来给大家支支招,乐乐的小贴士来啦!

同学们,在做玩具前,我们小组的伙伴们可要统一想法,确定我们一起做什么玩具。当出现意见不统一的时候,要尊重大多数伙伴的意见,或者投票决定哦。在做玩具时,我们要在组长的带领下,合理分工,多动脑筋,团结合作,多实践。如果要做的玩具在有限的时间内无法完成,我们可以选择制作简单一点的玩具哦。

师:乐乐给我们分享了什么小妙招呢?谁来说一说?

4. 继续做玩具,完成小组自评表。

师:听了乐乐的小妙招,相信同学们一定受到了新的启发,接下来没完成的小组可以继续做!完成的小组拿出小组自评表,在你们小组能做到的地方贴上一颗星。

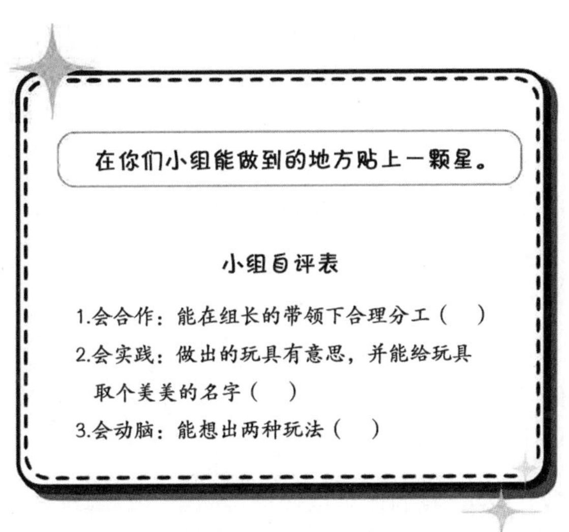

泡泡语:在你们小组能做到的地方贴上一颗星。

师:同学们,如果还有你们小组没有做到的地方,还可以继续努力,做到后也可以贴上一颗星哦!

师:同学们,得到三颗星的小组举举手。大家可真厉害!

【设计意图:本环节让学生充分体验自己利用废旧物品制作玩具的乐趣。在制作过程中,引导学生交流、反思、总结制作过程中遇到的问题,并想办法进行解决,培养学生勤动脑、多动手、敢于创造的能力。】

活动三:玩具大比拼

1. 玩具大比拼

师:同学们,接下来我们进入“活动三——玩具大比拼”。请每个小组留两人在组内,一人介绍,一人演示玩法,其他组员可以到其他小组去看看他们的玩具,等会儿请同学来分享你最喜欢哪个小组的玩具。

2. 抽查分享,请小组展示玩具,并演示玩法。

师:你们的玩具真有趣,老师想采访一下,你们小组是怎么想出这么有意思的玩具的?

师:你们组的玩具做起来可真不容易,看来小组内一定有很明确的分工,真是一个会团结合作的小组!

师:你们能够借鉴平时玩过的玩具,变变规则,又是一种新的玩法,真会动脑筋!

师:大家还记得神奇的小奖章吗?现在它要开始发挥作用了。请组长拿出评价卡,同学们赶快用你们手上的奖章给你认为玩具有创意、玩法有趣的小组贴上星星吧!

【设计意图:本环节通过让同学们给制作的玩具制定两种不同的游戏规则,明白游戏创新除了可以通过制作新玩具来实现,还可以通过制定新的不同的游戏规则来实现,享受创造的感觉,体会游戏的快乐。】

环节三:全课总结

师:同学们,在刚刚的活动中,你们有什么收获或感受?

师:是啊,在这么短短的40分钟里,你们用矿泉水瓶做了保龄球、用纸杯做了跳跳章鱼、用纸盒做了……可真有意思呀!大家收获了那么多创意和快乐。其实在我们的生活中,只要我们乐发现、善动脑、会合作、多实践,敢于创造,就能让我们的生活变得更加美好!(板书:创造,让生活更美好)

【设计意图:对本课时内容进行总结,启发学生明白在未来的学习过程和成长过程中,我们要动脑筋,勤动手,善于创造,过有创意的生活。】

环节四:作业与拓展学习设计

师:同学们,现在你们可都是乐乐心中的创意小达人。现在他向大家发出了一条玩具征集令,一起来听听吧!

乐乐的征集令:

同学们,其实创意无处不在,做生活的有心人就能成为创意小达人。有了创意，我们就能快乐地游戏、快乐地学习、快乐地生活。课后，同学们可以继续利用身边的一些物品，去创造你想玩的玩具，或是改造你的玩具。大家还可以把自己创造的玩具带到学校和小伙伴们一起分享、一起玩哦！

【设计意图：本课学完后，学生学会了利用身边的废旧物品制作玩具，明白了游戏创新不仅可以通过制作新玩具来实现，还可以通过制定新的游戏规则来实现。学生的创意很多，创造的欲望也很强。教师通过乐乐发出的征集令，让学生课后继续利用身边的物品进行创造，体会创造带来的乐趣，感受创造给生活带来的美好。】

师：同学们，今天这节课就上到这里，课后咱们再来评一评哪个小组的玩具最受大家的欢迎。同学们再见！

（四）板书设计

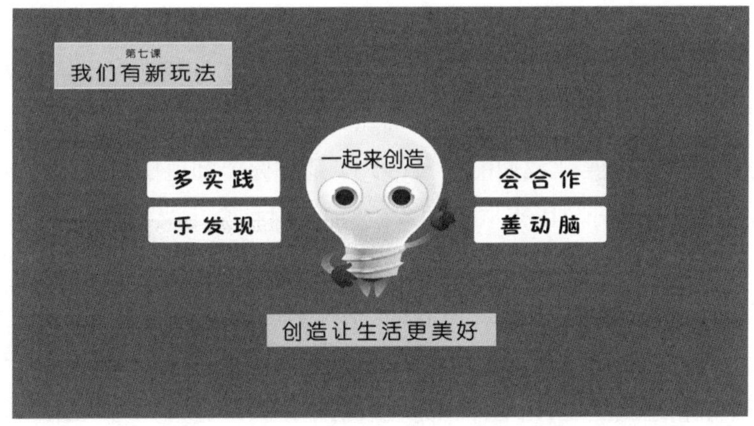

点燃星星之火　实现复兴之梦

——统编版《道德与法治》五年级下册第三单元第9课“中国有了共产党”第二课时教学设计及反思

一、教材分析

“中国有了共产党”是统编版《道德与法治》五年级下册第三单元“百年追梦 复兴中华”中的第9课。本课教材包含了“开天辟地的大事变”“星星之火 可以燎原”“红军不怕远征难”这三个框题。本课计划分为3课时完成，对应《品德与社会课程标准》中的“主题五”“我们的国家”第11条目标：“知道中国共产党的成立，知道新中国成立和改革开放以来取得的成就，加深对社会主义祖国和中国共产党的热爱之情。”

“星星之火可以燎原”为第二课时，介绍了南昌起义的情况，引导学生了解南昌起义与中国共产党革命队伍之间的关系，讲解了在南昌起义等以城市为中心开展的武装斗争相继受挫后，以毛泽东为代表的中国共产党人如何总结经验教训，开创符合本国国情的革命道路，让学生学习伟大的井冈山精神。

二、学情分析

五年级的学生对南昌起义、井冈山会师等了解很少。课前问卷调查发现，学生比较困惑的是以下三个问题：为什么说井冈山是革命摇篮？为什么星星之火可以燎原？为什么革命者当时要上井冈山？学生对这些话题虽感兴趣，但很迷茫。

三、教学目标

1. 通过视频、文字、地图等资料，初步了解南昌起义和井冈山道路的相关史实。

2. 通过合作学习，发现并总结出在井冈山创建农村革命根据地、开辟井冈山道路是唯一正确的选择。

3. 通过讨论、体验、小调查等活动，体会革命者“坚定执着追理想，实事求是闯新路，艰苦奋斗攻难关，依靠群众求胜利”的井冈山精神。

四、教学重难点

体会革命者“坚定执着追理想，实事求是闯新路，艰苦奋斗攻难关，依靠群众求胜利”的井冈山精神。

五、教学准备

1. 教师准备：课前音乐、视频、课件。

2. 学生准备：收集中国共产党在井冈山的故事。

六、教学过程

（一）导入及相关准备

1. 导入。同学们，你们去过哪些地方研学旅行呢？有没有同学去过革命研学基地？今天，老师将带着大家到一个特别有意义的地方——井冈山，一起去探索“星星之火，可以燎原”的力量。（板书：星星之火 可以燎原）

2. 师生一起做研学前的相关准备：

每位同学佩戴好研学标志——星星小火炬。

在井冈山星星圣火前合影。

请学生代表滚动抽取本次研学的体验项目。

【设计意图：创设一个研学旅行的情境，把学生比较陌生的南昌起义、井冈山革命根据地等内容包裹在大情境、大任务中，激发学生主动参与探索的欲望。】

（二）活动一：挑战研学任务

1. 观看毛泽东引兵井冈山的视频，并引出任务：说说为什么毛泽东爷爷当时要引兵到井冈山？要求：根据资源包，把原因逐条写在卡片上；选派代表上台汇报；时间 5 分钟。

2. 学生汇报交流。

师：现在，我们把讨论的结果分享出来，一起完成这张“引兵井冈山”战略分析图。

生：从当时形势上分析，面对国民党反动派的迫害，我党决定以起义的方式反抗。南昌起义、秋收起义等之后,我党面临新的抉择。

师:补充南昌起义、八一建军节来历等相关资料。

生:从敌我双方军力、井冈山资源上分析,敌强我弱,井冈山易守难攻,资源丰富,群众基础好。

3. 教师补充并总结。(出示南昌起义、秋收起义和井冈山会师图)1927 年国共合作破裂后,共产党人遭到了屠杀。共产党领导人决定以武装起义的方式来反击,先后发起南昌起义、秋收起义等。继续攻打城市,力量悬殊,这条路走不通。革命道路是一条从无到有的路,没有经验可循,只有实事求是,自己闯出一条新路。当时,领导秋收起义的毛泽东提出战略转移到农村地方,在敌人最弱的地方,积蓄力量重整旗鼓。井冈山位于湖南和江西两省的罗霄山脉中段,崇山险峻,易守难攻,只有几条狭窄的小道通往山内。山上的资源比较丰富。毛泽东毅然决定引兵到井冈山。1927 年 10 月,中国共产党人在井冈山创建了第一个农村革命根据地——井冈山革命根据地。1928 年 4 月底,朱德、陈毅率领从南昌起义保存下来的一部分部队和湘南农民军经过了艰难险阻到达井冈山,与毛泽东领导的工农革命军会合。这就是井冈山会师。

师:进一步思考,从毛泽东面对现实,果断引兵上井冈山的决定中,你有什么体会?(板书:实事求是)

【设计意图:用研学任务驱动,把南昌起义、井冈山革命根据地等史实资料作为资源包,让学生自己研讨发现。同时,教师用一张示意图做总结,让学生散点的认知变成整体的了解。】

(三)活动二:体验井冈山生活

1. 教师讲述一盏油灯的故事。请大家闭上眼睛,一起来想象一下井冈山当时的情景。国民党反动派为了扼杀中国革命力量,对根据地进行多次的军事进攻和严酷的经济封锁。他们在上下山的通道设立了关卡,严加封锁盐、油、药、布等必需品,致使井冈山的物资非常缺乏。请同学们轻轻睁开眼睛。你们看这一盏油灯,在当时特别的珍贵。毛泽东规定,部队“连”以上单位晚上办公、开会只用一盏油灯,不办公、不开会时则不能用油灯。毛泽东晚上坚持只用一盏油灯、一根灯芯。体验到这儿,你有什么感受?(相机板书:艰苦奋斗)

2. 一边听革命歌曲《毛委员和我们在一起》,一边完成调查表。

井冈山生活调查表	
吃	
穿	
睡	
武器	
我发现:	

3. 学生交流分享。(板书:坚定理想)

【设计意图:当年井冈山生活的艰苦是学生无法想到的。通过在一盏油灯下的写字、看书的设计,让学生亲身体验当时艰苦的环境;听革命歌曲《毛委员和我们在一起》,完成井冈山生活调查表,可直观、形象地让学生发现井冈山生活的艰苦,理解革命前辈坚定的革命信念。】

(四)活动三:分享红色故事

1. 以小组为单位,把学生收集到的井冈山的故事在组内分享,并交流感受。

2. 故事小能手分享故事《一罐盐的故事》,每个同学都把自己的体会写在词卡上。

3. 学生交流收获。

4. 教师总结。

我们党的发展壮大离不开群众的拥护和支持,需要依靠群众。而中国共产党也给老百姓带来了幸福和希望。我们可以从不同的角度去体会。(相机板书:依靠群众)

在毛泽东创建井冈山革命根据地后,各地党组织也抓住有利时机,建立了更多革命根据地,开辟了“农村包围城市,武装夺取政权”的正确道路,井冈山成为革命的摇篮。这就是,星星之火,可以燎原。

【设计意图:学生交流自己收集到的井冈山故事,在交流分享中,进一步完成对井冈山精神“坚定执着追理想,实事求是闯新路,艰苦奋斗攻难关,依靠群众求胜利”的认知。同时,初步感受从多角度去体验、去思考的方式,学会尊重他人的感受。】

（五）板书设计

9.中国有了共产党　第1课时
坚定执着　　　　艰苦奋斗
依靠群众　　　　实事求是
井冈山革命根据地

【设计意图：本课的板书由课题、一把星星火炬、四种井冈山精神构成。既直观形象地突出了星星之火，可以燎原的主题，又把井冈山精神中的关键词提取出来，使学生的思维结构化。本课对井冈山精神的体会，采用了现场生成的方式。学生对于井冈山精神都能体会，但大多都不能准确表达，需要教师在现场生成、提炼。】

七、教学反思

执教《星星之火，可以燎原》一课，我经过了多次研习。第一次研课，尽管我查阅了大量的党史知识，课堂上准备了多个视频，讲得“口若悬河”“苦口婆心”，但学生似乎“毫不领情”，坐得规规矩矩，却少有参与。本来历史题材的内容就离学生很远，加上讲授式的教学方式，更让学生难以进入状态。这让我思考：教师的知识如何转化为学生的知识？离学生生活较远的学习内容如何调动学生的学习兴趣？关键在于课堂上如何设计学习活动。经过团队的多次研习，我们又重新进行了教学设计，有了以下思考和突破。

（一）以素养目标引领学习活动

本课学习目标的制定，来源于教材第三单元每一课之间的关系，在对第 9 课的三部分内容进行分析后，我们找到了准确的定位。本单元按照以下历史发展顺序来编写：屈辱史（第 7 课）—抗争史（7～10 课）—建设史（11～12 课）。而第 9 课《中国有了共产党》分别引导学生学习和继承的是红船精神、井冈山精神和长征精神，其中重点就是体会井冈山精神。学习活动是实现学习目标达成的载体，需要紧紧围绕学习目标进行设计。

学习目标	学习活动
1. 通过视频、文字、地图等资料，初步了解南昌起义和井冈山道路的相关史实。	完成研学任务，小组合作学习，根据资源包探索毛泽东爷爷引兵井冈山的原因。
2. 通过合作学习，发现并总结在井冈山创建农村革命根据地、开辟井冈山道路是唯一正确的选择。	学生从当时的局势、敌我军力和井冈山资源的分析中，发现并总结出在井冈山创建农村革命根据地，开辟井冈山道路是唯一正确的选择。

续表

学习目标	学习活动
3. 通过讨论、体验、小调查等活动，体会革命者“坚定执着追理想，实事求是闯新路，艰苦奋斗攻难关，依靠群众求胜利”的井冈山精神。	完成研学任务，学生深切体会到“实事求是闯新路”的井冈山精神。 体验井冈山生活，体会到“坚定执着追理想、艰苦奋斗攻难关”的井冈山精神。 分享红色故事，学生体会到“依靠群众求胜利”的井冈山精神。

（二）以真实情境贯穿学习活动

学生学习是否具有主动性，是深度学习与浅层学习的重要区别。只有唤起学生学习主动性，才能打开学生的认知和情感的大门，没有主动精神和积极态度的学习很难让学习真实发生。为此，本课创设了研学旅行这样一个真实的情境，激发了学生的学习兴趣。学生戴上研学的标志，每个组设火炬桌牌，跟星星圣火合影，现场请同学来摇号……这些细节的处理，让真实的情境发挥了作用，学生不知不觉被“卷入”学习中。

后面的三个学习活动都与这个大情境相关：挑战一次研学任务、体验一回井冈山生活、分享一段红色故事，紧密、自然地嵌入在大情境中，以一个大情境贯穿始终，学生的参与感、体验感油然而生，学习氛围是轻松的，学生体验是真实发生的。

（三）立足育人构思学习活动

我查阅了大量史实资料，但教师不能替代学生学习。我们需要做的是帮助学生自主学习。在研学任务中，我以主问题“毛泽东爷爷为什么要引兵井冈山”为驱动，让全班同学共同完成“引兵井冈山战略分析图”。在这个大任务中，教师提供了内含井冈山革命根据地、南昌起义、秋收起义的史实资料，让学生一边完成任务，一边阅读、分析、交流相关的史实知识，从而达成了学习目标。在这里，我把相关知识转化为资源包的形式，方便学生操作。

在“体验一回井冈山生活”的活动中，我通过革命歌曲《毛委员和我们在一起》让学生了解井冈山的艰苦生活。但如果只是输入式的倾听，没有变成学生可操作的学习资源，并不能让学生形成对井冈山艰苦生活的认知。所以，我把这个学习活动变成一边听歌曲，一边填写“井冈山生活调查表”的形式，引发学生真实的思考和学习，学生成了学习的主体。

（四）以学习产品驱动学习活动

教学中，每一个学习活动都为学生提供了可操作的学习材料，也注重现场学生

“学习产品”的诞生。本课围绕学生思维成果和学习产品的生成来组织系列学习活动。“引军井冈山战略分析图、井冈山生活调查表、故事体会词卡”等学习产品，让学生的成长看得见、摸得着、说得出，学习成果产品化、生成化，见证了学生真实学习的发生。

（五）课堂遗憾引发新的思考

通过几次研习，学生明显变得积极主动，成为学习的主体，而教师只是组织者、设计者、参与者。在课后回访中，多数同学都说这样的课既有趣又有意义，让我们了解我们党探索革命道路的过程太艰辛了，革命者令人敬佩。显然，这一课的教学目标达成了。但课堂教学难免有遗憾，课后，我们有了新的思考：一是需要设计大单元、大任务、大情境，这种整体意识更有利于学生素养的形成；二是可以设计嵌入性评价，让评价面向人人，促进学生学会学习。

整体设计单元任务　感受童年真善美

——以统编版《语文》三年级下册第六单元为例

一、明确单元主题

统编版《语文》三年级下册第六单元的人文主题是:“在童年的百花园里,我们看到了真善美”,指向引导学生感受童年生活的多姿多彩和美好纯真。本单元的语文要素有两个:一是指向阅读——运用多种方法,理解难懂的句子;二是指向表达——写一个身边的人,尝试写出他的特点。

二、解读语文要素

针对本单元内容,我们对其中的语文要素进行了细化解读。

(一)基于课标解读

统编教材三年级上册第二单元的语文要素是“运用多种方法理解难读懂的词语”,三年级下册第六单元的语文要素是“运用多种方法理解难读懂的句子”,上下两册教材的语文要素都指向“理解”,符合《义务教育语文课程标准(2022 年版)》提出的第二学段的阅读目标:“能联系上下文,理解词句的意思,体会课文中关键词句在表达情意方面的作用;能借助字典、词典和生活积累,理解生词的意义。”我将本单元的训练重点确定为“运用多种方法理解难懂的句子,读懂文章内容,感受童年的真善美”。

(二)基于课程解读

单元语文要素不是孤立存在的。首先,本单元的阅读训练要素是“运用多种方法理解难懂的句子”,这种结合学生认知发展规律,进行与“理解词句”相关的阅读训练要素,在低中年级呈现螺旋上升的趋势。低年级侧重发展学生“理解词语”的能力,到了中年级,则“由词到句”,进一步发展学生“理解词句”的能力。与之相关的阅读训练要素在部编版教材中的分布如下表。

教材	单元	阅读训练要素
一下	第三单元	联系上下文理解词语的意思。
一下	第六单元	联系生活实际理解词语的意思。
二上	第四单元	联系上下文和生活经验,理解词语的意思。
三上	第二单元	运用多种方法理解难懂的词语。
三下	第六单元	运用多种方法理解难懂的句子。

其次,本单元的表达训练要素是“写一个身边的人,尝试写出他的特点”,通过本次习作,引导学生留心身边的人,发现身边人的特点,培养学生的观察能力,养成良好的观察习惯。与“写人”有关的表达训练要素是小学阶段表达教学的长线目标,从二年级到六年级,随着年级的升高,该目标的层级也不断提升,形成序列。见下表。

教材	单元	表达训练要素
二下	第二单元	能根据提示写自己的一个好朋友。
三上	第一单元	体会习作的乐趣,用几句话或一段话介绍自己的同学。
三下	第六单元	写一个身边的人,尝试写出他的特点。
四上	第二单元	写一个人,注意把印象最深的地方写出来。
四下	第七单元	运用多种方法写出人物的特点。
五上	第二单元	结合具体事例写出人物的特点。
五下	第四单元	尝试用动作、语言、神态描写,来表现人物的内心。
五下	第五单元	初步运用描写人物的基本方法,尝试把一个人的特点写具体。
六上	第八单元	通过事情写一个人,表达出自己的情感。

本单元选文看似写事,其实也蕴含写人的方法。如《剃头大师》中对“我”、小沙、剃头师傅的描写,三个人物,各有特点;《我不能失信》一文,通过一件小事表现宋庆龄诚实守信的品格。这些课文对人物语言、动作的描写,都可以成为学生学习写作的范本。

(三)基于编者意图解读

本单元共有四篇课文,其中三篇是精读课文:儿童诗《童年的水墨画》抒写亲近自然的快乐,小说《剃头大师》描绘童年的趣事,散文《肥皂泡》讲述童年的游戏,名人故事《我不能失信》告诉我们与朋友交往要守信用，加上习作《身边那些有特点的人》，共同组成了这个描写多姿多彩纯真童年时光的教学单元。

弄清单元语文要素在每篇课文中是如何体现和发展的，就必须先清楚“运用多种方法”指的是哪些方法，什么样的句子才能叫“难懂的句子”。结合单元“语文园地”中的“交流平台”可知，“多种方法”具体指联系上下文、联系生活经验、查资料、向别人请教；“难懂的句子”，主要指文学化的语言、运用特殊称谓、个性化的表达或者与表达课文中心思想、作者感情、想法与感受有关的总结性语句。如《我不能失信》中以总结性句子“一个人在家，是很没劲。可是，我并不后悔，因为我没有失信”为线索，让学生联系生活实际理解宋庆龄诚实守信的优秀品质。

三、设置单元目标

依据课标和教材分析，我们对第六单元的内容进行了整理，从识字与写字、阅读、习作三个方面设置了本单元的教学目标。

（一）识字与写字目标

1. 运用所学识字方法认识 30 个生字，读准 1 个多音字，会写 37 个字，会写 41 个词语。

2. 学习“语文园地”中一组与海岛、港口有关的词语，并能根据词语想象画面。

（二）阅读目标

1. 能正确流利地朗读课文，默读课文。

2. 能背诵《溪边》和“日积月累”中关于“改过”的名言。

3. 能运用联系上下文、联系生活经验等多种方法理解难懂的句子和课文的主要内容。

4. 能体会文章丰富的想象，说出肥皂泡还有哪些美丽的去处。

5. 能说出课文以“剃头大师”作为题目的好处。

6. 能结合自己的阅读体验，总结理解难懂句子的方法，体会童年的真善美。

（三）写作目标

1. 能仿照示例，围绕一个意思写一段话。

2. 写一个身边的人，尝试用典型事例写出他的特点。

3. 能给习作拟一个表现人物特点的题目。

四、设计单元任务

在单元目标下，我们团队将本单元的四篇课文、习作和“语文园地”进行了整合分析,设置了以下情境:金色的童年,有很多美好的回忆;纯真的快乐在溪边、林中、江上飘荡;纯洁的童心在小沙的无忌童言中表现;美好的梦想映射在五彩斑斓的肥皂泡里……在制作班级童年相册、创序言、书内页、写结语等活动中,让学生学会朗读与背诵、理解与推论、积累与运用;在交流与分享中,让学生学会通过联系生活、联系上下文等多种方法,理解关键语句,发现身边有特点的人,书写童年的真善美。

在这些情境下,我们以"制作班级童年相册"为大主题,设计了以下三个任务。

(一)理解童年的真善美,创序言

此活动将以课文为例子,引导学生具体理解童年的真善美是什么,为相册写序言。此活动由五部分组成。

1. 品味文学化语言,感受童年的纯真,学习《童年的水墨画》

这节课描绘了三幅画面,语言优美,动静交织。从整体感知开始,借助联系上下文、想象画面的方法,聚焦"山溪",感受诗句里的绿、静。教师引导学生品味语言,发现比喻的妙趣,自主学习,读懂《溪边》《江上》《林中》,感受童年生活的纯真美好。

2. 理解人物的特别表现,感受孩子的真实,学习《剃头大师》

学习《剃头大师》,以有趣的绰号入手,先复习理解难懂词语的方法,在此基础上,阅读课文,找到小沙的表现,抓住他的特点为他取一个有趣的绰号;接着引导学生联系现实生活,发现"害人精"绰号的由来;最后,让学生迁移运用方法,自主寻找"剃头大师"绰号的由来。通过理解人物的特别表现,感受孩子的真实。

3. 体会作者个性化的表达,感受童年生活的美,学习《肥皂泡》

《肥皂泡》讲的是冰心童年时代做肥皂泡、吹肥皂泡、看肥皂泡和想象肥皂泡的故事。设计本课时,我们以"最爱"为线索,先是走进"最爱",说清吹肥皂泡的过程;再梳理制作肥皂水、吹肥皂泡的过程,进一步体会"最爱",欣赏肥皂泡的"美丽";再借助提示,说说吹出来的肥皂泡是什么样子的,理解难懂句子;最后,升华"最爱",发挥想象,体会梦想,围绕"圆满""自由""透明""美丽"等词语,体会作者个性化的表达。需联系实际,唤醒学生真实的体验,使其在交流分享中自我觉悟、自我提升。

4. 抓住总结性语句,感受优秀的品质,学习《我不能失信》和"语文园地"的名言

本课是一篇名人守信故事,美好的品质融入每个情节。从寻找对话开始,感知宋庆龄守信;抓住总结句,联系上下文分析父母劝说后宋庆龄的选择,体会守信的

坚定;围绕总结句,自主品读课外诚信小故事;联系生活,再次体会宋庆龄诚实守信的美好品质。学习本课,要读懂守信的意义,学习知错就改的品质,保护至善童心。

5. 写序言,能用课文举例具体阐述童年的真善美

“班级童年相册”共有三篇,分别为“纯真篇”“美好篇”“善良篇”。理解了课文后,为相册写序言。要求学生借助课文,用举例的方式,具体阐述童年的真善美是什么,对童年的真善美有基本的理解。例如,童年的纯真是什么?是小沙剃头时的“真言真语”,是“纯真篇”。童年的美好是什么?是宋庆龄“守信不悔”的优秀品质,是“善良篇”。

(二)记录童年的真善美,书内页

指导学生留心观察,找到身边有特点的人,书写童年的真善美,为相册写内页。我们设计了以下活动。

1. 寻找有特点的人,发现童年的美好

让学生联系生活实际,学会发现身边有特点的人,并为他做一张人物卡片,加上合适的词语表现人物的特点,再借助人物卡片,把列举出来的故事讲给自己听。

2. 列举典型事例,书写童年“真善美”

学生能根据人物特点选取典型事例写清楚,明白如何书写童年的真善美,完善自己的相册内容。

(三)分享童年的真善美,写结语

为进一步展现童年生活,感悟真善美,我们设计了以下活动:评选精彩习作,分享身边美好;开展童年“相册大欣赏”活动,生生评价;书写自己的相册结语,将学习内容结合到真实情境中,进一步体会童年的真善美。

在本单元的教学过程中,我们研读教材,感受编者的用心;用好教材,体现教者的匠心。细读教材把握编者意图,抓住语文要素勾画图谱,提升学生语文素养的高度,扎实落实语文要素的训练,是我们专业成长的必由之路。

“教—学—评”一致　写出人物的特点

——统编版《语文》三年级下册第六单元习作“身边那些有特点的人”教学设计

一、学情分析 在三年级上册，学生已经经历过一次写人习作训练“猜猜他是谁”，多数学生能够用几句话或一段话从外貌、性格等方面介绍身边的人，但是学生对周围的事物缺少观察，不容易发现突出的地方。这节课中，找到人物的突出特点，并把特点写清楚是有一定的难度的。
二、教学目标 1. 能留心观察身边的人物，为他们送称号，根据“特别喜欢、特别厉害、特别明显”等几方面拓宽选材范围。 2. 能根据人物称号选择一件有关联的事情，尝试写出人物的特点。 3. 能借助课文片段，发现突出人物特点的方法，并用微课中的三个追问来修改习作，进一步突出人物的特点。
三、核心目标 能借助课文片段，发现突出人物特点的方法，并用微课中的三个追问来修改习作，进一步突出人物的特点。
四、教学重难点 能借助课文片段，发现突出人物特点的方法，并用微课中的三个追问来修改习作，进一步突出人物的特点。
五、学习工具 课本、学习单。
六、课时安排 共两课时，本设计为第一课时。

续表

七、“教—学—评”过程			
课时目标 评价任务	学习活动设计	设计意图	教学实践调整
目标1: 能留心观察身边的人,为他们送称号,根据“特别喜欢、特别厉害、特别明显”等几方面拓宽选材范围。 评价任务: 1. 读课题。 2. 总结人物特点的三种类型。 3. 确定写作对象。	【活动一】拓展思路,确定对象 (一)拓展选材范围 1. 读好课题。 2. 分版块展示,发现词语特点。 (1)读词语,关联身边的人。 思考:你想到了谁? 为什么会想到他? (2)读词语,说了解。 归类:特别喜欢、特别厉害、特别明显…… 总结:我们在发现身边人物的时候,可以从特别喜欢、特别厉害、特别明显这三方面着眼。 (二)确定写作对象 1. 选择三个人中最有特点的人。 2. 说说选择的理由。	通过发现称号的特点,引导学生从三个方面去观察身边有特点的人;初步建构写身边有特点的人的角度。	
目标2: 能根据人物称号选择一件有关联的事情,尝试写出人物的特点。	【活动二】发现方法,初次习作 (一)明确思路,初次习作 1. 观察“泡泡语”,总结方法。(通过一件事、人物一系列的日常表现观察。) 2. 学习通过一件具体的事情表现人物特点的写作方法。 3. 动笔习作(8分钟) (二)借助例文,自主评价 运用例文阶梯图,评价习作 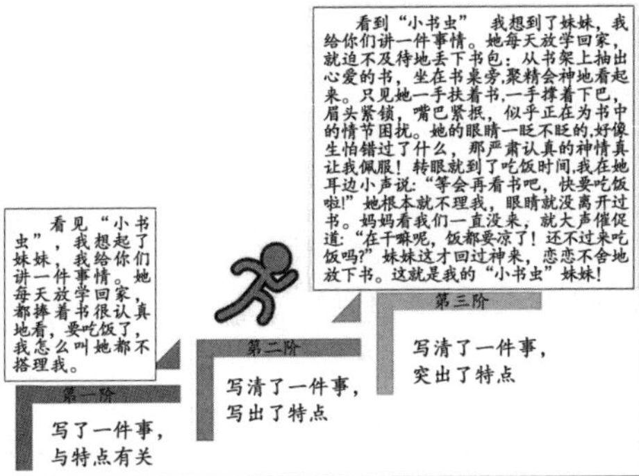 看见“小书虫”,我想起了妹妹,我给你们讲一件事情。她每天放学回家,都捧着书很认真地看,要吃饭了,我怎么叫她都不搭理我。 第一阶 写了一件事,与特点有关 第二阶 写清了一件事,写出了特点 看到“小书虫” 我想到了妹妹,我给你们讲一件事情。她每天放学回家,就迫不及待地丢下书包:从书架上抽出心爱的书,坐在书桌旁,聚精会神地看起来。只见她一手扶着书,一手撑着下巴,眉头紧锁,嘴巴紧抿,似乎正在为书中的情节困扰。她的眼睛一眨不眨的,好像生怕错过了什么,那严肃认真的神情真让我佩服!转眼就到了吃饭时间,我在她耳边小声说:“等会再看书吧,快要吃饭啦!”她根本就不理我,眼睛就没离开过书。妈妈看我们一直没来,就大声催促道:“在干嘛呢,饭都要凉了!还不过来吃饭吗?”妹妹这才回过神来,恋恋不舍地放下书。这就是我的“小书虫”妹妹! 第三阶 写清了一件事,突出了特点	通过课本中“泡泡语”,引导学生学会通过一件具体事情表现人物特点的写作方法,尝试初次习作;学生对照三阶图的评价指标,自主评价习作。这里的三阶图是支架的有效搭建和运用。	

续表

<table>
<tr>
<td>目标3：
能借助课文片段，发现突出人物特点的方法，并用微课中的三个追问来修改习作，进一步突出人物的特点。</td>
<td rowspan="2">学习活动三：运用方法，修改习作
（一）发现方法
1. 阅读课文片段，发现作者把事情写清楚的方法。自主学习：找一找，想要把人物的特点写清楚，有什么好方法？

学习单
她刚走到门口，突然停住了脚步，皱起了眉头。
父亲看见了，奇怪地问：“庆龄，你怎么不走啦？”
“爸爸，我不能去了！我昨天和小珍约好了，今天她来我们家，我教她叠花篮。”庆龄说。
“你不是一直想去伯伯家吗？改天再教小珍吧。”父亲说完，拉起庆龄的手就要走。
“不行！不行！我走了，小珍来了会扑空的，那多不好啊！”庆龄边说边把手抽回来。
“那……回来你去小珍家解释一下，表示歉意，改天再教她叠花篮，好不好？”妈妈在一旁说。
“不，妈妈。您说过，做人要信守诺言。如果我忘记了这件事，见到她时向她道歉是可以的，但我已经想起来了，就不能失信了！”庆龄坚定地说。
——选自《我不能失信》
留心记下人物的______，她守信的特点更突出了。
留心记下人物的______，她守信的特点更突出了。
用心记下人物的______，她守信的特点更突出了。

2. 观看微课，学习三个追问
问题1：只有这些动作吗？
问题2：这时的表情是什么呢？
问题3：人物的语言都记下了吗？
（二）运用方法，修改习作
1. 对照三个追问，自主修改习作。
2. 展示修改后的习作，全班鉴赏评价。
评价标准：
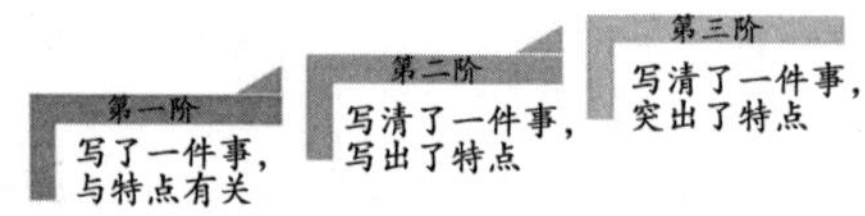

总结：这节课，我们找到了身边有特点的人，选择了一件与之有关的事，通过追问自己三个问题来修改习作，让人物特点更突出。</td>
<td rowspan="2">通过课文片段和微课支架，引导学生运用把人物特点写清楚的方法；利用三个追问的支架，将教师的课堂语言转化为学生的自我追问，让学生的思维在课堂中进行有效的思辨，自主发现问题、解决问题；有了范文和三个追问的方法指引，为学生修改习作、达成三阶作文做足了铺垫。</td>
<td rowspan="2"></td>
</tr>
<tr>
<td>评价任务：
1. 阅读课文片段，发现写清楚人物特点的方法。
2. 观看微课，学习三个追问的方法。
3. 运用方法，修改习作。</td>
</tr>
<tr>
<td colspan="4">板书设计

身边那些有特点的人
特别明显　特别喜欢　特别厉害　有特点
语言　表情　动作　写清楚
问题1：只有这些动作吗？
问题2：这时的表情是什么呢？
问题3：人物的语言都记下了吗？</td>
</tr>
</table>

发挥想象　感受神奇

——统编版《语文》四年级上册第15课“女娲补天”教学设计

一、教材分析

“女娲补天”一课所在单元由四篇神话组成：中国古代神话故事《盘古开天地》《精卫填海》《女娲补天》和古希腊神话故事《普罗米修斯》。这些神话经典可以让学生体会古代劳动人民对自然、对世界的独特理解和神奇想象，感受故事中鲜明的人物形象。

本单元的语文要素为：了解故事的起因、经过、结果，学习把握文章的主要内容；感受神话中神奇的想象和鲜明的人物形象；展开想象，写一个故事。

本单元还编排了“快乐读书吧”，推荐阅读中外神话，引导学生进入更广阔的神话世界，感受魅力无限的神奇想象，了解古代劳动人民在探索和改造世界中的独特认识和美好向往，激发学生阅读神话的兴趣。

神话对学生而言并不陌生，他们在教材二年级上册就学过《大禹治水》，二年级下册学过《羿射九日》，对神话故事已经有了一定的了解。本单元是教材第一次明确提出神话的概念，之后，小学阶段不再出现神话类的课文。学习神话，学生需要感受神话这种文体的基本特色：神奇的想象和鲜明的人物形象；初步了解阅读神话的策略——利用神话结构说主要内容，加入自己的想象体会人物形象，再运用到本单元的“快乐读书吧”的活动中，感受阅读神话的快乐。

这篇略读课文，讲了远古时期女娲为了拯救处于水深火热中的人们而冒着生命危险补天的故事，赞扬了女娲勇敢、善良的品质及不怕危险、甘于奉献的精神。课文“阅读提示”中明确指出了学生自主阅读这篇神话需要完成的两大任务：一是默读课文，说说故事的起因、经过和结果；二是发挥自己的想象，试着把女娲从各地捡来五种颜色石头的过程说清楚、说生动。

通过前面精读课文的学习，学生对神话已经有了一定的感知，知道神话是口口相传而来，所以在结构上有一定的相似之处：什么情况（不能解决的自然灾难或不能解释的自然现象)—怎么解决—结果怎样。这三个部分正好也对应了神话故事的起因、经过和结果。利用这一结构规律,学生就能自主完成“任务一”。

而完成“任务二”,需发挥自己的想象,可试着把女娲从各地捡五种颜色石头的过程说清楚、说生动,指向的是感受神话的神奇和女娲鲜明的人物形象。“说清楚”具体表现为能把捡石的起因、经过、结果说清楚,“说生动”具体表现为能从简单举动和超凡能力带来的神奇效果方面说女娲捡石的过程,从而体会女娲的形象。

在精读课文《盘古开天地》时,学生通过边读边想象画面,说出自己心中盘古的形象,感受他能力的神奇;在精读《精卫填海》时,学生会结合注释,讲述填海的故事,感受精卫坚持的神奇;在精读《普罗米修斯》时,学生通过讲清楚盗火的故事,感受神话故事的神奇……这些神奇的背后都指向对人物形象的理解。因此,教学“任务二”时,学生先要回顾在《盘古开天地》和《普罗米修斯》中感受神奇的方法,要么是简单的动作产生了神奇的效果,要么是超凡的能力产生了神奇的效果。学生再运用学到的方法,创编女娲捡石过程,在想象、创编、交流中,进一步感受女娲鲜明的人物形象。

二、教学目标

1. 自主读文,随文识记“败、措”等9个生字。

2. 能运用本单元精读课文的方法,说出故事的起因、经过和结果,把握文章的主要内容。

3. 能运用本单元所学方法,感受本课中神奇的地方和鲜明的人物形象,并能发挥想象,运用“简单动作—神奇效果”和“超凡能力—神奇效果”等支架,试着把女娲从各地捡来五种颜色石头的过程说清楚、说生动。

三、教学重难点

能运用本单元所学方法,感受本课中神奇的地方和鲜明的人物形象,并能发挥想象,运用“简单动作—神奇效果”和“超凡能力—神奇效果”的支架,试着把女娲从各地捡来五种颜色石头的过程说清楚、说生动。

四、教学准备

学生准备:学完本单元精读课文,完成学习单。

教师准备:制作 PPT。

五、教学过程

(一)课前导入,看词语猜人物

同学们,对于神话故事你们一定不陌生吧?我们一起来看看这些神话人物都是谁。出示神话人物名字和相关词语,让学生猜是哪个神话故事里的人物。

(二)单元切入,整体把握内容与方法

1. 单元导读

今天,我们一起读神话故事。学习本单元,我们将了解故事的起因、经过、结果,把握文章的主要内容,感受故事中神奇的想象和鲜明的人物形象。在二年级下册的《羿射九日》中,后羿坚持不懈、敢于抗争的形象给我们留下了深刻印象;在三年级下册第八单元,我们学会了如何了解故事主要内容并复述故事;在本册第七单元我们将学习如何关注主要人物和事件,把握文章的主要内容。每一个神话故事,都充满着神奇的想象。读神话,要抓起因、经过、结果,把握主要内容;要感受想象的神奇和人物鲜明的个性。用上这些方法,我们来学习课文"女娲补天",发挥自己的想象,清楚、生动地讲述这个故事。之后再走进"快乐读书吧",走进更广阔的神话天地,我们会遇见尝百草的炎帝、造字的仓颉、智慧的雅典娜、海神波塞冬,感受神话永恒的魅力。

2. 读准课题

今天我们要去认识具有超凡能力的人物——女娲,去看看她补天的故事。齐读课题。

3. 回顾方法

根据本单元学习的三篇神话故事,回忆了解故事的起因、经过、结果,学会把握文章主要内容的方法;回忆《盘古开天地》和《普罗米修斯》的主要内容;运用学过的方法,根据下面的"导学单"练习概括《女娲补天》的主要内容。

主要内容导学单

自主学习:默读课文,图画关键词,借助表格,连起来说说课文的主要内容。

课题	起因(什么情况)	经过(做了什么)	结果(结果怎样)
12 盘古开天地	天地混沌	开天辟地 顶天立地 化作万物	创造美丽世界
14 普罗米修斯	人类没火	盗取火种 不认错、不还火种 受到惩罚	获得了自由 人类有了火
15* 女娲补天			

当我们了解了故事的起因、经过、结果,主要内容就清楚了。女娲正是做了这些事情,才把天补好了。

【设计意图:回顾本单元所学内容,迁移运用把握文章主要内容的方法,落实本单元的语文要素:了解故事的起因、经过、结果,学习把握文章的主要内容。】

(三)发现"神奇",感受过程与形象

1. 回顾感受"神奇"的方法。

2. 微课呈现"神奇"的方法。

3. 说说感受"神奇"的方法。

(四)自读课文,感受故事的神奇之处

1. 运用学过的方法,阅读《女娲补天》,勾画出你觉得神奇的词句,并说说原因。

2. 从这些词句中,你读到一个什么样的女娲?

(五)发挥想象,陈述捡石过程

1. 读描写女娲捡石的句子,想象女娲会遇到哪些情况。

2. 发挥想象,把女娲从各地捡来赤、青、黄、白、黑五种颜色石头的过程说清楚、说生动。

3. 回忆说清楚、说生动的方法。

4. 根据导学单,自主学习。

导学单

学习任务:发挥想象,把女娲从各地捡五种颜色石头的过程说清楚,说生动。

女娲从各地捡来赤、青、黄、白、黑五种颜色的石头。

自主学习:

(1)把你想到的最困难的一种情况写到导学单上。

(2)想象她解决困难的简单动作或超凡能力,填写导学单。

(3)根据导学单练说故事。

什么情况	做了什么	结果怎样
	简单动作 一________就________ 一________就________ 超凡能力 ________ ________	……

5. 同桌合作,补充练说。

根据导学单,一人讲,一人听,互相补充,准备展示。

6. 学生展示,教师相机点评,感受女娲形象。

【设计意图:回顾本单元感受神话神奇的方法,迁移运用到本课中,并能发挥自己的想象,运用"简单动作—神奇效果"和"超凡能力—神奇效果"的支架,把女娲从各地捡来五种颜色石头的过程说清楚、说生动。】

(六)快乐读书,回归单元整体

让我们到"快乐读书吧",回归神话起源吧!

【设计意图:回归单元整体,向学生渗透神话的文体特征,并勾连"快乐读书吧",激发学生进一步阅读神话的兴趣。】

(七)板书设计

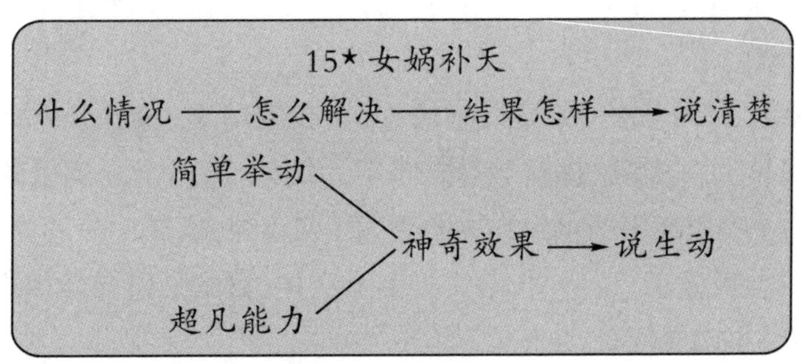

基于“提问”策略　确定单元“大概念”

——以统编版《语文》四年级上册第二单元为例

一、“大概念”的提取

随着课程改革的推进,我们逐步将学科“大概念”引入教学。以四年级上册第二单元为例,我们提取的“大概念”是“提问”。我们对“提问”这一概念的理解是:根据阅读中与自己的认知相矛盾、不明白不一致的地方提出有价值的问题,以帮助自己深入思考,成为一个主动的阅读者。那么,这个“大概念”是如何提取的呢?

(一)查阅文献

我们查阅了大量文献,特别关注到华南师范大学教育科学院杨宁博士的文章《学生课堂提问的心理学研究反思》中对“提问”的阐释:“学生课堂提问是指学生在课堂或相关的教学情境中,对自己知识领域、学习材料以及教师教学中的某些矛盾、空白和不一致提出质疑,寻求问题解决,以主动维持学习活动有效进行的过程。”我们关注到了其中的“质疑点”,也就是“提问点”,由此提炼学生在阅读过程中的“提问点”就是“与自己认识相矛盾、不明白、不一致的地方”。

(二)对应课标

《义务教育语文课程标准(2022年版)》中明确提出:“学生是学习的主体。语文课程必须根据学生身心发展和语文学习的特点,爱护学生的好奇心、求知欲,鼓励自主阅读、自由表达,充分激发他们的问题意识和进取精神。”我们关注到其中的“问题意识”和“自主阅读”,联系到提问能激发学生的问题意识,帮助他们自主阅读,由此提炼学生通过提问而学习,最终成为“一个主动的阅读者”。

(三)分析教材

本单元围绕“提问”这一阅读策略编排,旨在教给学生提问的方法,培养问题意识,提高阅读能力。围绕“提问”策略,本单元编排了《一个豆荚里的五粒豆》《夜间飞行的秘密》《呼风唤雨的世纪》《蝴蝶的家》四篇课文,其中三篇是精读课文,一篇是略读课文,涉及童话、说明文、散文等多个文体,目的是引导学生在阅读不同类型文章时都能够主动提问。

1. 纵向分析

在统编版《语文》教材小学阶段的序列中，与“提问”相关的训练有以下安排：

统编版《语文》教材小学阶段有关“提问”训练的梳理

教材	单元	“提问”训练点
二上	第五单元	针对课文提出疑问，促进学生深入阅读，初步体会课文讲述的道理。
二下	第六单元	联系生活经验提出问题，找到生活中还有哪些辨别方向的方法，了解课文内容。
三上	第七单元	留心生活，对身边的不文明现象提出自己的问题，把想法记录下来。
三下	第四单元	带着问题了解中华传统节日，开展综合性学习。
四上	第二单元	围绕“提问”策略展开，学会在阅读时尝试从不同角度思考，提出自己的问题；通过自主尝试、练习指导、独立运用，逐步掌握“提问”这一策略。
四下	第二单元	阅读时能提出不懂的问题，并试着解决。
五上	第二单元	带着问题阅读，学习提高阅读速度的方法。
六上	第六单元	根据阅读时需要解决的不同问题，选择恰当的阅读方法。

由此可以发现，教材在对“提问”训练的安排上，呈现出由“渗透”到“学习”再到“运用”的趋势。

2. 横向分析

统编版《语文》四年级上册第二单元有关“提问”训练的梳理

课题	学法	任务
《一个豆荚里的五粒豆》	自主尝试	提出自己的问题，模仿、整理问题清单，发现可以从直接、间接不同角度提问。
《夜间飞行的秘密》	示范学习	整理问题清单，讨论示范提问，学会从直接、间接、创造性、批判性等不同角度进行提问。

续表

课题	学法	任务
《呼风唤雨的世纪》	练习指导	从问题清单中选出对理解有帮助的问题;根据任务和文本调整提问。
《蝴蝶的家》	独立运用	选出你认为最值得思考的三个问题,并试着解决。
《语文园地》	小结梳理	“交流平台”告诉学生在阅读时要动脑思考,积极提出问题;可以试着从不同角度提出问题,思考更加全面和深入;选出最值得思考的问题,加深对文章内容的理解。 “日积月累”借助名句让学生感受提问的价值与意义。

从横向上看,本单元针对“提问”的训练做了有序编排,四篇课文都对本单元的“大概念”有所呈现,但每篇课文都各自承担着相应的目标任务:《一个豆荚里的五粒豆》是让学生尝试自主提出问题,模仿、整理问题清单,帮助学生发现两个不同的提问角度;《夜间飞行的秘密》是让学生学会整理问题清单,讨论示范提问,从直接、间接、创造性、批判性等不同角度进行提问;《呼风唤雨的世纪》是练习指导,帮助学生从问题清单中筛选出有助于理解课文内容的问题,根据任务和文本调整提问;《蝴蝶的家》是独立运用所学方法,学生可从中选出自己认为最值得思考的三个问题,并试着解决;《语文园地》是小结梳理,在“交流平台”小结提问的方法,在“日积月累”栏目借助名句让学生感受提问的价值与意义。

二、“大概念”的达成路径

(一)基本问题的拟定

基于本单元的“大概念”,我们从核心概念、目的、意义、策略和使用情景四方面入手,确立以下四个基本问题去推进教学进程:

1. 你对哪些地方有疑惑?(核心概念)
2. 从不同角度提问可以带给我们怎样的思考?(目的和意义)
3. 为了帮助我们理解,可以提出哪些有价值的问题?(策略)
4. 如何根据具体需要提出有价值的问题?(使用情景)

(二)路径的达成

在四个基本问题的引领下,我们设计了本单元总体的课时达成路径。每篇课文都对基本问题有所回应,有助于学生对“大概念”的理解。

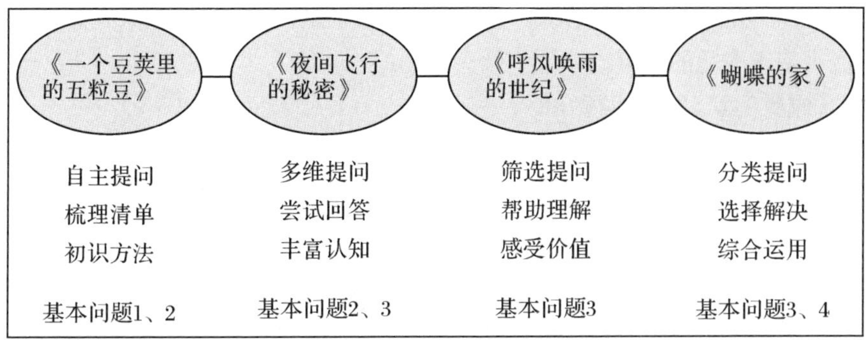

(三)主问题的设置

在四个基本问题的引领下,我们对不同课文设置了不同的课时主问题。

1.《一个豆荚里的五粒豆》的主问题

你在哪些地方有疑惑?针对文章中没见过、不寻常、有矛盾等地方,你提出了哪些问题?通过对文章部分内容或全文提出问题,你对文章有了什么了解?针对以上三个主问题的解决,学生将学会从文章中没见过、不寻常、有矛盾等地方提出并整理问题,发现针对课文内容可以从全文和部分这两个角度提问;在尝试提问中学会思考,初步感受提问的价值,理解课文内容,体会小女孩在第五粒豌豆的积极影响下是如何逐渐康复、乐观积极地面对困难。在这一学习经历中,学生将学会在哪些地方可以提问,初步感受不同角度提问带来的不同思考,在解决问题中体会文章主旨,从而初步感知提问的价值,由此建构出对基本问题的认知。

2.《夜间飞行的秘密》的主问题

在哪些地方可以提出问题?从内容、写法、启示等角度提出了什么问题?通过从内容、写法、启示等角度进行提问,你对文章有什么理解?学生整理问题清单,学习从以上三个角度提问,从中了解运用科学实验发现问题、解决问题、发明创造的过程。学生在此抓住疑惑之处,尝试多角度提问,体会不同角度的提问给人带来的不同思考,更全面地理解课文,感受提问对理解课文带来的价值,逐步丰富对基本问题的认知。

3.《呼风唤雨的世纪》的主问题

从内容、写法、启示等角度可以提出哪些问题?哪些问题对你理解课文最有帮助?尝试解决。通过解决自己认为最有帮助的问题,你对文章有了什么新的理解?如何根据文章需要提出有价值的问题?学生将尝试运用学到的提问策略自主提问,借助课后问题清单,在提出的问题中筛选出对理解课文有帮助的问题,根据任务和文本调整提问,体会科技给人类带来的巨大变化。在筛选与调整问题的过程中，学生将学会有意识地提出对于理解课文有价值的问题，并借此深入思考，进一步丰富对基本问题的理解。

4.《蝴蝶的家》的主问题

从内容、写法、启示等角度可以提出哪些问题？你认为哪些问题最值得思考？尝试解决。通过解决最值得思考的问题，你对文章有了哪些新的理解？如何根据文章需要提出有价值的问题，从而在思考中加深对文章的理解？学生自主运用提问策略，从不同角度提出问题，多角度、多方面把问题分类，进一步丰富问题，为解决自己所要达成的对课文内容的理解，自主筛选问题并解决问题，从而加深对文章内容的理解，体会作者关爱小动物的情感。从本篇课文开始，学生将独立运用提问策略，完成对四大基本问题的理解。

综上可见，在本单元目标的达成过程中，四篇课文对基本问题的回应呈现出多线穿插、逐步丰富的特点，围绕四个基本问题，学生的认知经历了从“初步建构”到“逐渐丰富”的过程，在学生独立运用“提问”这一阅读策略的过程中，达成了对四个基本问题的“结构化理解”。

学会快速阅读　成为有效率的阅读者

——以统编版《语文》五年级上册第二单元为例

一、"大概念"的提取

在统编版《语文》五年级上册第二单元教学过程中，我们提取的"大概念"是"提高阅读速度"，我们对这个"大概念"的理解是：能集中注意力、连词成句、抓住关键语句，提高阅读速度，迅速了解文章的主要内容，成为一个有效率的阅读者。

（一）查阅文献

我们查阅了有关提高阅读速度的资料，关注到王逸飞在论文《浅析提高学生阅读速度的教学策略》中谈到的集中注意力是提高阅读速度的基本保障，因为在阅读过程中，学生的视觉中枢以及大脑处于一种积极的指向和集中状态。文章提到几个方法：一是"不回读"，指学生阅读时不要一个字一个字看，遇到不懂的词语也不要停下来，而是继续读；二是"连词成句地读"，要求学生尽可能扩大视域，一眼扫过去要看到词语或句子。贾志敏认为，语感的形成靠的是词的滚动组合，由词发展成句，由单句发展成复句，乃至发展成全文。这与连词成句、整体输入的策略不谋而合；三是"抓关键词句"，即抓住一篇文章或一段文字中最紧要的词语或句子，快速获取信息，提高阅读速度，理解文章内容。除此而外，带着问题读、跳读、变速读等都是提高阅读速度的方法，能帮助我们提高阅读效率。

（二）对应课标

《义务教育语文课程标准（2022年版）》在"阶段目标"中要求：第一学段（1～2年级）朗读课文，学习默读，试着不出声。课外阅读总量不少于5万字。第二学段（3～4年级）要求初步学会默读，做到不出声，不指读。学习略读，初知文章大意。课外阅读总量不少于40万字。第三学段（5～6年级）要求默读有一定的速度，读一般读物每分钟不少于300字，学习浏览，扩大知识面，根据需要收集信息。课外阅读总量不少于100万字。可见，课标对学生的阅读量、阅读速度和理解能力都是有要求的，且呈阶梯式递增状态。因此，我们提炼出"大概念"，希望学生通过提高阅读速度，成为一个"有效率的阅读者"。

（三）分析教材

1. 纵向梳理

把“提高阅读速度”作为本单元的“大概念”，不仅基于教材特点，还由于它是教材连续关注的语文要素，多次出现在统编教材的训练点中。

统编版《语文》教材有关“提高阅读速度”的训练要素分布

年级、册别、单元、课题	“提高阅读速度”训练点
一年级上下册	正确流利地朗读课文
二年级上册第七单元《雪孩子》	课后题“默读课文，试着不出声”。默读能提高学生阅读的速度，是一种常用的阅读方式。
二年级下册第二单元《千人糕》	本课练习中再次提出默读要求时，去掉了“试着不出声”，引导学生回顾默读要求：不出声，不动唇，不指读，继续进行默读练习。
三年级上册第一单元《不懂就要问》	阅读提示“默读课文，想想课文讲了一件什么事，和同学交流你对这件事的看法”。在默读中理解课文内容。
三年级上册第八单元《掌声》《灰雀》《手术台就是阵地》	“学习带着问题默读，理解课文的意思”，对默读提出了进一步的要求，即带着问题默读，一边读一边思考。
四年级上册第六单元	“学习用批注的方法阅读”，边默读边思考边批注，加深对课文内容的理解。
四年级下册第二单元	“阅读时能提出不懂的问题，并试着解决”，通过默读课文，带着问题阅读，思考并解决。
五年级上册第二单元	本单元语文要素“学习提高阅读速度的方法”，强化阅读时的“速度意识”，了解和掌握提升阅读速度的一般方法，以提高阅读效率，加深对内容的理解。
五年级上册第八单元《忆读书》《我的“长生果”》	课后题和阅读提示都提到“用较快的速度默读课文”，旨在巩固用较快的速度默读课文的方法，通过对课文信息的梳理，把握课文内容。
五年级下册第二单元	“初步学习阅读古典名著的方法”，继续运用较快的速度默读课文，猜测大意，大致读懂故事内容。
六年级下册第四单元《金色的鱼钩》	“用较快的速度默读课文，和同学交流：老班长是一个什么样的人？你是从哪些言行中看出来的？”运用提高阅读速度的方法，加强练习。

从以上“提高阅读速度”阅读策略要素的训练层级梳理中可以发现,在第一学段,“提高阅读速度”在教材中主要以“默读”的形式出现。学生从二年级上册开始,课后习题中就有了对默读的具体要求,从“试着不出声”到“不指读”。这是对阅读速度要求潜移默化的提升。在第二学段,提高阅读速度的训练还是以默读的形式呈现,但默读的要求和第一学段有所不同:三年级上册《不懂就要问》提出:“默读课文,想想课文讲了一件什么事,和同学交流你对这件事的看法。”这对应了课标中第二学段的要求:学习略读,初知文章大意。这是在第一学段的阅读要求上指向理解的连接和提升。在第三学段,对阅读速度的要求更加明确。五年级上册第二单元专门编排了“提高阅读速度”这一策略单元。要求学生能在规定时间内正确理解文本,形成获得所需信息的能力。这里的“规定时间”,是针对课标“默读有一定速度,默读一般读物每分钟不少于 300 字”的要求而言。因此,除了要求阅读速度,教材还对提取信息和了解课文内容提出了要求。到了五六年级,“提高阅读速度”的要求继续在实践中强化,逐渐实现阅读速度和阅读理解能力的双重提升。

2. 横向梳理

课题	文体	语文要素运用
《搭石》	散文	学生阅读时能“集中注意力”做到“不回读”,能从画面中体会美好情感。
《将相和》	历史故事	学生学习如何扩大视域读,尽可能连词成句地读,迅速了解故事情节,感受人物形象。
《什么比猎豹的速度更快》	科普说明文	学习结合文章段落特点,抓住关键语句提取文章信息,迅速把握文章内容。
《冀中的地道战》	记叙文	学习带着问题读,综合运用学过的方法,提高阅读速度。
“交流平台”		对本单元学习的相关方法进行梳理。
“词句段运用”		提示学生在阅读时及时概括语句的意思,也可以提高阅读速度。

本单元围绕“提高阅读速度”这个专题,安排了四篇精读课文。《搭石》要求学生阅读散文时能“集中注意力”做到“不回读”,从画面中体会美好情感;《将相和》要求学生学会扩大视域读,尽可能连词成句地阅读,迅速了解故事情节,感受人物形象;《什么比猎豹的速度更快》要求学生学会结合文章段落特点,抓住关键语句

提取文章信息，迅速把握文章内容；《冀中的地道战》要求学生学会带着问题读，综合运用学过的方法，提高阅读速度。“语文园地”中的“交流平台”对本单元提高阅读速度的方法进行梳理和总结，整个单元为学生“提高阅读速度”提供了有效的方法和实践运用的机会。

二、“大概念”的达成路径

(一)基本问题的拟定

基于对本单元“大概念”的理解，我们提出了以下四个基本问题：

1. 提高阅读速度是否会影响阅读理解？(核心概念)

2. 为什么需要提高阅读速度？(目的、意义)

3. 有哪些方法可以帮助我们在提高阅读速度的同时不影响阅读效果？(策略)

4. 不同文本适合选择什么方法来提高阅读速度？(情境)

(二)主问题的设置

课堂上解决以上四个基本问题，还需将其转换为每一课探究的主问题。

1.《搭石》的主问题

你读这篇课文用了几分钟？了解了哪些内容？(这一课学生初识“阅读速度”，通过记录自己的阅读时间进行阅读检测，他们会发现，运用“集中注意力”“不回读”的方法提高了速度阅读，并不会影响阅读理解。)快速阅读时，遇到不理解的内容，你是怎么做的？(通过交流，学生发现集中注意力和不回读能帮助提高阅读速度，找到了速读的策略。)了解了这些内容，你觉得哪个画面让你印象最深刻？仔细品读，你有什么感受？(学生聚焦到印象深刻的画面细细品读，提高了阅读效率，明白了提高阅读速度的意义。)

2.《将相和》的主问题

你读这篇课文用了几分钟？了解了哪些内容？连词成句读这一段话，你能了解多少内容？(《将相和》是历史故事，篇幅长，抓住关键情节就能把握课文内容。)说一说你对故事中人物的初步印象？(在第一次快速阅读中，学生对人物形象有了初步了解，从而明白在历史故事中，连词成句地读能快速把握故事情节，更快了解人物形象。)再读《史记》中与蔺相如有关的历史故事，尽可能连词成句地读，你对他还有哪些了解？

3.《什么比猎豹的速度更快》的主问题

读完课文，你用了多少时间，你知道了哪些信息？了解这些信息，你借助了哪些关键语句？(说明文这种文体结构清晰，通过抓住段落中的中心句，就能快速把握文章内容。)根据课文内容,你能给事物运动速度的快慢排序吗?你有自己感兴趣或不懂的问题吗?带着问题再读课文。(再读课文,学生尝试运用抓住关键语句的方法解决自己的问题。)

4.《冀中的地道战》的主问题

读完课文,你用了多少时间?你知道了哪些信息?你产生了什么疑问?带着问题读,你了解了哪些内容?(对于离学生生活较远的课文,学生会有许多疑问,而带着问题读,可以帮助学生迅速了解课文内容。)地道战取得成功的关键是什么?(解决这个问题,学生需快速浏览课文,找到关键信息,明白提高阅读速度的意义。)

通过将基本问题落实到每篇课文中,我们达成了单元教学的大目标:《搭石》引导学生养成"集中注意力"的阅读习惯,学习不回读的阅读方法,这是学生提高阅读速度的基础和起点,学生在课内外阅读时都需要运用;《将相和》是历史故事,篇幅长,抓住关键情节就能把握课文内容,学生学习尽可能连词成句地读文章;《什么比猎豹的速度更快》是篇说明文,结构清晰,我们引导学生结合文章段落特点,抓住关键语句迅速把握课文内容;《冀中的地道战》主要引导学生带着问题读;"语文园地"中的"交流平台"梳理总结方法,并运用到实际情境中,最终让学生学会快速阅读,成为有效率的阅读者。

用“长度”的眼光看防疫

——西师版《数学》二年级单元设计

一、单元分析

（一）课标分析

《义务教育数学课程标准》在“学段目标”中要求“经历从实际物体中抽象出简单几何体和平面图形的过程，了解一些简单几何体和常见的平面图形；掌握初步的测量、识图和画图的技能”；在“课程内容”中要求“结合生活实际，经历用不同方式测量物体长度的过程，体会建立统一度量单位的重要性。”“在实践活动中，体会并认识长度单位千米、米、厘米，知道分米、毫米，能进行简单的单位换算，能恰当地选择长度单位”“能估测一些物体的长度，并进行测量。”

（二）教材分析

本主题单元主要包括两部分内容：第一部分是西师版二年级上册第五单元“测量长度”，包含“厘米、米的认识”，第二部分是西师版二年级下册第二单元“千米的认识”，包含“千米、毫米的认识”，这两个单元主要是帮助学生认识长度单位。我们根据长度单位的发展及国际单位制，对本内容进行了重建。将“认识米”安排在了第一课时。为了体现知识的形成过程，使学生通过亲身经历来学习数学知识，我们在引出长度单位时，首先要求学生体会统一长度单位的必要性。教学时注重活动形式的多样性，通过多种方式帮助学生建立 1 米、1 厘米的概念，使学生对这几个长度单位的实际大小形成鲜明的表象，正确运用其进行估测和实测，进而掌握单位间的进率，建立量感，初步建立空间观念，为解决生活中的实际问题夯实基础。

（三）学情分析

通过一年级“比长短”的学习，学生对长度这一抽象概念有了直观认识和具体感知，并能运用“长、短、一样长、长一些、短一些、长得多、短得多”等词语来形象描述物体的长度。这部分的学习也为以后学习长方形、正方形等几何图形的知识做了铺垫。基于一定的生活常识，个别学生已学会基本的测量。为了进一步了解学生的掌握情况，让教学效果达到最优化，课前需要做一定的调查。在此基础上学习计量知识，可帮助学生认识长度单位，初步建立 1 千米、1 米、1 分米、1 厘米和 1 毫米的长度表象。低年级学生对厘米、米这样常用的长度单位认识模糊，所以需结合学生熟悉的物品和生活实际进行。

(四)单元主题

用“长度”的眼光看防疫。

(五)单元目标

1. 在测量活动中，能说出建立统一长度单位的必要性。

2. 认识长度单位千米、米、分米、厘米及毫米，会进行简单的单位换算。

3. 测量不同物体的长度，能选择恰当的单位正确测量物体长度。

4. 能结合生活实际，估算一些物体的长度。

5. 能积极参与测量活动，初步感受长度测量与实际生活的密切联系，克服测量活动中可能遇到的困难，获得成功的体验，树立自信心。

(六)单元评价

1. 能用自己的话描述为什么要统一长度单位。

2. 观察直尺等测量工具，能说出直尺有刻度线、0 刻度、数值、长度单位 cm 等内容。

3. 通过直尺等测量工具，认识长度单位米、分米、厘米、毫米，说出他们用字母表示的记法和读法，能在生活中找出长度大约是 1 米、1 分米、1 厘米、1 毫米的物体。

4. 能跟同桌说出千米、米、分米、厘米、毫米之间的换算关系，并解释理由。

5. 用不同的长度单位测量同一物体的长度，得出单位不同，所得量数不同的结论。

6. 能借助直尺或米尺等测量工具正确测量不同物体的长度，恰当选择长度单位描述所测物体的长度。

7. 能选择恰当的长度单位正确估测指定物体的长度，并说出理由。

8. 通过小组合作、同桌交流等活动，能自信地表达自己的观点。

(七)单元结构化学习设计

如下图所示。

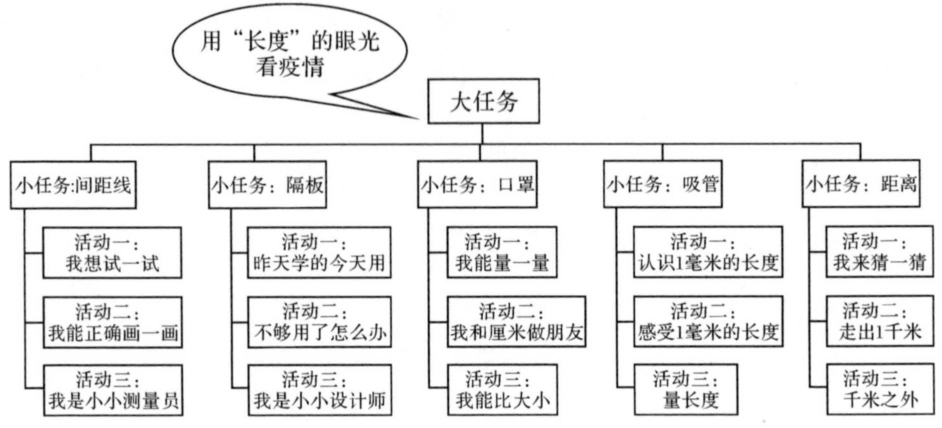

(八)课时

5 课时。

二、基于单元设计的课时教学规划

见下表。

单元主题	用“长度”的眼光看防疫				
任务一	1. 知道米尺是测量长度常用的工具。 2. 认识长度单位米(m),正确读出以“米”为单位的物体的长度。 3. 能说出用米尺测量物体长度的方法。	1. 结合情境,通过讨论,学生能够知道“测量物体长度可以用米尺来进行测量”。 2. 结合米尺,通过“看一看”“摸一摸”“比一比”等活动,认识长度单位“米”;通过用两臂比画出 1m 的长度,进而知道 1m 大概有多长,能在生活中找出长度大约是 1m 的物体。 3. 通过“量一量”的活动,学生能找到测量物体长度的方法,并能将方法说给大家听;意识到测量较长物体的长度时,通常用“米”来做单位,可培养学生的估测意识。	按照学校防疫工作安排,现需画制距离为 1 米的间距线,请同学们帮忙画一画。	活动一:我想试一试 活动二:我能正确画一画 活动三:我是小小测量员	用米尺相互量一量身高,看看 1 米到你身体的哪个部位?

续表

单元主题	用“长度”的眼光看防疫				
任务二	1. 认识长度单位分米（dm），建立1分米的实际长度观念。 2. 能进行简单的单位换算。 3. 能用dm作单位测量物体长度。	1. 能跟同桌说出“分米是比米小的长度单位”，学会用字母表示记法和读法。 2. 通过比、量等活动认识1dm，能用手跟同桌比画出1dm的长度，并能举例说出在生活中长度大约是1dm的物体。 3. 在改造后的米尺上数一数，发现1米里面有10个1dm，得出1m = 10dm并解释理由。 4. 能结合之前的测量方法，对课桌面的长和宽进行正确测量。	鉴于校园防疫需要，食堂餐桌需要制作隔板，你觉得需要多大的隔板合适？	活动一：昨天学的今天用 活动二：不够用了怎么办 活动三：我是小小设计师	给学校书法室设计毛毡。
任务三	1. 认识长度单位厘米（cm），建立1厘米的量感，能正确读出以厘米为单位的物体的长度。 2. 能正确比较大小。	1. 能在直尺上找出1厘米的长度，用手指比画出1cm的长度；能举例说出生活中的哪些物体的长度大约是1cm。 2. 通过“量一量”的活动，发现测量较小物体的长度时，通常用厘米做单位，培养学生的估测意识；能跟同桌说出比较大小的方法。	疫情期间人人都需要佩戴口罩，你知道你佩戴的口罩是多大的吗？	活动一：我能量一量 活动二：我和厘米做朋友 活动三：我能比大小	自己动手设计一个口罩。

续表

单元主题	用“长度”的眼光看防疫				
任务四	1. 通过比、想、摸、量等活动知道1毫米的长度。 2. 能说出毫米是计量较短物体的长度单位及其与厘米间的关系。 3. 会选择恰当的长度单位表示物体的长度。	1. 能在直尺上找出1毫米的长度,在生活中找出厚约1毫米的物品。 2. 能比画出1毫米的长度,并能说出1厘米=10毫米。 3. 会梳理出毫米、厘米、分米、米之间的关系,能进行关系换算。	疫情期间,重症病人无法坐立喝水,需要用到吸管辅助喝水,老师这儿有两支吸管,请你比较两支吸管的长度。哪支更长?长多少?	活动一:认识1毫米的长度 活动二:感受1毫米的长度 活动三:量长度	量一量:自己用过的铅笔的长度
任务五	1. 能说出计量比较长的距离,用千米作单位。 2. 通过活动“走一走”,能知道1千米大约有多长并能进行举例。 3. 会进行千米与米之间的单位换算。	1. 通过猜自行车女孩的骑行距离,能说出计量比较长的距离要用千米作单位。 2. 能通过操场一圈是200米建立起5圈是1千米的长度概念;能举例说出生活中的1千米。 2. 能跟同桌说出1000米就是1千米,也叫1公里,并能正确进行单位换算。	疫情期间,一位“95后”女孩借助手机导航,骑自行车从湖北省荆州市公安县到武汉市江夏区,骑行四天三夜,为的是尽早赶回抗疫一线。你知道她骑了多远吗?	活动一:我来猜一猜 活动二:走出1千米 活动三:千米之外	走一走:从学校或家到什么地方的长度大约是1千米?

观赏家乡美景　初识小数知识

——西师版《数学》三年级下册“小数的初步认识”教学设计

一、教学内容

教材77页的例1、例2及相关练习。

二、教学目标

1. 初步认识一位小数、两位小数，并能正确读、写小数。
2. 能用小数表示日常生活中的一些数量。
3. 知道十分之几可以用一位小数表示，百分之几可以用两位小数表示。

三、教学重难点

1. 能正确读、写小数。
2. 体会小数在生活中的应用。

四、教学过程

（一）课前导入

师：同学们，五一小长假马上就要到了，你们都想去哪些地方旅游呢？

师：今天老师想带大家看看咱们璧山的美。（图片欣赏+配乐宣传片）咱们璧山不仅风景美，资源也很丰富。辖区面积915平方公里，辖区有6个街道9个镇，常住人口75.5万，有“重庆西大门”之称。

师：同学们，在老师的这段介绍中，出现了一些数字。在这些数字中，有没有哪个数和其他的数是不同的呢？（75.5）

师：915、6、9这三个数是我们已经学过的整数，那75.5和我们学过的整数有什么不同的地方吗？（多了一个小圆点）

师：对，像这样带有一个小圆点的数我们把它叫作小数。（板书：认识小数）

(二)认小数

师:其实,小数在我们的生活中无处不在,请看大屏幕。(出示教材77页例1情景图)既然小数运用这么广泛,我们就一起来认识一下吧。请大家把书翻到77页自学例1,老师有两个要求:

1. 圈一圈:例1主题图中的小数。

2. 想一想:小数由哪几部分组成?

师:你是怎样一眼就看出他们是小数的?(小圆点)

师:哦,有一个小圆点,你们知道它叫什么名字吗?(小数点)

师:注意,小数点是一个实心小圆点。它有什么作用呢?(是小数的一个标志,它将小数分成了两部分)。

师:小数由几部分组成?(学生将小数各部分的名称贴在黑板上)

师:(总结)小数中间的这个小圆点叫作“小数点”,小数点把小数分成三个部分,小数点左边的部分是整数部分,小数点右边的部分是小数部分。整数部分、小数点、小数部分三部分组成了小数。

小数点的形成经历了一个漫长的过程,我们一起看“了不起的小数点”。(视频播放)

(三)读小数

(学生个别读,全班同学一起读)

师:小数到底该怎么读呢?下面让我们一边看璧山的美景一边学。

师:重庆首座国家级湿地公园位于璧山区。谁知道,在园内步行一圈,最快要多少小时?(1.5小时)

师:璧山清香甘甜的儿菜入选全国名特优新农产品目录,同学们一起来看看去年璧山的儿菜产量是多少万吨吧。(511.1万吨)

师:如果有小伙伴来璧山游玩,大家一定要让他们尝尝我们璧山来凤鱼。来凤鱼非遗的成功申报使得拥有300多年历史的来凤鱼名气大增。我们来看看去年这一年凤鱼的销量是多少吨吧。(1.9亿吨)

师:璧山在去年“双节”期间,迎来了一波又一波游客。“十一”假期,全区接待了很多游客。我们来看看有多少人。(74.15万人次、七十四点十五、七十四点一五)

师:现在出现了两种读法,到底哪种对呢?大家听听老师怎么读这个小数(七十四点一五),你学会了吗?

师:(预设)你会读这个小数吗?(三十六点三六)大家听听看,我怎么觉得这位同学读的这个 36 不一样呢?你觉得他是读对了还是读错了?(读对了)小数部分和整数部分的读法一样吗?(不一样)该怎样读?整数部分怎么读?小数部分呢?

师:请同学们再来看看我们刚才读的这些小数,大家对比一下,看看我们在读小数时应先读什么,然后读什么,最后读什么,每个部分该怎么读。(四人小组讨论汇报)

师生总结:我们在读小数的时候,先读整数部分,整数部分的读法和我们之前学过的整数的读法一样;然后读小数点,小数点读作“点”;最后读小数部分,小数部分是几就读几。

师:现在大家会读小数了吗?我们一起来读一读。(出示课件)

师:看来同学们已经掌握了读小数的方法了,那你们会写小数吗?在写小数之前老师给大家带来一首儿歌,方便大家记忆。

小数小数真奇妙,

中间圆点小数点,

左边就叫整数部,

右边就叫小数部,

左边读法按整数,

右边依次读数字。

(四)写小数

师:璧山的美景很多,让我们接着去看看风景如画的璧南河水利风景区。景区由秀湖湿地公园、璧南河城区段和观音塘湿地公园三大骨干水利景区组成,其中三大骨干景区总面积约 2.78 平方公里,水域面积约 1.15 平方公里。在这里的介绍中出现了两个小数,你会写吗?(同桌之间讨论交流,完成作业,生汇报)

师:其他同学和老师课件上的答案对一下。

师:老师再带大家去一个好玩的地方——枫香湖儿童公园。公园以儿童娱乐为主题,以耕读文化为底色,它的占地面积很大。(801.56 亩)谁来读一读?

师:谁能快速写出这个小数?(生板演)

师说生写。同桌互相合作。你说我写。

（五）学习以“元”为单位的小数所表示的含义

师：璧山区不仅风光秀丽，而且还有很多美食。快来看看吧。（课件展示）

师：这些美食实在是太诱人了！谁能读读它们的价格？（生读）

师：你们知道它们分别表示几元几角几分吗？（四人小组讨论交流后，生汇报）

师：看看课前准备的两张纸片（一张大的，平均分成10份；一张小的，平均分成6份），如果用一个图形表示1元，要在里面迅速找到0.1元，你会选哪个图形？大的还是小的？为什么？（引导学生自己说出1元=10角，要选10等份的。数形结合，理解一位小数的意义。）

师：看看课前准备的纸片1，老师为什么要把它平均分为10份？（生讨论）马上在纸片上涂出0.1元吧！看到这幅图会想到哪个分数？（1/10）。0.1和1/10有什么关系？（相等）。现在你会表示出0.2元吗？在图形里涂出来吧！还能用哪个分数表示？（2/10）你认为0.2和2/10有什么关系？（相等）为什么相等？涂出0.3元，再找找它对应的分数吧！观察这些小数有什么共同点？（零点几）观察分数有什么共同点？（十分之几）

师：大胆猜测一下，零点几和十分之几有什么联系？（零点几等于十分之几）这只是一个猜测，要想知道这个猜测是否正确，该怎么办？（验证）

小组合作要求：

1. 在纸片上涂出需要验证的零点几；

2. 用分数表示涂色部分；

3. 填好合作学习单，小组合作、汇报，同时板书对应的小数和分数；

4. 最后得出结论：零点几等于十分之几。

师：请大家拿出纸片2，自主探索百分之几的意义。

师：璧山的风景美，这里的舞蹈更美。让我们去欣赏一下吧！（播放视频，请学生一同表演）

（六）练习巩固

读下列小数：神舟七号飞船全长9.19米。珠穆朗玛峰海拔8848.86米。数学家祖冲之将圆周率精确到3.1415926与3.1415927之间。

师：同学们欣赏完舞蹈，还要请大家帮忙，给小演员找找小花帽（练习一）。这些小花帽真漂亮，老师也想买点花布学着做一做。老师来到布匹店买了三种价格不同的布，分别是2.1元，5.24元，9.12元。这三个以“元”为单位的小数中的2分别表示什么？（元、角、分）

师:你们为老师解决了困难,那就奖励大家玩个游戏吧!(游戏要求四位同学拿着数字卡片,听下面同学读小数,快速把听到的小数组成 3.09、3.90、9.30、9.03、0.39、0.93)

(七)课堂小结

师:今天,老师带着大家了解了我们璧山,又学会了数学知识。其实,生活中处处有数学,希望你们在生活中留心观察,看看哪里还能用到我们今天学到的小数知识。

在声势律动中感受民族音乐的美

——人教版《音乐》三年级上册第五单元“阿细跳月”教学设计

一、教材分析

本课出自人教版三年级上册第五单元“民族的舞步”,课型为“器乐+欣赏课民乐合奏”。《阿细跳月》是我国著名指挥家和作曲家彭修文先生根据彝族传统舞蹈“阿细跳月”的音乐改编的同名民乐合奏。乐曲吸取了传统“跳月”的民族音调,描绘了月夜欢舞的热烈场面。乐曲的节拍为四五拍,这种节拍与“跳月”的舞蹈动作紧密结合。乐曲的结构由引子、一二三部分和尾声组成。短小的引子表现了月夜的特定景色,青年男女们赶到广场集会;第一部分用高音笛、弹拨乐器、弦乐等,通过不同的配器方法重复演奏主题,表现了舞蹈姿态的多样化和舞蹈场面的热烈;第二部分运用移调、转调的手法,旋律与前面的调性形成鲜明对比,表现的舞蹈场面更富于色彩;第三部分转回原调,由高音笛演奏主题旋律之后,整个乐队的演奏使乐曲达到了高潮,表现了宏大的场面;最后短小的尾声力度渐强,以最强音结束全曲。

二、学情分析

三年级学生虽然已有了一些音乐基础,但在听辨旋律和感知音乐主题的变化上,还需要教师潜移默化地指导。所以,欣赏课的每一个环节,都要不断激发学生的学习兴趣。教学本课,我运用了奥尔夫教学理念——声势、律动参与音乐、体验音乐,帮助学生提升聆听关注力。

三、教学目标

1. 熟练掌握“低音 5、2、1”三个音在口风琴键盘上的位置。

2. 通过欣赏民乐合奏《阿细跳月》,感受乐曲五拍子的曲风,并能用声势动作表现和记忆乐曲的旋律主题。

3. 感受乐曲欢快的情绪和旋律特点，视唱主题旋律，能听辨出乐曲基本结构。

4. 了解相关的民俗文化，学习彝族“跳月舞”的基本动作，参与表演。

四、教学重难点

教学重点：感受乐曲欢快的情绪和四五拍的旋律特点。

教学难点：能用声势动作参与表现并记住乐曲的旋律主题；用口风琴演奏主题旋律。

五、教学准备

钢琴、口风琴、课件、贴图、红绸。

六、教学过程

（一）律动体验，学习口风琴

1. 律动导入

师：同学们，欢迎来到今天的音乐课堂。请大家起立，跟着音乐和老师用舞蹈对话。（学生随音乐律动）

【设计意图：三年级的学生好动、好玩，通过身体的律动吸引学生的注意力，使学生在游戏当中不知不觉地感受四五拍这种特殊节拍韵律感，体现音乐教学趣味性原则。】

师：四五拍是以四三和四二拍组成的混合拍子，以四分音符为一拍，每小节有五拍，强弱规律是强、弱、弱次、强、弱。

2. 认识低音 5

在口风琴上找到低音 5 的位置，用右手 1 指弹奏。出示低音 5、2、1 三个音进行长音练习。

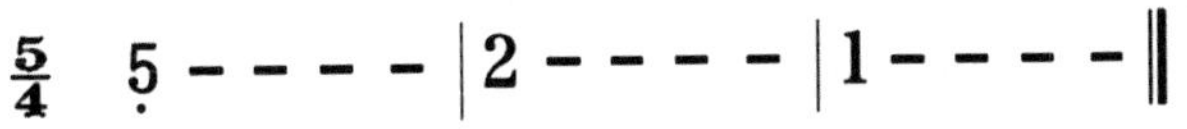

$\frac{5}{4}$ 5̣ - - - - | 2 - - - - | 1 - - - - ‖

进行短音练习，一起配合演奏《阿细跳月》主题旋律。

5̣1 31 3 [5̣2 1] | 53 31 3 [5̣2 1] |

5̣1 6̣1 3 [5̣2 1] | 55 31 3 [5̣2 1] ‖

【设计意图：通过认识低音 5，进行口风琴长音、短音弹奏练习，熟悉《阿细跳

月》的主题旋律】

(二)欣赏乐曲《阿细跳月》

1. 揭示课题,介绍《阿细跳月》

师:这首乐曲是我国少数民族彝族的一首乐曲,由我国著名的指挥家、作曲家彭修文先生根据传统的民间曲调改编而来的民乐合奏曲。“阿细”是彝族的一个支系,阿细人都是能歌善舞的高手;“跳月”是彝族人最喜欢的一种歌舞形式。

师:“大三弦”是一种拨弦乐器,重四五公斤,有三根弦,所以得名“大三弦”。这种乐器富有强烈的感染力,每逢彝族的“火把节”,人们都会围着篝火,弹起“大三弦”,载歌载舞,纵情高歌。

2. 聆听全曲,感受音乐

师:聆听感受这首带有典型的四五拍节奏的民乐合奏《阿细跳月》。请大家思考,音乐的情绪和速度是怎样的?表现了一个怎样的场景?

3. 师生配唱,听辨乐曲

师生配合演唱,教师唱歌词部分,学生唱衬词“赛啰喂”部分。

51 31 3 52 1 | 53 31 3 52 1 |
太阳 出来 赛啰 喂 月亮 出来 赛啰 喂
51 61 3 52 1 | 55 31 3 52 1 ‖
阿哥 阿妹 赛啰 喂 跳起 舞来 赛啰 喂

师:怎样能从歌声中和动作中表现出来欢快情绪?在衬词的地方,可以加入什么动作表现你激动的心情呢?

师生配合演唱,教师加入“嘿嘿”的呐喊声。学生分男生组、女生组完整演唱主题旋律。

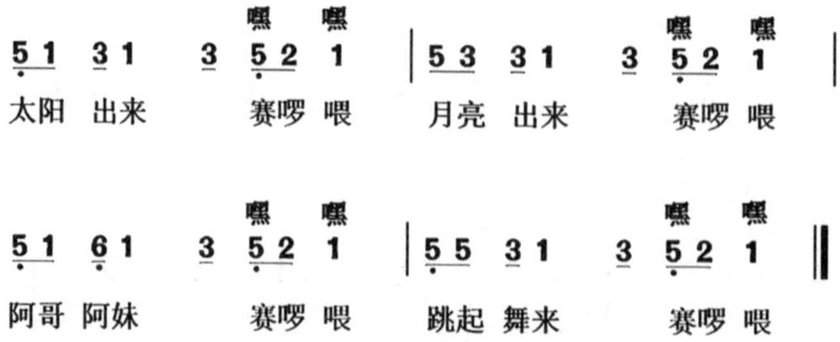

嘿 嘿 嘿 嘿
51 31 3 52 1 | 53 31 3 52 1 |
太阳 出来 赛啰 喂 月亮 出来 赛啰 喂

嘿 嘿 嘿 嘿
51 61 3 52 1 | 55 31 3 52 1 ‖
阿哥 阿妹 赛啰 喂 跳起 舞来 赛啰 喂

【设计意图:听辨乐曲的结构为本课的难点,用填词演唱的形式加深对主题旋律的印象,为听辨主题次数打下基础。】

4. 分段聆听，表现音乐

【设计意图：分段欣赏环节启发学生通过音乐的速度、力度等特点展开音乐想象；舞蹈环节通过动作展现音乐的节奏和情感，培养学生的音乐表现力。】

阶段一：聆听乐曲《阿细跳月》第一部分。

师：第一部分主题出现了几次？力度和情绪有什么变化？表现了舞会什么样的场景？（主题出现4次，力度渐强，情绪欢快）

阶段二：聆听乐曲《阿细跳月》第二部分。

师：第二部分主题出现了几次？这段的力度和情绪有什么特点。（主题出现了7次，力度强弱对比明显，情绪是欢快的）

师：男生可邀请女生来表现这段优美的旋律，女生可邀请男生来表现欢快的旋律。可请女生拿上红绸带，身体随着音乐起舞；男生可背起三弦，用力弹响大三弦。

阶段三：聆听乐曲《阿细跳月》第三部分。

师：在这部分，主题又出现了几次？音乐的力度和速度是怎样的？（出现了3次。力度越来越强，速度越来越快了，舞会到了高潮阶段）

5. 完整聆听，模仿乐器

师：全曲一共可以分为几个部分？主题旋律一共出现了多少次？（14次）这首乐曲通过主题情绪、速度、力度，还有不同乐器的演奏，让我们如临其境，感受舞会过程中不同的情景。观看现场民乐合奏版的《阿细跳月》。当乐器奏响主题时，请学生模仿乐器的演奏姿势，一起加入演奏会。

（三）完整表现乐曲

师：让我们一起加入“阿细跳月”舞会吧！当音乐第一部分响起时，我们来对歌。老师唱歌词，女生唱“赛啰喂”，男生唱“嘿嘿”。第二部分音乐响起时，请女生跳起优美的舞蹈，男生弹起大三弦。第三部分响起时，大家一起表演“跳月舞”。

（四）课堂总结

师：今天的学习就要结束了，大家回忆一下，《阿细跳月》是哪个民族的？它的演奏形式是什么？它是几拍子的？希望同学们通过今天的学习，能够更加热爱我们的民族音乐，热爱我们的民族大家庭。让我们在《阿细跳月》的欢快节奏中拍着手走出教室吧！

（五）板书设计

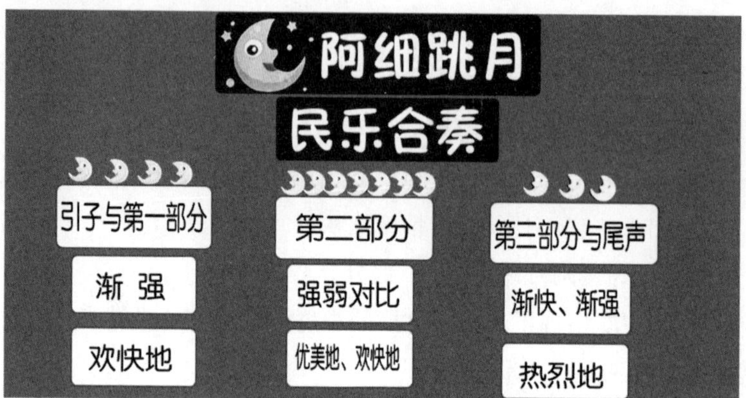

运用情景式教学　探索造型表现方法

——人教版《美术》二年级上册第14课“做一道拿手‘菜’”教学设计

一、教材分析

“做一道拿手‘菜’”是人教版《美术》二年级上册中的拓展课例，属于美术教学中的“造型表现”学习领域，旨在让学生探索各种造型方法，体验其中的乐趣。通过本节课的学习，学生可以巩固之前在本册“彩泥世界欢乐多”一课中学到的知识和技能。

二、学情分析

本节课的教学对象是二年级的学生，二年级的学生非常活跃，对动手制作类课程非常感兴趣。针对这一特征，我设计了“评价卡”和游戏规则。二年级的学生初步接触了绘画和材料制作，本课选择超轻黏土进行教学。学生对超轻黏土已经有了基本的认识和运用，能设计出他们所想、所见的菜肴。

三、教学目标

1. 引导学生掌握泥塑制作的基本方法，运用揉、搓、压、切等超轻黏土制作技法，以“年夜饭”的形式，展现生活中的菜肴，体验材料带来的美感。

2. 引导学生观察菜肴的色彩、形状与摆盘组合方式，说一说，想一想，试一试，学会用超轻黏土做出一道拿手菜。

3. 学习感受超轻黏土的美感以及传统饮食文化，提高对造型塑造的感知度，学会运用超轻黏土表现生活的情趣。

4. 结合我区美术学科“问题情境”教研大主题，构建了“创设情境—围绕问题—探究解决”的教学路径，层层深入，提升学生的审美能力和思维能力，使美术学科核心素养落地，达到学科育人的目标。

四、教学重难点

教学重点:用超轻黏土把自己想象或记忆中的菜肴造型和色彩表现出来。

教学难点:运用揉、压、搓等技巧,对菜肴的造型、色彩以及摆盘进行创新。

五、教学过程

(一)课前准备

课前,为了调动学生的积极性,我制作了一个评价卡片,设计了一个课前小游戏。得到卡片最多的5个学生课后可以换一个小礼物,这个小礼物也是用超轻黏土制作的,比如,学生喜欢的汽车、小章鱼等。手工课对于低龄段的小朋友非常有吸引力,我用这些评价卡片对学生的课堂学习情况做及时的反馈。课前小游戏的规则是:学生仔细观察图片,先说出食物的名字,再说出在什么节日里会吃到它,是后面的学习环节的一个过渡。

(二)情境导入

情境导入是课堂教学活动的首要环节。低年级学生好奇心强,我们充分抓住学生的认知特性,设计了符合学情、有利于教学的导入活动,促使学生生成课程学习动机。我创设的情境是邀请大家来当小厨师。先放一段有趣的视频,让学生充分感受到浓浓的年味。学生根据视频就知道我们在过年的时候都会做些什么了。和家人坐在一起吃年夜饭是过年必不可少的习俗,今天的学习任务就是来当小厨师,为家里的“年夜饭”制作一道拿手“菜”。

(三)问题驱动

以问题驱动促进学习真实发生,有利于调动学生探究的积极性,实现课堂目标,使学生主动构建相关的知识体系。教学中,我以学习目标实现为出发点进行活动设计,将重点知识转化为适宜学生探索的问题,引导学生思考。形状、颜色、摆盘以及制作方法是学生重点要了解和学会的。学生对摆盘比较陌生,理解起来比较困难,于是我将摆盘这个知识点设计为最后一个环节。

1. 探究文化

教师利用多媒体教学设备,播放春节中最常见的一些菜肴,随后提问:鱼是年夜饭必不可少的菜肴,你们知道为什么吗?(年年有余)通过视频采访小厨师,跟大家分享年夜饭中有文化传承的菜肴。提问从学生熟悉的生活入手,帮助学生由已知的经验向新的领域出发、探索。

2. 观察食物

在这个环节里，学生拿出学习单，与小组同学合作，寻找学习单上各种菜肴的不同之处。很多学生都会发现它们在颜色、形状、味道、荤素等方面的不同。教师追问：这些菜肴的形状是怎样的？描绘一下它们之间的区别。学生观察后发现，汤圆的表面是圆润的，包子的表面有明显的褶皱。教师再追问：图片中都有哪些不同的颜色？白色能让你想到什么菜？红色呢？学生会根据提示去联想生活中常见的菜肴。在这个过程中，加入小组合作、补充回答等环节，使学生思维发散，主动思考并进行课堂互动，最终锻炼学生的思维能力和合作学习能力。

3. 戏学厨艺

教学中，我设计了一个超轻黏土闯关游戏，调动学生制作的积极性。根据听到的音乐，制作完成美食。第一关是"做"，全班的学生根据听到的音乐《卖汤圆》做汤圆，制作技法是"搓"；第二关是"比"，请几位同学上来比一比，音乐是《做饼干》，制作方法是"压"；第三关是"看"，学生观察教师做了什么，用了什么方法，音乐是《包饺子》，方法是"包"。除此之外，学生继续补充其他制作方法，如切、拉、扯等。用闯关小游戏来学习制作美食，激发了学生对美食制作的兴趣，培养了学生的创造能力。

4. 体验摆盘

点拨学生深度探索知识——比如学习摆盘，也是遵循教学目标的必然过程。先播放教师制作凉菜的微课视频，让学生直观感受摆盘艺术；接下来学生拿出袋子里的素材，小组合作，摆一摆，拼一拼，组成最漂亮的菜肴；最后再分享自己是如何摆盘的。这一环节也是对前面所学知识的运用和总结。

5. 创作展评

教师明确本次年夜饭的制作要求：用揉、压、搓等方法制作一道拿手"菜"，全班再组合成一桌"年夜饭"。评价标准是：

造型别致（☆）　　色彩丰富（☆）

摆盘独特（☆）　　给你的拿手菜取一个好听的名字（☆）

展评时，教师引导学生根据评价标准先自评，再互评并说出理由，最后教师评，说出学生作品给自己的感受。这个环节中，应以创新精神和实践能力的培养为重点，引导学生独立探究，相互评价，在活动中思考、想象、合作、探索。

（四）拓展延伸

这个环节主要是向生活延伸，以图片的方式展现家乡独特的美食文化——重庆的火锅、来凤鱼和璧山兔等特色美食。

（五）教学反思

素养来源于实践，实践必须根植于情境。本来我设计的教学情境是小厨师比拼，展示评价的方式是选出最佳小厨师，后来我调整成制作"年夜饭"这个大情境。在场景布置上，我们挂了小灯笼、中国结，教室里营造出浓浓的年味儿，再通过视频等方式让学生了解春节的饮食文化，最后的展示环节也有一个年夜饭桌。在这样真实的情境下，学生"身临其境"，一起参与问题的解决，兴致会更高，教学效果也更好。一堂好课，要设置合理的学习目标，学生要有生成，要有思维的进阶，"教—学—评"应融为一体，这样才能建构深度学习的课堂。

发展协调性　提高行进间运球与控球能力

——人教版《体育与健康》3至4年级全一册第六章第一节“小篮球——篮球行进间运球与游戏”教学设计

教学目标	遵循《义务教育体育与健康课程标准》的基本理念，以“健康第一”为指导思想，以教师为主导，学生为主体，关注学生个体差异。根据“在小学阶段，要注重体育游戏学习，发展学生的基本运动能力”的教学要求，将动作技能分解并创编入游戏中。通过游戏的形式，激发学生的学习兴趣；通过方法的操作，学习动作技能；通过规则的遵守，培养良好行为；通过参与效果的评判，习得方法和能力；通过参与游戏，促进学生全面发展。 1. 学生了解行进间运球球的落点，提高行进间运球、控球的能力，在参与运球游戏中体验体育运动的乐趣。 2. 学生通过练习体会行进间运球球的落点并在游戏比赛中运用，能接受教师的指导和提示，积极与同伴交流，在不同游戏条件变化之后能迅速适应、积极参与，发展协调性，提高动作的灵敏度。 3. 使学生建立规则意识、安全意识以及团队合作意识，培养学生坚持不懈、果断坚定、勇于克服困难的优良品质。
教材分析	篮球教学活动有助于培养小学生的运动兴趣，发展体能，提高对球体的感知能力，建立人与球体的距离感、空间感、速度感和距离感，培养果敢、机敏、顽强等心理品质，提高抗挫折意识和调节情绪的能力，具备团队协作等集体主义精神。行进间运球是篮球运动中最为基本的技术动作之一，主要包括行进间直线运球和曲线运球，是本学段学生应该掌握的篮球运球技能。突出篮球运动的游戏性、竞争性和集体性，激发学生参加篮球锻炼的兴趣，提高篮球活动能力。
学情分析	四年级学生对篮球运动有了基本了解，对篮球运动有一定兴趣，但原地运球的技术基础较差，在练习行进间运球时可能会产生不规范、不协调以及控球能力差等现象。本课设计的游戏围绕基础较差、初期阶段接触运球的学情进行，把水平降低，解决技术动作中一个要点，即身体与球的关系，使学生运球时球处于身体的侧前方，让学生在游戏中学会技术动作。

续表

<table>
<tr><td rowspan="3">教材内容</td><td rowspan="3">1. 篮球：行进间运球。
2. 体能游戏。</td><td rowspan="5">重点领域</td><td>运动参与</td><td>√</td><td rowspan="5">1. 乐于参加练习。
2. 初步掌握行进间运球的落点。
3. 与同伴一起参与体育活动，尊重关心帮助他人。</td></tr>
<tr><td>运动技能</td><td>√</td></tr>
<tr><td>身体素质</td><td>√</td></tr>
<tr><td rowspan="2">重难点</td><td rowspan="2">重点：行进间运球时球落在身体的侧前方。
难点：行进间运球控制球的能力。</td><td>心理适应</td><td>√</td></tr>
<tr><td>社会适应</td><td></td></tr>
</table>

课程结构	教学内容与要求	教与学的方法	时间	预计问题与处理方法	组织形式场地布置
开始部分	开课常规：体育委员集合整队，并报告人数；师生问好，安排见习生；教师语言顺势激趣，带入本堂课。		2分钟	预计问题：学生整队集合做不到快、静、齐。 处理办法：教师语言鼓励、提醒。	
准备部分	游戏“赶球与猜拳” 1. 用单手滚球的方式在小组长的带领下找到自己的标志盘位置站立，并用双手举球等动作向教师示意。（任务变换可找相同颜色或不同颜色的标志盘） 2. 原地运球的同时找前后左右的伙伴进行猜拳，看谁能控制球又赢得多。（原地运球猜拳的方式可以变换为用脚进行猜拳） 3. 赶球与猜拳两个游戏方式交替进行。 要求：注意安全，相互避让；完成任务用做球性练习的方式示意；遵守游戏规则。		7分钟	预计问题：学生在游戏时非常兴奋，而无法控制自己的情绪。 处理方法：教师用语言强调要遵守游戏规则。	×××× ×××× ×××× ×××× ×××× ×××× ×××× ×××× ×××× ×××× ▲ 4人一组

续表

基本部分	一、游戏“球的落点在哪儿” 1.尝试走和跑中的行进间运球。在小组长的带领下(4人一组)来到篮球边线后,依次往返运球走和跑过篮球场上的独木桥,探索行进间运球时球的落点。 2.选择球的正确落点方式练习。依然以小组为单位,在控制好球的情况下,跑动中进行行进间运球,用自己选择的球落在身体的侧前方位置进行练习,同时小组长实时对组员进行评价。 3.独木桥运球比赛。10个小组,同时从边线出发,第一名队员运球到对面安全区原地运球,并大声告知队员出发;第二名队员出发,用相同的方式,直到最后一名队员到达安全区后,4人同时举高球示意完成任务。	8分钟	预计问题:学生游戏练习时,秩序乱。 处理方法:提示注意课堂秩序。	×××× ×××× ×××× ×××× ×××× ×××× ×××× ×××× ×××× ×××× ▲ 4人一组
	二、游戏“找朋友” 在小组长的带领下运球回到自己标志盘的位置,教师发出任务信息:1排和3排的同学运球去寻找两位与自己标志盘相同颜色的伙伴并握手交友;完成任务后回到自己位置举球示意,原地等待的同学用原地运球完成游戏。(前后4排,左右10组,可以任意选择原地运球等待的学生和行进间运球出发寻找好朋友的学生;交友确认方式可以击掌,可以握手或碰拳,教师可根据情况在布置任务时规定。) 要求:行动的同学用行进间运球的方式进行;原地等待的同学用原地运球的方式;听清楚任务。	5分钟	预计问题:学生练习时害怕,不敢做动作。 处理方法:教师鼓励学生,请出动作好的学生进行示范,消除学生的害怕心理。	×××× ×××× ×××× ×××× ×××× ×××× ×××× ×××× ×××× ×××× ▲ 4人一组

续表

	三、游戏“穿越封锁线” 1. 练习：每个小组 1～4 号，1 号运球穿越 2 号和 3 号的阻碍，到达 4 号面前用球碰球的方法接力；1 号原地运球 4 号出发，穿越 3 号和 2 号的阻碍，来到 1 号的位置举高球完成一次战斗；此时 4 号又可以出发穿越 2 号和 3 号，来到 1 号面前接力，依次进行。教师可根据学情逐步提高阻碍人物的难度，比如，原地运球单手阻碍，单脚跳运球阻碍，双脚跳运球阻碍，等等。多次后，1、4 号和 2、3 号交换位置，继续角色扮演。 2. 比赛：只完成一次战斗，1～10 组看哪一组最先完成，然后 1～4 号交换角色再比一次。 要求：快速通过障碍；球对球的方式接力。	5 分钟	预计问题：可能学生会忘记接力完一次后还可以继续接力。 处理办法：可以用几秒钟时间再次告知，可以连续进行，直到教师喊停。	×××× ×××× ×××× ×××× ×××× ×××× ×××× ×××× ×××× ×××× ▲ 4 人一组
	四、体能游戏“找一找” 1. 用走路运球的方式找到 4 个不同数字的标志盘，球运到标志盘上方算找到；找完 4 个数字后用同样的方式回到自己的位置，并用俯撑的动作示意完成。 2. 俯撑动作用左手前后拉球，坚持 30 秒；换右手前后拉球，坚持 30 秒。 3. 用半蹲运球的方式找到 6 个不同数字的标志盘，球运到标志盘上方算找到；用同样的方式回到自己的位置上，用仰撑的方式示意完成。 4. 用仰撑的方式给伙伴打招呼，给老师打招呼，给左右的伙伴一个击掌的鼓励，坚持 30 秒。	10 分钟	预计问题：体能动作对于学生可能比较难坚持。 处理办法：鼓励学生坚持，对于体质弱的同学可适当调整难度。	×××× ×××× ×××× ×××× ×××× ×××× ×××× ×××× ×××× ×××× ▲ 4 人一组

续表

	5. 用并脚跳运球的方式找到 10 个不同数字的标志盘，球运到标志盘上方算找到，找完 10 个数字后用同样的方式回到自己的位置并用俯撑的动作示意完成。 6. 俯撑的动作进行时，对自己本堂课进行评价，觉得自己满意的可以伸出手跟老师击掌；在空中写出自己的名字，并大声地告诉老师你写的名字。 要求：听清楚任务；坚持完成任务。			
结束部分	一、放松活动 1. 篮球拉伸操。 2. 持球左右腿拉伸。 3. 持球前后肩背部延伸。 4. 持球向上腰腹拉伸 二、小结评价 1. 师生评价，小结。 2. 宣布下课，归还器材。	3分钟	预计问题：学生很容易忽视放松活动。 处理方法：强调放松活动的重要性。	
场地器材	篮球 41 个。 标志盘 40 个。 标志桶 20 个。 音控设施 1 套。 篮球场一块。	负荷预计	平均心率	130~140 次/分
			运动密度	80%

穿针引线　感受劳动的乐趣与美好

——重庆版《综合实践活动》三年级上册“走进纽扣世界”教学设计

一、教材简介

“走进纽扣世界”是重庆版《综合实践活动》三年级上册“主题活动三 · 穿针引线,点缀生活”中的第2课。本课学生将学习交叉钉扣法钉纽扣,并懂得注意色彩搭配。

二、学情分析

三年级的学生已有良好的课堂学习习惯和基本的劳动实践能力,在本主题活动“穿针引线,点缀生活”的第1课学习中已学会了穿针引线、打止结,为继续学习钉纽扣打下了基础。

三、教学目标

1. 能借助图片、联系生活经验了解纽扣的用途,感受纽扣的实用性和装饰性。

2. 通过看微课,初步掌握四眼扣的钉法,在与同学的合作中想出更多钉四眼扣的方法。

3. 通过图片对比,感受色彩搭配的合理性,试着为服装搭配合适的纽扣,进一步巩固四眼扣的钉法。

4. 在动手、动脑、尝试和探究中,体验劳动与创造的乐趣,感悟劳动创造美。

四、教学重难点

掌握钉纽扣的方法,为服装搭配合适的纽扣。

五、教学方法

情景教学法,分组合作教学法,演练教学法。

六、教学准备

纽扣、圆头针、线、剪刀、海绵纸、学习单、签字笔，钉纽扣教学资料视频，纽扣历史变迁视频。

七、教学过程

课前活动：复习穿针引线，挑战一分钟穿好针，打好结。

课堂活动：

（一）激趣导入：说扣子

在黑板上贴好纽扣图案，学生说说在哪里见过纽扣、纽扣有什么作用。出示图片，感受纽扣的实用性和装饰性。

小结：小小的纽扣与我们的生活息息相关。（板书：走进纽扣世界）

（二）创设情境：钉扣子

小美同学的扣子掉了该怎么办？

1. 请出小针老师，微课学习钉纽扣，学生思考钉纽扣的步骤。

同学们好！我是小针老师，我们一起来学习钉纽扣吧！第一步，确定好纽扣要钉的位置，把小纽扣放正，注意使用针时不要伤到自己的手。第二步，选择一个孔从背后将我穿进去。第三步，拉线，将线慢慢拉出，注意线一定要拉直，拉完哦，这样不仅可以把小结藏在后面，而且纽扣上的线会更整齐美观。接着从斜对面的小孔里再次将我穿进去，拉线，拉直拉紧，从背后找到第三个孔穿进去，拉线，最后将我从最后一个孔穿进去，再拉线。第四步，打结。这一步很重要哦，一定要看仔细了！将我贴在最后拉出的线的底部，将线在我身体上绕一圈，然后用手指牢牢按住小结，缓缓地将我拉出来，也要拉直、拉完，最后用剪刀将多余的线剪掉。这样，一枚纽扣，我们就钉完了。什么样的纽扣才算钉得好呢？如果你缝得牢固、不松脱可以得一颗星，纽扣表面的走线平整又可以得一颗星，你也来试试吧！

2. 学生分享钉纽扣的步骤，教师评价。

全班学生用手模拟纽扣和针，跟着步骤演示钉纽扣。（相机板书：定位、进针、拉线、打结）

师：钉纽扣的步骤记清楚了，怎么才算钉得好呢？（相机板书：牢固、平整）

师：（评价）谁把钉纽扣的步骤记清楚了？

评价：对，先定位；咱们可以说得慢一点，让大家听得更清楚；很好，进针和拉线，你都记住了；是啊，最后一步打结很关键，千万不能忘了。

（三）实践操作：评扣子

师：（用针提醒）注意不要把手指放在针尖进出的地方。

1. 学生活动，练习钉扣子。同桌互评，得两颗星的作品展示给大家看。（未得两颗星的最大的问题可能在最后一步打结）

2. 请学生再教打止结的方法，其余学生跟着学打结。

3. 把纽扣放大，纸板代替纽扣，观察表面线的走向及围成的图形，从而认识“交叉钉扣法”。

（四）发散思维：展扣子

1. 引导创新

师：还能想到其他钉四眼扣的方法吗？同桌合作，在学习单上完成绘制，并取上名字。

我的发明与创造

形状	名称
×	交叉钉扣法
	________钉扣法
	________钉扣法
	________钉扣法

合作要求:在纽扣上画出形状,给它取一个相符合的名称。

2. 进入情景

为小美的衣服选择搭配的扣子,学生发现钉纽扣还需要注意色彩搭配。(相机板书:美观)

3. 小组合作

选择自己喜欢的方法,4 人小组合作,完成服装上纽扣的缝制。小组合作要求:组长分发文件袋里的物品,4 人一起为手中的服饰钉上合适的纽扣;小组完成后,将作品贴到展示架上。

4. 展示评价

幸运评委投出最符合标准的作品,并贴上小花。(课前随机在桌角下方贴上纽扣,得到纽扣的同学即为幸运评委)

5. 拓展延伸

师:同学们,今天我们一起学习了钉纽扣的方法,你们知道吗?纽扣的历史可长呢!(插播纽扣历史演变视频)

6. 总结

小小的纽扣反映历史的变迁,点缀我们的生活。让我们在平凡的生活中去发现和创造美吧。

(五)板书设计

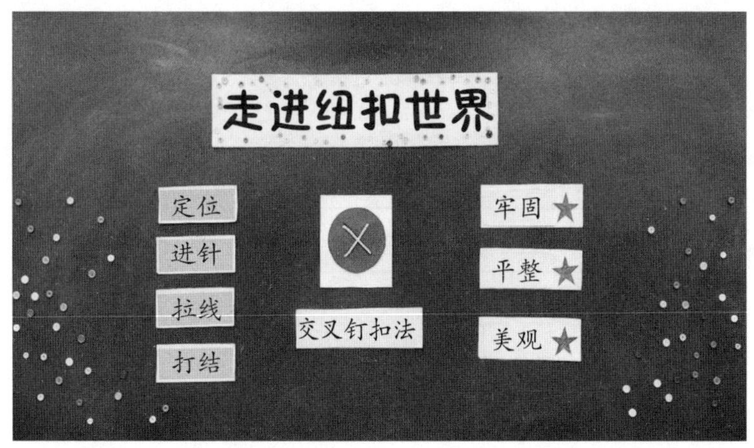

八、教学反思

针对学生的特点,我把钉纽扣的过程分解为若干个步骤,绝大部分学生经过反复操练都能较好地掌握方法,但对个人的指导还不够,以至于有极少数学生在难点(打止结)中还存在困难。全班学生都乐意动手钉纽扣,课堂气氛较活跃,学生在本堂课中都获得了独特的劳动体验。

参考文献

1. 崔允漷. 如何开展指向学科核心素养的大单元设计[J]. 北京教育(普教版),2019(02).

2. 威金斯,麦克泰. 追求理解的教学设计[M]. 2版. 闫寒冰,译. 上海:华东师范大学出版社,2017.

3. 张宏伟. "全景式数学教育"的缘起与创新[J]. 小学教学研究(教学版),2019(01).

4. 徐进勇,陈光涛. "素养为本"的课堂教学探索[J]. 中小学数学(高中版),2020(Z2).

5. 崔允漷,雷浩. "教—学—评"一致性三因素理论模型的建构[J]. 华东师范大学学报(教育科学版),2015,33(04).

6. 陈霞. 教学与评价一体化的课堂教学模式探析——以PYP的课堂教学为例[J]. 外国中小学教育,2012(01).

7. 黄金红,王洪顺. 学业质量标准背景下的新"教—学—评"一体化设计. 光明社教育家微信公众号,2022-10-31.

8. 成尚荣. 课程改革几个概念的厘清与意义的澄明[EB/OL]. 课程教材教法微信公众号,2022-10-19.

9. 教育部. 义务教育语文课程标准(2011年版)[S]. 北京:北京师范大学出版社,2011.

10. 教育部. 义务教育课程方案(2022年版)[S]. 北京:北京师范大学出版社,2022.

11. 崔允漷. 义务教育课程标准的"两大突破"[EB/OL]. 中国教师微信公众号,2022-9-6.

12. 申继亮. 养其根,俟其实——教育高质量发展与育人方式变革[J]. 基础教育课程,2021(Z1).

13. 王殿军. 以作业管理促进教学质量提升[EB/OL]. 中国教师微信公众号,2021-9-28.

14. 祝智庭,彭红超. 深度学习的核心理念解析[EB/OL]. 人大基础教育期刊社微信公众号,2017-9-18.

15. 郭元祥. 深度学习的核心理念[EB/OL]. 人大基础教育期刊社微信公众号,2017-9-18.

16. 王允庆,孙宏安. 课堂教学目标研究[M]. 北京:人民教育出版社,2015.

17. 王允庆,孙宏安. 教学策略设计[M]. 北京:科学出版社,2018.

18. 王允庆,孙宏安. 高效提问[M]. 北京:高等教育出版社,2016.

19. 郭元祥. 论深度教学:源起、基础与理念[J]. 教育研究与实验,2017(03).

20. 郭元祥. "深度教学":指向学科育人的教学改革实验[J]. 中小学管理,2021(05).

后　记

一线教师著书不易,能够完成这部著述,得益于日常教学经验的积淀。凤凰小学是一所年轻的学校,作为学校的业务副校长、校长,我有机会参与大量的教学实践,有条件研究教育教学理论,有责任引领教师规范教学行为,在扎根课堂、成就他人的过程中丰富自我,为自己赋能。可以说,本书既是凤凰小学发展历程的梳理,也是自己专业成长的见证。

在繁杂的常规工作中做研究,需要大量阅读与吸收、不断实践与提炼,集腋成裘。一个人的力量有限,需要一群人沉浸到教学实践中,寻找把教学理论转化为校本化教学策略的最佳路径。这种寻找,凤凰小学进行了整整 7 年,从懵懵懂懂到渐渐清晰,从踉踉跄跄到健康奔跑,坚持为促进“学习真实发生”而设计教学。我和凤凰小学的教师们共同探索,围绕“为什么学”“学什么”“怎么学”“学到什么程度”等要素,蹚出了一条高质量教学的可行路径。比如,通过解决“为什么学”的问题,科学设定学习目标;通过解决“学什么”的问题,完成学习目标规定的任务;通过解决“怎么学”的问题,找到完成学习任务的路径和方法;通过解决“学到什么程度”的问题,实施基于学业质量标准的学习评价。

感谢各级领导、各地专家和凤凰小学教师们的全力支持。如果没有重庆市璧山区委教育工委、区教委、区教师进修学校对我的培养和指导,我的研究之路不会走到今天;如果没有各地专家的支持与帮助,我很难有如今的成果;如果没有凤凰小学教师们的智慧,我也不会积累如此丰富的素材。这里,特别致谢来自“孔孟之乡”的崔成林老师在凤凰小学教师教学素养提升和本书写作方面所做的悉心指导。

人生一大幸事,就是把工作变成自己最喜欢的事,并影响更多的人。我乐在其中。

朱丽华

写于 2023 年 4 月 2 日晚